Argumentação

Conselho Acadêmico
Ataliba Teixeira de Castilho
Carlos Eduardo Lins da Silva
Carlos Fico
Jaime Cordeiro
José Luiz Fiorin
Tania Regina de Luca

Proibida a reprodução total ou parcial em qualquer mídia
sem a autorização escrita da editora.
Os infratores estão sujeitos às penas da lei.

A Editora não é responsável pelo conteúdo deste livro.
O Autor conhece os fatos narrados, pelos quais é responsável,
assim como se responsabiliza pelos juízos emitidos.

Os textos reproduzidos neste livro estão de acordo com o item VIII do artigo 46 do capítulo IV da Lei n. 1610, segundo o qual não constitui ofensa ao direito autoral: "a reprodução, em quaisquer obras, de pequenos trechos de obras preexistentes, de qualquer natureza, ou de obra integral, quando de artes plásticas, sempre que a reprodução em si não seja o objetivo principal da obra nova e que não prejudique a exploração normal da obra reproduzida nem cause um prejuízo injustificado aos legítimos interesses dos autores".

Consulte nosso catálogo completo e últimos lançamentos em **www.editoracontexto.com.br**.

José Luiz Fiorin

Argumentação

Copyright © 2015 do Autor

Todos os direitos desta edição reservados à
Editora Contexto (Editora Pinsky Ltda.)

Ilustração de capa
Cesare Maccari, *Cícero denuncia Catilina*, 1888 (afresco)

Montagem de capa e diagramação
Gustavo S. Vilas Boas

Preparação de textos
Lilian Aquino

Revisão
Ana Paula Luccisano

Dados Internacionais de Catalogação na Publicação (CIP)
(Câmara Brasileira do Livro, SP, Brasil)

Fiorin, José Luiz Argumentação / José Luiz Fiorin. –
2. ed., 2ª reimpressão. – São Paulo : Contexto, 2024.

Bibliografia.
ISBN 978-65-5541-066-2

1. Argumentação 2. Figuras de retórica 3. Linguagem
4. Linguística I. Título

14-11358   CDD-410

Índices para catálogo sistemático:
1. Linguística 410

2024

Editora Contexto
Diretor editorial: *Jaime Pinsky*

Rua Dr. José Elias, 520 – Alto da Lapa
05083-030 – São Paulo – SP
PABX: (11) 3832 5838
contato@editoracontexto.com.br
www.editoracontexto.com.br

Sumário

NOTA À 2ª EDIÇÃO REVISTA E AMPLIADA 9

PREFÁCIO 11

PARTE I
PROBLEMAS GERAIS DE ARGUMENTAÇÃO

ARGUMENTAÇÃO E DISCURSO 17

ARGUMENTAÇÃO E INFERÊNCIA 33
    A inferência lógica 34
    A inferência semântica 38
    A inferência pragmática 42

FORMAS DE RACIOCÍNIO 49
    A dedução 51
    A indução 62
    A analogia 67

OS FATORES DA ARGUMENTAÇÃO 73
    O *éthos* do enunciador 74
    O auditório 77
    O discurso argumentativo: domínio do preferível 79
    Argumentação e linguagem 83
        Ambiguidade e vagueza da linguagem 86
        Objetividade, imparcialidade e neutralidade 87
        Ainda a ambiguidade linguística 89
        Marcadores argumentativos 91
        A linguagem politicamente correta 92
    O acordo prévio 96
    Ainda sobre o acordo prévio 98
    Valores e lugar-comum 100

PARTE II
OS ARGUMENTOS

OS ARGUMENTOS QUASE LÓGICOS 121
   Os argumentos fundados no princípio da identidade 123
      A tautologia 123
      A definição 124
      A comparação 128
      A reciprocidade 131
      A transitividade 132
      A inclusão e a divisão 133
      Ainda sobre o todo e as partes 136
      Argumentum a pari 138
      Regra do precedente 142
      Argumentum a contrario 142
      Argumento dos inseparáveis 144
   Argumentos fundados no princípio da não contradição 145
      Autofagia e retorsão 147
      Reductio ad absurdum 150
      Argumento probabilístico 151
   Argumentos fundados no princípio do terceiro excluído 152
      Argumento do terceiro excluído 152
      O dilema 153

ARGUMENTOS FUNDAMENTADOS
NA ESTRUTURA DA REALIDADE 157
   Implicação e concessão 157
   Causalidade 159
   Causas necessárias e suficientes 164
   Causalidade e sucessão 166
   Os fatos 167
   Argumento do sacrifício 172
   Argumentum ad consequentiam 174

Argumentos fundados nas relações de sucessão 177
    O argumento do desperdício 177
    O argumento da direção 178
    O argumento da ultrapassagem 178
Argumentos de coexistência 179
    Argumentum ad hominem 180
    Argumentum tu quoque 183
    Argumento de autoridade ou *argumentum ad verecundiam* 185
    Argumentum ad ignorantiam 188
    Argumentos *a fortiori* 192

ARGUMENTOS QUE FUNDAMENTAM A ESTRUTURA DO REAL 195
Os argumentos indutivos 195
    O argumento pelo exemplo 195
    O argumento por ilustração 198
    O modelo e o antimodelo 199
Argumentum a simili 201

A DISSOCIAÇÃO DE NOÇÕES 205
Relação essência e aparência 205
Outros pares 206
Distinção 210

OUTRAS TÉCNICAS ARGUMENTATIVAS 213
O recurso aos valores 214
O recurso aos lugares-comuns e lugares específicos (próprios) 216
A argumentação por implícitos 220
As perguntas capciosas 224
Secundum quid 226
Petição de princípio 227
Ignoratio elenchi 229
A distorção do ponto de vista do adversário ou o argumento do espantalho ... 231
Ainda a distorção do ponto de vista do adversário 234

Paradoxos, ironia e silêncio 236
O argumento do excesso 237
Argumentos que apelam para o *páthos* 238
    Argumentum ad populum 238
    Argumentum ad misericordiam 240
    Argumentum ad baculum 242
O recurso ao *éthos* do enunciador 243

PARTE III
A ORGANIZAÇÃO DO DISCURSO

A *DISPOSITIO* NA RETÓRICA ANTIGA 249

A ORGANIZAÇÃO DOS TEXTOS DISSERTATIVOS 257
A introdução 258
O desenvolvimento 258
    Plano dialético 258
    Plano de problema, causas e soluções 260
    Plano de inventário 261
    Plano comparativo 263
    Plano de ilustração e explicitação de uma afirmação 267
    Combinação de diferentes planos 268
A conclusão 272

PARA FINALIZAR: TEORIAS DO DISCURSO E ARGUMENTAÇÃO 275

BIBLIOGRAFIA 283

O AUTOR 287

Nota à 2ª edição revista e ampliada

No capítulo XXVII de *Memórias póstumas de Brás Cubas*, Machado de Assis apresenta sua "teoria das edições humanas":

> Deixa lá dizer Pascal que o homem é um caniço pensante. Não; é uma errata pensante, isso sim. Cada estação da vida é uma edição, que corrige a anterior, e que será corrigida também, até a edição definitiva, que o editor dá de graça aos vermes.

No capítulo XXXVIII, mostra em que edição estava no momento de seu reencontro com Marcela e na ocasião de sua relação amorosa com ela:

> Lembra-vos ainda a minha teoria das edições humanas? Pois sabei que, naquele tempo, estava eu na quarta edição, revista e emendada, mas ainda inçada de descuidos e barbarismos; defeito que, aliás, achava alguma compensação no tipo, que era elegante, e na encadernação, que era luxuosa. [...]
> Marcela lançou os olhos para a rua, com a atonia de quem reflete ou relembra; eu deixei-me ir então ao passado, e, no meio das recordações e saudades, perguntei a mim mesmo por que motivo fizera tanto desatino. Não era esta certamente a Marcela de 1822; mas a beleza de outro tempo valia uma terça parte dos meus sacrifícios? Era o que eu buscava saber, interrogando o rosto de Marcela. O rosto dizia-me que não; ao mesmo tempo os olhos me contavam que, já outrora, como hoje, ardia neles a flama da cobiça. Os meus é que não souberam ver-lha; eram olhos da primeira edição.

É curioso que Machado de Assis compare as fases da vida a edições de um livro. Essa teoria mostra a relatividade da visão dos acontecimentos da existência, bem como a possibilidade de aperfeiçoamento da vida. Cada edição vai corrigindo e melhorando a anterior. Mais do que na história dos seres humanos, nos livros é que há uma ilimitada perfectibilidade. Os textos podem ser aprimorados *ad infinitum*. Cada nova edição vai escoimando imperfeições, erros, falhas, desacertos, defeitos, deslizes...

Este livro sobre argumentação teve uma boa acolhida. No entanto, ao longo do tempo, fui notando algumas imperfeições: erros tipográficos, passagens que mereciam ser aclaradas e assim por diante. Resolvi então fazer emendas, acertos, acréscimos e, assim, preparar uma nova edição. Corrigi os erros que encontrei; acrescentei passagens para elucidar trechos que me pareceram pouco claros ou para ajudar o leitor a compreender melhor certos textos; adicionei novos exemplos, acresci alguns elementos que faltavam à edição anterior... Com isso, creio ter preparado uma edição melhor que a anterior e agora a entrego aos leitores revista e aumentada.

Mais uma vez, o autor pede que não se tire nenhuma conclusão sobre sua posição política a partir da escolha dos exemplos. Eles são somente casos que foram sendo coligidos ao longo dos anos, em revistas e jornais, e que, por isso, servem apenas para exemplificar um ponto em discussão.

Na capital paulista, numa nublada manhã da primavera de 2020.
José Luiz Fiorin

Prefácio

A vida em sociedade trouxe para os seres humanos um aprendizado extremamente importante: não se poderiam resolver todas as questões pela força, era preciso usar a palavra para persuadir os outros a fazer alguma coisa. Por isso, o aparecimento da argumentação está ligado à vida em sociedade e, principalmente, ao surgimento das primeiras democracias. No contexto em que os cidadãos eram chamados a resolver as questões da cidade é que surgem também os primeiros tratados de argumentação. Eles ensinavam a arte da persuasão.

Todo discurso tem uma dimensão argumentativa. Alguns se apresentam como explicitamente argumentativos (por exemplo, o discurso político, o discurso publicitário), enquanto outros não se apresentam como tal (por exemplo, o discurso didático, o discurso romanesco, o discurso lírico). No entanto, todos são argumentativos: de um lado, porque o modo de funcionamento real do discurso é o dialogismo; de outro, porque sempre o enunciador pretende que suas posições sejam acolhidas, que ele mesmo seja aceito, que o enunciatário faça dele uma boa imagem. Se, como ensinava Bakhtin, o dialogismo preside à construção de todo discurso, então um discurso será uma voz nesse diálogo discursivo incessante que é a história. Um discurso pode concordar com outro ou discordar de outro. Se a sociedade é dividida em grupos sociais, com interesses divergentes, então os discursos são sempre o espaço privilegiado de luta entre vozes sociais, o que significa que são precipuamente o lugar da contradição, ou seja, da argumentação, pois a base de toda a dialética é a exposição de uma tese e sua refutação.

Se a argumentação é uma característica básica do discurso, poderíamos perguntar-nos se os trabalhos sobre argumentação são abundantes. A resposta é não. Isso poderia gerar certa perplexidade. Afinal, depois de Ducrot e Anscombre, a questão da argumentação parece ter-se tornado moda nos estudos da linguagem. No entanto, não é da argumentação na língua, que é o que se faz na esteira desses dois autores franceses, que deve tratar uma teoria do discurso. Ao contrário, ela deve estudar discursivamente o problema da argumentação.

Este livro tem o objetivo de discutir as bases da argumentação e de expor as principais organizações discursivas utilizadas na persuasão, isto é, os principais tipos de argumentos. Para isso, revisitamos, principalmente, o *Órganon*, de Aristóteles, e o *Tratado da argumentação*, de Perelman e Tyteca. *Introdução à retórica*, de Olivier Reboul, e *Rhétorique et argumentation*, de Jean-Jacques Robrieux, forneceram algumas sugestões de catalogação e descrição dos argumentos.

Vários textos deste livro já foram publicados: o primeiro capítulo, intitulado *Argumentação e discurso*, apareceu na revista *Bakhtiniana* (v. 9, n. 1, 2014), outros trechos foram publicados na revista *Língua Portuguesa*, da Editora Segmento, e no *Manual de Português* (Funag), de José Luiz Fiorin e Francisco Platão Savioli. Outros fragmentos ainda foram retirados de diversos trabalhos meus, como, por exemplo, a) "O *éthos* do enunciador" (em Arnaldo Cortina e Renata Coelho Marchezan, *Razões e sensibilidades: a semiótica em foco*, Araraquara/São Paulo, Laboratório Editorial da FCL da Unesp/Cultura Acadêmica, 2004, p. 117-38); b) "O *páthos* do enunciatário" (em *Alfa – Revista de Linguística*, São Paulo, Unesp, n. 48, p. 69-78, 2004); c) "Identidades e diferenças na construção dos espaços e atores do novo mundo" (em Diana Luz Pessoa de Barros (org.), *Os discursos do descobrimento: 500 e mais anos de discursos*, São Paulo, Fapesp/Edusp, 2000, p. 27-50). No entanto, tudo foi ampliado e reorganizado para ganhar a exaustividade e a coerência que a publicação deste livro exigia.

Os exemplos foram garimpados em textos literários e textos da mídia impressa. No caso dos últimos, eles foram retirados de jornais e revistas do período em que os textos estavam sendo escritos. Por isso, este autor pede que não se infira nenhuma posição política dele a partir da escolha dos exemplos. Eles referem-se pura e simplesmente a assuntos que estavam em discussão nos momentos diversos em que esta obra foi escrita.

Os exemplos retirados de obras literárias não serão citados remetendo a uma página de determinada edição. Como queremos que todos possam encontrá-los, indicamos a localização do texto na obra: num dado capítulo, numa determinada parte, numa certa estrofe. Nesses casos, não se cita uma determinada edição na bibliografia. Só citaremos a página, quando a obra não apresentar uma divisão em partes que permita facilmente verificar onde um texto se encontra. Por outro lado, nas referências bibliográficas, estão listados livros publicados originariamente em língua estrangeira que tenham mais de uma tradução em português, bem como obras dos séculos XVI a XVIII, cuja ortografia modernizamos, como o caso dos relatos dos viajantes. Nesse caso, informamos a edição de que o texto foi extraído, por haver divergências entre as diversas edições.

O aparecimento da argumentação, seu uso intensivo, sua codificação fazem parte da marcha civilizatória do ser humano, da extraordinária aventura do homem sobre a Terra. Ao abdicar do uso da força para empregar a persuasão o homem se torna efetivamente humano. Nesse momento da história, cabe a constatação de Riobaldo que encerra o *Grande sertão: veredas*, de João Guimarães Rosa: "Nonada. O diabo não há! É o que eu digo, se for... Existe é homem humano. Travessia."

Chaucer, ao final do Prólogo de *Os Contos de Cantuária*, pede que o perdoem se, em sua obra, ele ofender alguém ou cometer algum erro. Ele diz à guisa de explicação: "Meu talento é insuficiente, vós bem podeis entender." Faço minhas as palavras do grande escritor inglês.

Na capital paulista, numa cerúlea manhã do outono de 2014.
José Luiz Fiorin

Parte I
Problemas gerais de argumentação

Argumentação e discurso

É um lugar-comum na linguística atual a afirmação de que a argumentatividade é intrínseca à linguagem humana e de que, portanto, todos os enunciados são argumentativos. Essa posição deve-se aos trabalhos de Oswald Ducrot e Jean Claude Anscombre, que operam com as noções de retórica e de argumentação. Deve-se, no entanto, considerar que esses termos têm, na obra dos dois linguistas franceses, um sentido muito diferente daquele que eles têm na tradição retórica que vem de Aristóteles. Para eles, a argumentação é o estudo das orientações semânticas dos enunciados e dos encadeamentos que as expressam.

Inicialmente, Ducrot propõe que se introduza um "componente retórico" nos modelos destinados a explicar o uso da linguagem. Esse módulo ocupar-se-ia do sentido do enunciado em uso, isto é, numa situação de comunicação. Ao mesmo tempo, postular-se-ia um componente linguístico (semântico) que trataria do sentido atribuído à proposição na língua. Dessa forma, ele incorpora a questão da retórica e da argumentação no domínio pragmático-semântico.

> Um primeiro componente, isto é, um conjunto de conhecimentos (*descrição semântica linguística de L* ou, abreviadamente, *componente linguístico*) atribuiria a cada enunciado, independentemente de qualquer contexto, uma certa significação. Exemplificando: a A corresponde a significação A'. Caberia ao segundo componente (o *componente retórico*), considerando a significação A' ligada a A e as circunstâncias X nas quais A é produzido, prever a significação efetiva de A na situação X. (Ducrot, 1987: 15)

Assim, por exemplo, o componente semântico conferiria ao enunciado *Está chovendo demais* a significação de que, no momento da enunciação, ocorre o fenômeno meteorológico da chuva numa quantidade muito grande. No entanto, esse enunciado poderia ser usado em diferentes situações de comunicação: por dois viajantes num aeroporto, aguardando a partida de um avião; por um juiz de futebol durante uma peleja esportiva; por uma mãe a um filho que se prepara para fazer sua corrida matinal. O componente retórico atribui a esse enunciado, em cada uma dessas situações, uma significação efetiva, que poderia ser parafraseada, respectivamente, por exemplo, da seguinte maneira: a) O avião deve atrasar-se, pois não há teto para a decolagem; b) Vou paralisar a partida, pois não há condições de continuar; c) Acho melhor você não fazer sua corrida agora.

A postulação de um componente retórico "pressupõe que as circunstâncias de enunciação são mobilizadas para explicar o sentido real de uma ocorrência particular de um enunciado, somente depois que uma significação tenha sido atribuída ao próprio enunciado, independentemente de qualquer recurso ao contexto" (Ducrot, 1987: 16). Cabe notar que as leis utilizadas no componente retórico não serão leis "linguísticas" em sentido estrito, mas "serão justificáveis, independentemente de seu emprego na descrição semântica, e poderiam ser autenticadas, por exemplo, pela psicologia geral, pela lógica, pela crítica literária, etc." (Ducrot, 1987: 17).

Se a retórica concerne ao sentido do enunciado em uso, ou seja, numa situação particular de enunciação, retórica torna-se sinônimo de pragmática.

Anscombre e Ducrot passam a privilegiar a noção de argumentação. No entanto, seu conceito de argumentação nada tem a ver com a discursivização, como entendia a milenar tradição retórica, que a considerava uma estratégia discursiva com a finalidade de persuadir o auditório (o enunciatário, diríamos hoje). Para eles, "um locutor produz uma argumentação, quando ele apresenta um enunciado E1 (ou um conjunto de enunciados) destinado a *levar a admitir* um outro (ou conjunto de outros) E2" (1988: 8). Ora, se todo enunciado orienta para determinada conclusão e essa orientação faz parte do sentido, a argumentação é um fato de língua e não de discurso. Por isso, nesse segundo momento, postula-se uma pragmática integrada, ou seja, aquela que é indissociável da semântica. O componente retórico não é algo que se acrescenta ao componente semântico, mas ele faz parte deste componente. Dizem os autores no prefácio da obra *L'argumentation dans la langue*:

> O sentido de um enunciado comporta como parte integrante, constitutiva, essa forma de influência que é denominada força argumentativa. Significar, para um enunciado, é orientar. (1988: 5)

Essa questão da orientação para determinada conclusão é minuciosamente explicada:

> A utilização de um enunciado tem uma finalidade ao menos tão essencial quanto a de informar sobre a realização de suas condições de verdade, que é a de orientar o destinatário para certas conclusões e não para outras. (Anscombre e Ducrot, 1988: 113)

Assim, quando a mãe diz ao filho que se prepara para sair *O sol está muito forte*, esse enunciado orienta para conclusões tais como *Não saia agora, vá mais tarde*; *Leve um guarda-sol para se proteger*, mas não orienta na direção de conclusões como *Não leve nenhuma proteção contra o sol*; *As condições climáticas estão ótimas para andar pelas ruas*.

Esses autores tomam da retórica clássica a noção de *tópoi*. No entanto, os *tópoi* repertoriados por Aristóteles nos *Tópicos*, que faziam parte da *inventio*, guardam tênue relação com a noção que Anscombre, por exemplo, empresta esse termo. Para o Estagirita, o *tópos* é uma espécie de modelo com que muitos argumentos podem ser construídos. Veja-se, por exemplo, os *tópoi* da quantidade e da qualidade. Na pragmática integrada, os *tópoi* são "princípios gerais que servem de apoio aos raciocínios, mas não são raciocínios" (Anscombre, 1995: 39). No caso do enunciado *Agasalhe-se bem, pois está muito frio*, o *tópos* é que o frio é propício a pegar uma gripe.

Se, para essa pragmática integrada, a argumentação é o encadeamento dos enunciados que conduz a certa conclusão, seu domínio preferencial é o estudo dos conectores que realizam esse encadeamento. Além disso, estuda a orientação argumentativa dos enunciados, bem como os *tópoi* que estão na base dos encadeamentos, realizados na superfície pelos conectores.

As teorias do discurso, quaisquer que elas sejam, não se podem limitar a essa microanálise linguística, embora, eventualmente, possam servir-se dela. Paul Ricoeur dizia que o sentido do texto é criado no jogo interno de dependências estruturais e nas relações com o que está fora dele (1986). Isso significa que as teorias do discurso devem levar em conta dois aspectos: de um lado, a organização das unidades discursivas transfrásticas; de outro, o modo de funcionamento real do discurso, ou seja, seu caráter dialógico. Para isso, é necessário revisitar a tradição clássica.

Aristóteles, seguindo uma longa tradição, divide os raciocínios em necessários e preferíveis (1991, I, 2, 1356b-1358a; 2005b, I, 1; II, 27). O primeiro é aquele cuja conclusão decorre necessariamente das premissas colocadas, ou seja, sendo verdadeiras as premissas, a conclusão não pode não ser válida. As premissas são as proposições, as ideias, de que se parte para chegar a uma conclusão. O tipo perfeito de raciocínio necessário era, para o filósofo, o silogismo demonstrativo:

Todos os pernambucanos são brasileiros.
Gilberto Freyre é pernambucano.
Logo Gilberto Freyre é brasileiro.

Como é verdade que todos os pernambucanos são brasileiros e que Gilberto Freyre é pernambucano, não pode não ser verdade que Gilberto Freyre é brasileiro.

Nesse caso, a conclusão não depende de valores, da visão de mundo, de posições religiosas, de sentimentos, etc.

Os raciocínios preferíveis são aqueles cuja conclusão é possível, provável, plausível, mas não necessariamente verdadeira, porque as premissas sobre as quais ela se assenta não são logicamente verdadeiras. O silogismo dialético ou retórico é um exemplo desse tipo de raciocínio.

> Todo professor é dedicado.
> Ora, André é professor.
> Logo, André é dedicado.

Nesse caso, é possível, é provável, é plausível que André seja dedicado, mas não é logicamente verdadeiro, uma vez que nem todos os professores são necessariamente dedicados. Nesse caso, a admissão de certas premissas e, portanto, de determinadas conclusões depende de crenças e de valores.

Os raciocínios necessários pertencem ao domínio da lógica e servem para demonstrar determinadas verdades. Os preferíveis são estudados pela retórica e destinam-se a persuadir alguém de que uma determinada tese deve ser aceita, porque ela é mais justa, mais adequada, mais benéfica, mais conveniente e assim por diante. Nos negócios humanos, não há, na maioria das vezes, verdades lógicas. Por exemplo: o aborto é um direito ou um crime; o casamento de pessoas do mesmo sexo é a consequência da igualdade de todos perante a lei ou a violação de uma lei natural? Nenhuma dessas conclusões é logicamente verdadeira, porque elas dependem de valores, de crenças, de temores, de anseios, etc. Camilo Castelo Branco, no capítulo XII do Livro Quarto de *Mistérios de Lisboa*, avalia que uma questão moral é sujeita a controvérsias:

> A condessa de Santa Bárbara, nas cartas ao seu filho, em estilo ascético, revelava uma transfiguração moral, que, graças ao frade franciscano, também desfigurava os sentimentos exaltados que lhe vimos pelo seu filho. Metade da sua alma tinham-lha fanatizado: a outra metade, votada para o mundo, era de padre Dinis.
> Pedro da Silva, porém, não compreendia semelhantes distinções. Retirado de Portugal, o ressentimento ia com ele. Sua mãe, pelo facto de ser virtuosa viúva do conde de Santa Bárbara, não a julgou ele obrigada ao sacrifício dos deveres contraídos com seu pai antes de ser esposa do algoz, que só à beira do túmulo fora honrado.
> Se o jovem tinha razão não o diremos nós. A questão é toda moral. Que a resolvam os moralistas como devia de ser aquele estranho capucho, de cuja instrução duvidava padre Dinis.

A persuasão faz-se, segundo Cícero, pelo convencimento, quando se mobilizam argumentos para levar a aceitar uma tese; pela comoção, quando isso é feito insuflando o estado de espírito do destinatário, suas paixões, seus preconceitos, etc. (1972, II, 28, 121). No plebiscito sobre a proibição da venda de armas de fogo, a campanha para o sim foi feita fundamentalmente pelo convencimento; a campanha para o não foi realizada basicamente pela comoção, jogando com a sensação de insegurança da população.

Os argumentos são os raciocínios que se destinam a persuadir, isto é, a convencer ou a comover, ambos meios igualmente válidos de levar a aceitar uma determinada tese. A retórica é a arte da persuasão, a "arte do discurso eficaz". Para Aristóteles, a retórica é "a faculdade de considerar, para cada questão, aquilo que é próprio para persuadir" (1991, I, 2, 1355b).

A *Retórica* de Aristóteles compreende três livros. O primeiro trata do enunciador, de como ele concebe os argumentos, de como constrói seu *éthos* na enunciação; o segundo analisa o enunciatário, como ele recebe os argumentos em função do *páthos*; o terceiro estuda a mensagem, o *lógos*, como se expressam os argumentos. Cada um deles estuda um tipo de prova. Afirma Aristóteles:

> As provas inerentes ao discurso são de três espécies: umas residem no caráter moral do orador; outras na disposição do auditório e outras, enfim, no próprio discurso, quando ele é demonstrativo ou parece ser. (1991, I, 2, 1356a)

A retórica antiga continha cinco operações, embora somente as três primeiras fossem realmente objeto de estudos mais acurados:

1. inventio   héuresis   invenire quid dicas (= encontrar o que se dirá)
2. dispositio táxis   inventa disponere (= dispor o que for encontrado)
3. elocutio   léxis   ornare verbis (= ornar com palavras)
4. actio   hypócrisis agere et pronuntiare (= atuar e enunciar)
5. memoria   mnéme   memoriae mandare (= confiar à memória)
(Barthes, 1975: 182).[1]

Se é clara a distinção entre lógica e retórica, a diferença entre a retórica e a dialética variou ao longo do tempo. Aristóteles diz que a retórica é uma parte da dialética (1991, I, 2, 1356a), pois esta é a lógica do que é provável, ou seja, o procedimento racional não demonstrativo (2005a, I, 1). É por isso que os *tópoi*, ou seja, os lugares-comuns, são centrais na retórica aristotélica: eles são esquemas sobre os quais se funda a aceitação geral, fundamento do que é provável (1991, I, 2, 1358a). Os *tópicos*, como já se disse, eram parte da *inventio*. Assim, pode-se pensar que a dialética é a arte que descreve os meios empregados na demonstração e na refutação.

A retórica conhece grande importância em Roma, com Cícero, Quintiliano, etc. Na Idade Média, a base de toda a educação é o *septennium*, que prepara para a teologia, que reina soberana sobre as sete artes liberais, súmula do conhecimento humano desinteressado. Essas artes são divididas em dois grupos: um que estuda a linguagem, o *trivium* (gramática, dialética e retórica) e outro que perscruta a natureza, o *quadrivium* (música, aritmética, geometria e astronomia).² A retórica é, como já se disse, a "arte do discurso eficaz" (*ars bene dicendi*).³

Ao longo do tempo, muitos autores começam a fazer uma distinção no que era um conjunto indissociável: de um lado, havia uma teoria da argumentação, que levava em conta as operações da invenção e da disposição, onde estariam os elementos destinados a convencer e persuadir (a *topologia*); de outro, havia uma teoria das figuras, que se ocupava da elocução (a *tropologia*, a teoria dos tropos). A palavra grega *trópos* significa "direção", "maneira", "mudança". No caso da linguagem, pensa-se em "mudança de sentido, de direção semântica". Assim, começou-se a pensar em duas retóricas: a da argumentação e a dos tropos. Genette mostra que, ao longo da história, houve uma restrição da retórica: primeiramente, amputou-se-lhe a teoria da argumentação e da composição e ela ficou restrita à teoria da elocução; depois, a elocução reduziu-se a uma tropologia, ou seja, a uma teoria das figuras (1975: 129-46). É o que ele vai denominar "retórica restrita". O autor francês diz que uma teoria do discurso deve herdar a retórica em sua integralidade.

Segundo Cícero, no *De oratore*, quatro são as qualidade da elocução (*virtutes elocutionis*): a correção (*latinitas*), a clareza (*planum*), a ornamentação (*ornatus*) e a adequação do discurso às circunstâncias (*aptum*) (1972, III, X). Lausberg, em *Elementos de retórica literária*, dá a essas virtudes, respectivamente, os nomes latinos de *puritas, perspicuitas, ornatus* e *aptum* (2004: 119, § 102). As três primeiras características da elocução estão a serviço da quarta. São elas que criam a adequação. Isso significa que uma qualidade como a correção não é algo intrínseco à língua, mas depende do tipo de discurso, de seu gênero, etc. Também a clareza tem um papel discursivo. Distingue Vieira, na quinta parte do *Sermão da Sexagésima*, a ordem que "faz influência" daquela que "faz lavor":

> O mais antigo pregador que houve no Mundo foi o céu. *Coeli enarrant gloriam Dei et opera manuum ejus annuntiat firmamentum* (= Os céus narram a glória de Deus e o firmamento anuncia as obras de suas mãos) – diz David. Suposto que o céu é pregador, deve de ter sermões e deve de ter palavras. Sim, tem, diz o mesmo David; tem palavras e tem sermões; e mais, muito bem ouvidos. *Non sunt loquellae, nec sermones, quorum non audiantur voces eorum* (= Não há palavras nem discursos onde suas vozes não são ouvidas). E quais são estes sermões e estas palavras do céu? – As palavras são as estrelas, os sermões são a composição, a ordem, a harmonia e o curso delas. Vede como diz o

estilo de pregar do céu, com o estilo que Cristo ensinou na terra. Um e outro é semear; a terra semeada de trigo, o céu semeado de estrelas. O pregar há de ser como quem semeia, e não como quem ladrilha ou azuleja. Ordenado, mas como as estrelas: *Stellae manentes in ordine suo* (= As estrelas que permanecem em seu ordenamento). Todas as estrelas estão por sua ordem; mas é ordem que faz influência, não é ordem que faça lavor. Não fez Deus o céu em xadrez de estrelas, como os pregadores fazem o sermão em xadrez de palavras. Se de uma parte há de estar branco, da outra há de estar negro; se de uma parte dizem luz, da outra hão de dizer sombra; se de uma parte dizem desceu, da outra hão de dizer subiu. Basta que não havemos de ver num sermão duas palavras em paz? Todas hão de estar sempre em fronteira com o seu contrário? Aprendamos do céu o estilo da disposição, e também o das palavras. As estrelas são muito distintas e muito claras. Assim há de ser o estilo da pregação; muito distinto e muito claro. E nem por isso temais que pareça o estilo baixo; as estrelas são muito distintas e muito claras, e altíssimas. O estilo pode ser muito claro e muito alto; tão claro que o entendam os que não sabem e tão alto que tenham muito que entender os que sabem.

Não cabe discutir, neste capítulo, todas essas características da elocução. Interessa-nos a ideia de *ornatus*, que foi entendido como embelezamento da linguagem com figuras, com tropos. A figura era vista como um enfeite e, como tal, desnecessária, como um "luxo do discurso" (cf. Lausberg, 2004: 128, § 162). Com isso, esvazia-se a dimensão tropológica da retórica de sua função argumentativa.

Kuentz, ao estudar a *elocutio* em Ramus, alerta-nos:

> Mas, em Ramus, afirma-se mais claramente que nunca que a retórica foi a ciência do ornamento. Se a gramática é a "arte do bem falar", a retórica, como afirma o prefácio da *Dialectique*, ensina a "ornar a palavra". É importante observar que, ao afirmar isto, Ramus, apesar das aparências, diz o contrário do que afirmavam os tratados latinos sobre a teoria do *ornatus*. Encontramos aqui um exemplo da ilusão nominalista, já destacada por M. Fichant. A constância do vocabulário técnico da retórica dissimula a modificação profunda dos conceitos [...]. Entre o ornamento ramista e o *ornamentum* latino vai grande distância que separa o adorno do instrumento, o plaquê do funcional. (1975: 117)

Tentemos entender o significado do termo em latim. O *ornatus* latino corresponde ao grego *kósmos*, que é o contrário do caos. *Ornamentum* significa "aparelho, tralha, equipamento, arreios, coleira, armadura". Só depois quer dizer "insígnia, distinção honorífica, enfeite". No *De Bello Gallico*, deve-se traduzir a passagem *naves* [...] *omni genere armorum ornatissimae* (III, XIV, 2) como "navios equipadíssimos de todo tipo de armas". Isso significa que o sentido inicial de *ornatus* em retórica não era "enfeite", mas "bem argumentado", "bem equipado para exercer sua função", o que quer dizer que não há uma cisão entre argumentação e figuras, pois estas exercem sempre um papel argumentativo. O *ornatus*, no dizer de Vieira, é a ordem das estrelas, "mas é ordem que faz influência, não é ordem que faça lavor" (= enfeite). A *Retórica a Herênio* diz que a ornamentação serve para realçar, amplificar aquilo que se expõe, ou seja, o ornato é um conjunto de operações enunciativas que atua nos eixos da intensidade e da extensão (*Exornatio est, qua utimur rei honestandae et conlocupletandae causa, confirmata argumentatione* (= O ornamento é o que usamos, após a confirmação, para dar à argumentação relevo e amplitude) (II, XVIII, 28)). Não podemos esquecer-nos de que a palavra *argumento* é formada com a raiz *argu-*, que significa "fazer brilhar, cintilar" e que está presente nas palavras portuguesas *argênteo*, *argentário*, *argento*, *argentar*, *argentaria*, *argentífero*, todas provindas do latim *argentum*, "prata". O argumento é o que realça, o que faz brilhar uma ideia.

Muitas ciências têm seus mitos fundadores. Conta Roland Barthes que a retórica surge, por volta de 485 a.C., depois que uma sublevação democrática derrubou os tiranos da Sicília Gelon e Hieron, que, durante seu governo, tinham expropriado muitas terras com a finalidade de distribuí-las a seus soldados. Depois da vitória dos insurretos, os proprietários espoliados reclamaram a devolução de suas propriedades. Esses processos mobilizavam grandes júris populares, que precisavam ser convencidos da justiça da reivindicação. A eloquência necessária para impelir o ânimo dos jurados tornou-se objeto de ensino. Os primeiros professores foram Empédocles de Agrigento, Córax, seu aluno em Siracusa e o que inaugurou a cobrança pelas lições ministradas, e Tísias (1975: 151). Foi Córax quem começou a codificação das partes da *oratio*, criando uma "retórica do sintagma" (Barthes, 1975: 151). Ele estabeleceu o polo sintagmático da retórica, que é a ordem das partes do discurso, a *táxis* ou *dispositio* (Barthes, 1975: 153).

A retórica é, sem dúvida nenhuma, a disciplina que, na história do Ocidente, deu início aos estudos do discurso. Tira ela seu nome do grego *rhéseis*, que quer dizer "ação da falar", donde "discurso". *Rhetoriké* é a arte oratória, de convencer pelo discurso. A emergência da primeira disciplina discursiva traz consigo a consciência da heterogeneidade discursiva. Com efeito, desde o seu princípio, estava presente nos ensinamentos de Córax que todo discurso pode ser invertido por outro discurso, tudo o que é feito por palavras pode ser desfeito por elas, a um discurso opõe-se um contradiscurso. Conta-se que Córax dispôs-se a ensinar suas técnicas a Tísias, combinando com ele que seria pago em função dos resultados obtidos pelo discípulo. Quando Tísias defendesse a primeira causa, pagar-lhe-ia se ganhasse; se perdesse, não lhe deveria nada. Terminadas as lições, o aluno entra com um processo contra o mestre. Nessa primeira demanda, ele ganharia ou perderia. Se ganhasse, não pagaria nada por causa da decisão do tribunal. Se perdesse, não deveria nada em consequência do acordo particular entre eles. Córax constrói seu contradiscurso, retomando a argumentação de Tísias, mas invertendo-a. Se Tísias ganhar o processo, deve pagar em razão do acordo particular; se perder, deve pagar em virtude da decisão do tribunal. Nos dois casos, deve pagar (Plantin, 1996: 5).

Os sofistas é que impulsionam a nova disciplina. Deve-se a eles quatro noções discursivas: o princípio da antifonia, o estudo do paradoxo, a noção do provável e a da interação discursiva (Plantin, 1996: 6-7).

O princípio da antifonia mostra que toda "verdade" construída por um discurso pode ser desconstruída por um contradiscurso; uma argumentação pode ser invertida por outra; tudo o que é feito por palavras pode ser desfeito por palavras. No caso do acordo entre Córax e Tísias, trata-se do conflito entre as obrigações que se originam de um contrato particular e de uma decisão da Justiça. A tarefa maior da argumentação é tentar resolver situações a que se aplicam normas provindas de sistemas distintos e conflitantes. No caso da permissão para a realização do aborto, uns são contra porque invocam preceitos religiosos; outros são a favor porque se baseiam, por exemplo, em princípios relativos à saúde. Confrontam-se razões sobre os limites da religião e do poder do Estado.

A antifonia é a colocação de dois discursos em oposição, cada um produzido por um ponto de vista distinto, cada um projetando uma dada realidade. Essa ainda é a base da Justiça, o princípio do contraditório. Nossa Constituição assegura o respeito a esse princípio em todas as ações judiciais. Uma casa, construída num morro, desmoronou, quando, por ocasião de fortes chuvas, houve um deslizamento de terra. Ponto de vista 1: o Estado deve indenizar os moradores, porque não ergueu muros de contenção para evitar o deslizamento e, por isso, é responsável pelo que aconteceu. Ponto de vista 2: o Estado não tem qualquer obrigação de indenizar os moradores, pois, como existem leis que proíbem construir em encostas de morros, os que edificaram ilegalmente nesse lugar é que são responsáveis pelo ocorrido. O confronto desses dois pontos de vista constitui o processo e é com base neles que o juiz deve decidir quem tem razão.

O jornal *O Estado de S. Paulo* publicou, durante certo tempo, aos domingos, no caderno *Aliás*, uma seção intitulada *A questão é*, em que formulava uma pergunta, que era respondida de maneira divergente por especialistas, bem como por leitores: por exemplo, *Você concorda com a reserva de cotas para professores universitários negros?*, *A cidade de São Paulo é um bom lugar para viver?*, *A geração de Ronaldo vai superar a de Pelé?*

O paradoxo mostra que, diferentemente do que pensa o senso comum, a linguagem não é transparente, sua ordem não é homóloga à do mundo, ela tem uma ordem própria, autônoma em relação à realidade. É a linguagem que categoriza o mundo, que dá a ele uma ordem. O paradoxo torna clara essa autonomia do funcionamento da linguagem em relação à realidade. Todos os estudiosos da retórica dedicaram-se a estudar minuciosamente o paradoxo.

Cícero apresenta, nas *Acadêmicas*, o paradoxo do mentiroso, mostrando que, se ele diz que mente, ou está dizendo a verdade e então está mentindo, ou está mentindo e, nesse caso, está dizendo a verdade (2012, IV, 29, 95). Na linguagem, pode-se mentir, quando se fala a verdade, e falar a verdade, quando se mente.

Camões, para expor a contraditoriedade inerente ao sentimento amoroso, constrói um belo soneto, com paradoxos.

> Amor é um fogo que arde sem se ver,
> é ferida que dói e não se sente;
> é um contentamento descontente,
> é dor que desatina sem doer.
>
> É um não querer mais que bem querer;
> é um andar solitário entre a gente;
> é um nunca contentar-se de contente;
> é um cuidar que ganha em se perder.
>
> É um querer estar preso por vontade;
> é servir a quem vence, o vencedor;
> é ter com quem nos mata, lealdade.
>
> Mas como causar pode seu favor
> nos corações humanos amizade,
> se tão contrário a si é o mesmo Amor?

O poeta tenta, nos 11 primeiros versos, definir o amor. Para isso, em cada verso constrói uma metáfora. Cada uma delas encerra, em seu bojo, um paradoxo (por exemplo, contentamento descontente; dor indolor), o que inviabiliza o ato definitório, pois uma definição não deve conter contradições. No último terceto, o poeta renuncia a definir o amor e explicita sua perplexidade por meio de uma interrogação: como os homens buscam tanto o amor se ele é algo tão contraditório? O poema começa com a palavra *amor* e termina com ela. É como se ao final da tentativa de delimitar esse sentimento o poeta dissesse: amor é amor. São os oximoros que permitem deixar patente a impossibilidade de precisar o sentimento amoroso, pois o amor é algo para ser sentido e vivido e não para ser objeto de um discurso racional.

A probabilidade diz respeito ao fato de que, no que concerne às realidades humanas, não existe o verdadeiro e o falso, o certo e o errado. Quando tratamos dos negócios humanos, pensamos no que é provável, porque jogamos com os estereótipos a respeito das ações dos seres humanos e com os tipos de pessoas que imaginamos existir. Esses estereótipos são o resultado de uma reflexão sobre o comportamento dos seres humanos nas mais variadas situações. Assim, diante de um determinado acontecimento, fazemos um cálculo sobre que o que julgamos provável para chegar a uma conclusão. O raciocínio com base no provável pode levar a novos paradoxos.

O caseiro Francenildo Santos Costa desmentiu o ministro da Fazenda, Antônio Palocci, que afirmara numa CPI que nunca frequentara uma casa, onde a chamada República de Ribeirão Preto unia prazeres e negócios. Imediatamente, foi vazada para a imprensa informações sobre suas contas bancárias. É provável que quem tenha quebrado clandestinamente o sigilo bancário do caseiro tenha sido o governo, porque ele é que punha em dúvida a honestidade das acusações de Francenildo, uma vez que este recebera 25 mil reais de janeiro a março. Essa é a probabilidade de primeiro nível. No entanto, como a oposição sabe que, em virtude da probabilidade 1, as suspeitas vão recair sobre o governo, que deverá suportar o ônus da prova, foi ela quem, por intermédio de um funcionário simpatizante de um partido oposicionista, quebrou o sigilo bancário do caseiro. Essa é uma probabilidade de segundo nível.

No exemplo que segue, nota-se o uso do que é provável como instrumento de luta política:

> Maduro responsabilizou partidários da oposição pela depredação de algumas lojas em cidades como Valencia e Caracas. O líder antichavista, Henrique Capriles, por seu lado, disse que é o governista Partido Socialista Unido da Venezuela (PSUV) quem tumultua as filas para responsabilizar a oposição. "Peço ao povo paz, que não caia em provocações", disse Maduro. "Se você vir um parasita amarelo (referência chavista aos opositores) quebrando uma vidraça, entregue-o às autoridades."
> Capriles respondeu às acusações por meio do Twitter. "Todos os focos de saques, anarquia e caos são dirigidos pelo PSUV para depois jogar a responsabilidade em cima de nós. Fiquem alertas", escreveu. (*O Estado de S. Paulo*, 14/11/2013: A19)

A dialética conduz à tese de que a interação discursiva é a realidade em que se estabelecem as relações sociais. Ao longo de dez séculos, a proeminência passou de uma para outra das disciplinas do *trivium*. No entanto, sempre se manteve uma consciência da heterogeneidade discursiva e do sentido da interação social. Por exemplo, a *disputatio*, com seus *sic et non, sed contra, respondeo*, é o exercício interativo de construção de discursos contraditórios sobre uma dada tese, é um exercício em que um discurso se constrói em oposição a outro discurso.

A retórica é, de certa forma, filha da democracia. Nas ditaduras, não se admitem pontos de vista divergentes. É na democracia que floresce a contradição, base da retórica. As relações sociais estão sempre fundadas na heterogeneidade e a democracia é o respeito ao dissenso. Só pela palavra antifônica se podem resolver as situações conflitantes sem aniquilar fisicamente o adversário. O princípio – sempre trabalhoso – da democracia é a discussão exaustiva das opiniões divergentes com vistas à tomada de decisões. Alguns prefeririam calar as vozes dos oposicionistas, mas a marcha da humanidade mostra que os momentos de apogeu da retórica coincidem com os períodos de maior liberdade, de maior segurança, de maior paz.

Se a retórica estudou, de um lado, a construção discursiva dos argumentos e, de outro, a dimensão antifônica dos discursos, os estudos do discurso devem herdar a retórica. Que quer dizer, no entanto, herdar a retórica? Lê-la à luz dos problemas teóricos enunciados na atualidade. Quando se disse que a concepção da heterogeneidade linguística já estava presente na criação da retórica, não se quis dizer que a retórica é uma prefiguração, por exemplo, do dialogismo bakhtiniano, pois uma visão teleológica da ciência não se sustenta. O que se estava fazendo era ler os temas abordados pela retórica sob a ótica das questões teóricas modernas. Herdar a retórica significa, pois, de uma parte, levando em consideração séculos de estudos já realizados, descrever, com as bases dos estudos discursivos atuais, os procedimentos discursivos que possibilitam ao enunciador produzir efeitos de sentido que permitem fazer o enunciatário crer naquilo que foi dito; de outra, analisar o modo de funcionamento real da argumentatividade, ou seja, o dialogismo presente na argumentação.

Tomemos um exemplo de descrição da construção discursiva da argumentação: a redução ao absurdo (em latim, esse procedimento argumentativo é denominado *reductio ad absurdum* ou *reductio ad impossibile*) ou argumento apagógico (do grego *apagogé*, que significa "ação de desviar do caminho certo" e daí, "mudança da base da argumentação"). Em lógica formal, a *reductio ad absurdum* é o raciocínio no qual uma contradição é derivada de uma premissa, o que permite concluir que ela é falsa. Por exemplo, alguém afirma que nada existe. Nesse caso, outra pessoa pode replicar:

> Então, você nada disse acerca da existência. Ora, é evidente que você acabou de dizer alguma coisa. Se nada existe, você não disse o que disse. Portanto, é falso que nada exista.

Observe-se que a *reductio ad impossibile* se vale de dois princípios basilares da lógica formal: o da não contradição (uma proposição não pode ser verdadeira e falsa ao mesmo tempo) e o do terceiro excluído (ou uma proposição é verdadeira ou é falsa; não há uma terceira possibilidade).

Em retórica, o argumento apagógico consiste em assumir uma determinada proposição como verdadeira, para dela tirar conclusões cujas consequências são absurdas, isto é, impossíveis, ilógicas, ridículas, contrárias ao bom senso ou a um princípio anteriormente admitido e, assim, mostrar a falsidade da premissa. Tomemos alguns exemplos:

a) Uma mãe pergunta a um filho por que ele começou a fumar. Ele responde que todos os seus amigos o fazem. A mãe diz então: Se todos se jogarem do alto da ponte Rio-Niterói, você também o fará?
b) – O princípio central da homeopatia diz que a água retém a memória das substâncias nela dissolvidas, mesmo quando a solução é tão fraca que nenhum traço da substância original está nela presente.
– Se esse princípio é verdadeiro, os remédios homeopáticos não prestam, pois a água adquire todas as substâncias químicas benéficas, mas também as maléficas das diferentes substâncias.
c) Se Deus fosse onipotente, poderia fazer qualquer coisa, inclusive uma pedra que não fosse capaz de levantar. Mas se houvesse uma pedra que ele não pudesse levantar, ele não seria onipotente.

Se as figuras de retórica não devem ser consideradas enfeites do discurso, então precisam ser analisadas em sua dimensão argumentativa. Os tropos e as figuras, isto é, as figuras em que há alteração de sentido e aquelas em que não há, são operações enunciativas para intensificar e, consequentemente também, para atenuar o sentido. O enunciador, visando a avivar (ou abrandar) o sentido, realiza quatro operações possíveis, já analisadas pelos rétores antigos: a adjunção ou repetição com o consequente aumento do enunciado; a supressão com a natural diminuição do enunciado; a transposição de elementos, ou seja, a troca de seu lugar no enunciado; e a mudança ou troca de elementos. Os tropos seriam uma operação de mudança de sentido. No entanto, como os tropos são uma não pertinência semântica, que cria uma nova pertinência, não se pode considerá-los, pura e simplesmente, uma troca semântica. Na verdade, os tropos realizam um movimento de concentração semântica, que é característica da metáfora, ou um movimento de expansão semântica, que é a propriedade da metonímia.

Exemplifiquemos com uma operação de redução do enunciado. Chama-se *anacoluto*, do grego *anacólutos*, que significa "sem sequência", a figura em que se topicaliza um termo qualquer, para enfatizá-lo, mas, ao realizar essa operação, omite-se um conector que rege o elemento topicalizado e, por essa razão, ele fica sem função sintática na frase. Ele torna-se então apenas o tópico de um comentário. Normalmente, a topicalização, ou seja, a operação que faz de um constituinte da frase o tópico, isto é, o tema, que será comentado, é marcada pelo alçamento desse constituinte para o início da frase. Na sexta parte do *Sermão XX do Rosário*, de

Vieira, há a topicalização de *os três reis orientais*: "Os três reis orientais, que vieram adorar o Filho de Deus recém-nascido em Belém, é tradição da Igreja que um era preto" (= é tradição da Igreja que um dos três reis orientais, que vieram adorar o Filho de Deus recém-nascido em Belém, era preto). Nesse caso, intensifica-se o sentido de *os três reis orientais*. Distingue-se sintaticamente do restante da frase o tópico sobre o qual se vai discorrer, magnificando, assim, sua função. A mesma coisa ocorre na estrofe final do poema "Confissão", do livro *As impurezas do branco*, de Carlos Drummond de Andrade: "É tudo certo e prescrito/ em nebuloso estatuto./ O homem chamar-lhe mito/ não passa de anacoluto" (= chamar ao homem mito não passa de anacoluto).

O outro aspecto a ser analisado no discurso é a questão da dimensão dialógica da argumentação: por exemplo, a discussão sobre se o leilão do campo de Libras foi uma privatização ou uma concessão; se uma concessão é ou não é privatização.

Neste trecho do capítulo v do *Gargantua* (1986), de François Rabelais, há o argumento de que "a alma não vive no seco", para justificar as bebedeiras:

– Eu molho, umedeço, bebo, tudo por medo de morrer!
– Bebe sempre, que não morrerá.
– Se eu não beber, se ficar seco, estarei morto. Minha alma irá parar num brejo. A alma nunca vive em seco.

Nesse caso, trata-se de uma paródia de uma afirmação do Pseudo-Agostinho: Anima certe, "quia spiritus, in sicco habitare non potest; ideo in sanguine fertur" (A alma certamente, porque é espírito, não pode habitar no seco; por isso, está contida no sangue) (1908: 50, 23, 3).

Uma questão pode ser enunciada: todos os discursos são argumentativos? Poderíamos pensar que não, pois só seriam argumentativos os discursos que expõem e amplificam o desacordo, bem como aqueles que procuram resolver um conflito, buscando o consenso, os pontos comuns entre posições discordantes. Em outras palavras, os discursos que visam a mostrar as polêmicas ou os contratos. Assim, seriam argumentativos certos gêneros do discurso político (debate), do discurso jurídico (acusação e defesa), do discurso religioso (sermão apologético) e assim por diante. No entanto, o modo de funcionamento real de todo discurso, como mostra Bakhtin, é o dialogismo:

> Um enunciado concreto é um elo na cadeia da comunicação verbal de uma dada esfera. As fronteiras desse enunciado determinam-se pela alternância dos sujeitos falantes. Os enunciados não são indiferentes uns aos outros nem autossuficientes; conhecem-se uns aos outros, refletem-se mutuamente. São precisamente esses reflexos recíprocos que lhes determinam o caráter. O enunciado está repleto dos ecos e

lembranças de outros enunciados, aos quais está vinculado numa esfera comum da comunicação verbal. O enunciado deve ser considerado acima de tudo como uma resposta a enunciados anteriores dentro de uma dada esfera (a palavra "resposta" está empregada aqui no sentido lato): refuta-os, confirma-os, completa-os, supõe-nos conhecidos e, de um modo ou de outro, conta com eles. Não se pode esquecer que o enunciado ocupa uma posição *definida* numa dada esfera da comunicação verbal relativa a um dado problema, a uma dada questão, etc. Não podemos determinar nossa posição sem correlacioná-la a outras posições. (1992: 316)

A relação dialógica é uma relação (de sentido) que se estabelece entre enunciados na comunicação verbal. Dois enunciados quaisquer, se justapostos no plano do sentido (não como objeto ou exemplo linguístico), entabularão uma relação dialógica. (1992: 345-46)

Ora, se a argumentação é a tomada de posição contra outra posição, a natureza dialógica do discurso implica que os dois pontos de vista não precisam ser explicitamente formulados. Na medida em que um discurso é sempre um discurso sobre outro discurso, todos os discursos são argumentativos, pois todos eles fazem parte de uma controvérsia, refutando, apoiando, contestando, sustentando, contradizendo um dado posicionamento. Todos os discursos são argumentativos, pois são uma reação responsiva a outro discurso. Assim, o parnasianismo constitui-se em oposição à poesia da terceira geração romântica com sua grandiloquência, seu tom oratório, seu mergulho na história, sua temporalidade extensa, sua espacialidade ampla. Cria, em oposição a isso, uma poesia não enfática, descritiva, que se afasta dos temas sociais, que manifesta uma temporalidade reduzida e uma espacialidade restrita. Essa dimensão dialógica é o que faz de ambas as poéticas discursos argumentativos.

Notas

[1] Como nota Barthes, a *inventio* é o ato de encontrar argumentos e não de inventá-los. Extraem-se argumentos de um lugar (*tópos*), onde já estão. Esse tema será discutido mais amplamente (1975: 183).

[2] A estrutura do *septennium* é codificada no século v por Marciano Capella, com base numa alegoria: as núpcias de Mercúrio e da Filologia. Esta é prometida àquele e recebe como presente de casamento as sete artes liberais, cada uma apresentada com seus símbolos. A Gramática é uma velha senhora, trajando roupas romanas e portando um pequeno cofre, com uma lima e uma faca para corrigir as faltas dos filhos. A Retórica é uma bela mulher, com vestes ornadas, empunhando armas para ferir os adversários (Barthes, 1975: 165).

[3] Nota Rener que, enquanto a retórica era chamada *ars bene dicendi*, a gramática era a *ars recte dicendi* (= arte do discurso correto) e a dialética, *ars vere dicendi* (= arte do discurso verídico) (1989: 147).

Argumentação e inferência

O romance policial *Assassinato no Expresso Oriente*, de Agatha Christie, publicado em 1934, relata um crime de morte cometido no Expresso Oriente, luxuoso trem que ia de Istambul a Londres. Na cidade turca, tinha embarcado o célebre detetive Hercule Poirot. O comboio estava estranhamente cheio para aquela época do ano. Durante a madrugada, um passageiro é assassinado a facadas, o que Poirot só vai descobrir pela manhã. Foi esfaqueado 12 vezes, enquanto dormia. Alguns ferimentos são profundos e outros, superficiais; alguns parecem resultados de golpes desferidos por uma pessoa canhota e outros por alguém destro. Como o crime foi cometido depois de o trem entrar numa nevasca, que impede qualquer pessoa de deixar o comboio, o assassino está dentro do Expresso.

O que faz Poirot, como, aliás, qualquer detetive dos chamados romances policiais de enigma, é verificar cada indício, cada pista, cada álibi e, fazendo inferências, chegar ao culpado. Em meio às investigações, Poirot percebe uma ligação desse assassinato com o caso do desaparecimento e morte de Daisy Armstrong nos Estados Unidos. Isso permite descobrir que os assassinos são 12, que construíram álibis uns para os outros.

Sherlock Holmes afirma, ao comentar uma narrativa do Dr. Watson, no primeiro capítulo de *O sinal dos quatro*, que "o único ponto da questão que merecia ser mencionado era o curioso raciocínio analítico dos efeitos para as causas por meio do qual" conseguira desvendar tudo.

Nos romances policiais de enigma, a parte final é dedicada às explicações das inferências feitas pelo detetive para solucionar o mistério.

Inferência é a operação pela qual se admite como correta uma proposição em virtude de sua ligação (por implicação, por generalização ou mesmo, segundo alguns autores, por analogia) com outras proposições consideradas verdadeiras. O raciocínio inferencial pode estar ou não expresso integralmente no texto. Assim, o processo de leitura implica a realização de inferências. O texto diz mais do que aquilo que está enunciado: ele apresenta pressuposições, subentendidos, consequências não ditas, etc. No processo argumentativo, usam-se inferências. São elas que fazem progredir o discurso.

As inferências podem ser de ordem lógica, de ordem semântica e de ordem pragmática. As lógicas são aquelas determinadas por relações entre proposições; são decorrências necessárias de implicações entre proposições. Um silogismo, por exemplo, apresenta duas premissas (a maior e a menor) e uma conclusão que decorre necessariamente das proposições apresentadas:

> Todas as cidades grandes são perigosas.
> São Paulo é uma cidade grande.
> Logo, São Paulo é perigosa.

Inferência semântica é aquela que decorre do significado de palavras ou expressões, como no caso dos pressupostos. A frase *Antônio parou de usar drogas* pressupõe que Antônio era usuário de drogas.

Inferência pragmática é aquela derivada de regras do uso da linguagem. Quando se diz *A bandeira paulista tem 13 listras*, isso significa que ela tem apenas 13 listras e não mais de 13 e, portanto, 13, já que uma bandeira que tem, por exemplo, 14 listras tem também 13. Essa conclusão decorre de que um princípio conversacional é que o falante deve dar a informação mais forte de que dispõe. Assim, se ele afirma que a bandeira paulista tem 13 listras, isso quer dizer que ela tem somente esse número de listras.

A INFERÊNCIA LÓGICA

Vejamos alguns processos de inferência lógica. O primeiro é denominado eliminação. No capítulo 6 do livro *O sinal dos quatro*, de Arthur Conan Doyle, Sherlock Holmes diz a Watson:

> – Você não aplica meus preceitos. [...] Quantas vezes já lhe disse que, quando tiver eliminado o impossível, o que fica, por mais improvável que seja, deve ser a verdade? Sabemos que ele não entrou pela porta, nem pela janela, nem pela chaminé. Também sabemos que não podia estar escondido no quarto, porque não havia onde se esconder. Logo, por onde ele veio?
> – Pelo buraco do teto! – gritei.
> – Certamente.

Esse processo se enuncia assim: dados *a* ou *b* e não *a*, podemos concluir *b*. O criminoso poderia ter vindo pela porta, pela janela, pela chaminé ou pelo buraco do teto ou poderia ter ficado escondido no quarto. Como não veio pela porta, pela janela ou pela chaminé nem poderia ter ficado escondido no quarto, então se pode tirar a conclusão de que ele veio pelo buraco do teto. Como diz Sherlock Holmes, no capítulo 1 do livro citado, "eliminando todos os outros fatores, o que sobra tem que ser o verdadeiro". Outro exemplo:

> Faz sete meses, a mãe de um daqueles criminosos que queimaram a dentista, entre os quais havia um menor, duvidava da participação do filho, maior, com esta frase estarrecedora, dita à imprensa: "Acho estranho, porque ele só saía para roubar às 6 horas, e esse caso foi à tarde". (Ivan Angelo, *VejaSP*, 13/11/2013: 210)

O segundo processo é o da afirmação do consequente, conhecido em lógica pela expressão latina *modus ponendo ponens* (= modo que afirmando afirma): se *a* implica *b* e *a* é verdadeiro, então *b* é verdadeiro. É um raciocínio que afirma (a conclusão) pela afirmação do antecedente.

> Se meu time ganhar o campeonato, irei festejar na Avenida Paulista. Meu time ganhou o campeonato. Então, fui festejar na Avenida Paulista.

Observe, no texto que segue, que a progressão se faz com esse tipo de inferências:

> A gente gosta de bradar aos quatro cantos que lá na Europa sim as pessoas são bem tratadas, que nos EUA o atendimento é diferente, mas, quando a aplicação da regra tem que valer pra gente aqui, reclamamos. O brasileiro gosta é do jeitinho brasileiro. É o que o coloca no patamar de malandro. E se eu sou malandro, alguém é otário. Aí sim eu vejo vantagem. Contanto que esse otário não seja eu. Alguém tem que se ferrar pra eu me sentir melhor. Se seguir as normas me faz fazer o papel de otário, eu não quero. A malandragem fala mais alto.
> Eu duvido que se esse cara que estava alterado tivesse chegado atrasado no aeroporto de Munique, ia dar aquele chilique. Claro que não. Porque lá as coisas funcionam, lá é primeiro mundo, lá... Lá, ele teria saído do hotel duas horas antes, justamente pra não atrasar porque sabia que, se atrasasse, perderia o voo e não teria choro nem vela. (Fábio Porchat, *O Estado de S. Paulo*, 17/11/2013: C10)

O terceiro processo é a negação do antecedente, denominado usualmente em lógica como *modus tollendo tolens* (= modo que negando nega). É aquele que nega (a conclusão) pela negação do consequente: se *a* implica *b* e *b* não é verdadeiro, então *a* não é verdadeiro:

> Se houver fogo aqui é porque há oxigênio. Como não há oxigênio, então não há fogo.

O quarto processo é conhecido como regra da disjunção exclusiva: dados *a* ou *b*, não sendo *b* verdadeiro, então *a* é verdadeiro e vice-versa.

> Ou ele é palmeirense ou é corintiano. Ele não é corintiano. Então, é palmeirense.

O quinto processo é denominado de regra de encadeamento: se *a*, então *b*; se *b*, então *c*; logo se *a*, então *c*.

> Se comprar uma casa, deixarei de pagar aluguel.
> Se deixar de pagar aluguel, sobrará mais dinheiro de meu salário.
> Se comprar uma casa, sobrará mais dinheiro de meu salário.

> Não custa lembrar a piadinha famosa entre muitos nova-iorquinos. Havia uma pizzaria onde se lia: a melhor pizza do mundo. Inauguraram outra casa do gênero no mesmo quarteirão e escreveram no letreiro: a melhor pizza de Nova York. Abriram outra na mesma quadra e escreveram: a melhor pizza do quarteirão. (Ivan Angelo, *VejaSP*, 11/7/2012: 154)

O sexto processo é chamado de contraposição: se *a*, então *b*, se não *a*, então não *b*. Nesse caso, *a* implica *b*, se e somente se não *a* implica não *b*:

> Se um polígono tem três lados, então é um triângulo.
> Se um polígono não tem três lados, então não é um triângulo.
> Este polígono não tem três lados, então não é um triângulo.

O sétimo processo é alcunhado regra do nem/nem ou de negação da conjunção dupla: se não *a* e não *b*, então não a ou não *b*:

> Não se pode assoviar e chupar cana. Como estou assoviando, então não estou chupando cana ou, como estou chupando cana, não estou assoviando.

O oitavo processo é cognominado de regra de não as duas ou de negação da disjunção dupla: se não *a* ou não *b*, então não *a* e não *b*:

> Pedro não é gaúcho ou não é paraibano. Então, ele não é gaúcho e paraibano simultaneamente.
> Não chove ou não faz sol. Então, não chove e não faz sol.

O nono processo é conhecido como regra da bicondicionalidade: *a* se e somente se *b*, ou, em outros termos, se *a*, então *b* e se *b*, então *a*, então se *a*, então *b* e vice-versa.

> Quatro é maior que dois, se e somente se dois for menor que quatro. Se quatro é maior que dois e dois é menor que quatro, então quatro é maior do que dois e dois é menor do que quatro.

> Alguém tem nacionalidade romena se e somente se for descendente de romenos. Pedro é romeno, então é descendente de romenos; Pedro é descendente de romenos, então é romeno.

O décimo processo é designado por regra da dupla negação, em que se postula que dupla negação equivale a uma afirmação: se não não *a*, então *a*.

Não é verdade que ele não trabalha.
Portanto, ele trabalha.

Esse é um procedimento lógico que nem sempre funciona na comunicação cotidiana, pois o português é uma língua que admite a dupla negação, sem que isso configure uma afirmação. Por exemplo, *Isso não apresenta nenhum interesse*.

Um problema clássico de inferência é este que é apresentado em diferentes livros:

1. Temos cinco casas.
2. O inglês vive na casa vermelha.
3. O brasileiro é o dono do cachorro.
4. Na casa verde se bebe café.
5. O espanhol bebe chá.
6. A casa verde está situada numa extremidade e à direita (à direita do leitor) da casa cinzenta.
7. O estudante de Psicologia possui macacos.
8. Na casa amarela se estuda Filosofia.
9. Na casa do meio se bebe leite.
10. O norueguês vive na primeira casa.
11. O senhor que estuda Lógica vive na casa vizinha à do homem que tem uma raposa.
12. Na casa vizinha da casa em que se guarda o cavalo, estuda-se Filosofia.
13. O estudante que se dedica a Estudos Sociais bebe suco de laranja.
14. O japonês estuda Metodologia.
15. O norueguês vive na casa ao lado da azul.

Pergunta-se: Quem é que bebe água? E quem é o dono da zebra?

Resposta:
Primeira casa: norueguês, amarela, Filosofia, raposa, água.
Segunda casa: azul, cavalo, espanhol, Lógica, chá.
Terceira casa: leite, vermelha, inglês, Psicologia, macacos.
Quarta casa: cinza, suco de laranja, Estudos Sociais, brasileiro, cachorro.
Quinta casa: verde, café, japonês, Metodologia, zebra.

A INFERÊNCIA SEMÂNTICA

Comentando a notícia de que os Estados Unidos espionavam muitos chefes de Estado, entre os quais a chanceler alemã Angela Merkel, o jornal *O Estado de S. Paulo* disse: "Um atabalhoado Obama assegurou que seu país não espiona nem irá espionar a chanceler. Faltou dizer o indizível: desde quando parou de espioná-la" (31/10/2013, A3). Além das informações explícitas de que o presidente Obama deu garantias de que, no presente, os Estados Unidos não espionam a chanceler e de que não irá fazê-lo no futuro, há uma informação implícita, a de que, no passado, os Estados Unidos a espionaram. Essa informação implícita decorre do uso do presente do indicativo (não espiona) e do futuro do indicativo (não irá espionar) na oração subordinada substantiva objetiva direta que é dependente sintaticamente do verbo *assegurar*, bem como do uso do verbo *parar*. Trata-se de uma inferência semântica, pois o que se conclui está fundamentado no sentido de palavras ou expressões linguísticas. Só se usa o verbo *parar*, por exemplo, para algo que existia anteriormente.

Para examinar os dois tipos de inferências semânticas, devemos distinguir significação de sentido e frase de enunciado. A significação é dada pelos elementos linguísticos e pela relação entre eles, enquanto o sentido é o resultado da significação mais as informações do contexto ou da situação de comunicação. Assim, por exemplo, quando o filho diz para mãe *Não tenho mais camisas limpas*, a significação pode ser parafraseada da seguinte maneira: *Não há tal peça de roupa em condições de uso para mim*. No entanto, o sentido poderia ser *A senhora poderia lavar minhas camisas?*

A frase é uma estrutura linguística caracterizada por relações sintáticas e uma significação, enquanto o enunciado é uma frase a que se adicionam informações retiradas da situação em que ela é enunciada. Isso quer dizer que uma frase pode corresponder a vários enunciados. Por exemplo, na frase *A linha amarela do metrô está parada*, a significação poderia ser *O serviço de trens subterrâneos entre o ponto x e o ponto y está fora de funcionamento*. Essa frase poderia corresponder a enunciados como *Vamo-nos atrasar*, *Precisamos pegar um táxi*, *O serviço de manutenção está precário*.

Grice, em artigo publicado em 1975, chama *implicaturas* as inferências semânticas que se tiram dos enunciados. Usa o termo implicatura em lugar de implicação, porque o primeiro é mais amplo que o segundo. Com efeito, a implicação é uma inferência provocada por um elemento linguístico, enquanto a implicatura é mais ampla, pois se refere às inferências geradas por expressões linguísticas, pelo contexto, pela situação de comunicação, pelos conhecimentos prévios do falante.

Um texto diz mais do que está na sua superfície, pois ele não somente transmite conteúdos explícitos, mas também conteúdos implícitos, marcados no enunciado ou na situação de comunicação, que apreendemos ao fazer inferências. Os conteúdos implícitos podem ser pressupostos e subentendidos.

O conteúdo explícito será denominado *posto*, enquanto o conteúdo implícito desencadeado pela formulação do enunciado, independentemente da situação de enunciação, será cognominado *pressuposto*. Quando se diz *Os fiscais da prefeitura continuam cobrando propina*, o conteúdo posto é o de que atualmente eles cobram propina e o conteúdo pressuposto, derivado do uso do verbo *continuar*, é o de que eles já cobravam propina anteriormente.

Enquanto o posto é questionável, o pressuposto é verdadeiro ou tomado como tal, pois, se ele fosse falso, os conteúdos explícitos não fariam nenhum sentido. A frase *Hoje não se fuma mais nas salas de aula* só tem sentido se admitirmos como verdade que antigamente se fumava nas salas de aula. O uso da pressuposição é um forte recurso argumentativo, uma vez que ele conduz a aceitar certas ideias do enunciador. Com efeito, introduzir um ponto de vista, sob a forma de pressuposto, torna o interlocutor cúmplice da perspectiva do enunciador, pois o que é pressuposto não está em discussão, é apresentado como algo certo. Quando se diz *A grande corrupção no governo tornou-se pública graças ao trabalho da imprensa*, dá-se como verdade a existência de grande corrupção no governo. Muitas vezes, os pressupostos são generalizações infundadas ou preconceitos: *Ele é político, mas é honesto* (o pressuposto é que todos os políticos são desonestos); *Ele é ecologista, mas tem bom senso* (o pressuposto é que todos os ecologistas não têm bom senso). Mesmo a negação contribui para corroborar o que se pressupõe. Quando se pergunta se *Pedro deixou de trair a mulher*, a resposta pode ser sim ou não. Mesmo se for não, aceita-se a ideia de que ele a enganava.

Por isso, os teóricos dizem que os pressupostos não são sensíveis à negação, à interrogação ou ao encadeamento. Quando se diz *André não parou de beber*, *André parou de beber?* ou *André parou de beber, porque está muito doente*, estamos negando o posto, fazendo uma interrogação sobre ele, dando um motivo para afirmá-lo, mas, nos três casos, estamos admitindo que André era alcoólatra. A pressuposição aprisiona o enunciatário numa lógica em que o posto é proposto como verdade, enquanto o pressuposto é imposto como verdade.

Quando se diz que o pressuposto não é sensível à negação, não é que não se possa refutar um pressuposto. Só que a negação do pressuposto impede a continuidade da argumentação. Não há nenhum terreno comum para o debate, se os parceiros partem de pressupostos diferentes. Por isso, a negação de um pressuposto é sempre vista como algo agressivo, grosseiro, hostil. Quando se diz *Pedro tomou pouco uísque*, pode-se debater se foi pouco ou muito. No entanto, se o outro diz *Pedro nunca bebeu*, o mínimo que ele está subentendendo é *Você está louco*.

Os principais marcadores de pressuposição são:

a) adjetivos ou palavras similares:
Ele ganhou sua *segunda* medalha de ouro em Olimpíadas de Matemática (o pressuposto é o de que ele já havia ganhado uma medalha antes);

b) verbos que indicam permanência ou mudança de estado (por exemplo, tornar-se, transformar-se, converter-se, ficar, vir a ser, passar a, deixar de, começar, principiar a, ganhar, perder, permanecer, continuar), bem como verbos que denotam um ponto de vista sobre o que é expresso pelo seu complemento (por exemplo, pretender, alegar, supor, presumir, imaginar, assacar):

A louça *continua* suja na pia (o pressuposto é o de que a louça já estava suja na pia antes do momento da enunciação);

O governo dos Estados Unidos *pretende* que a informação de que tenha espiado governantes de países aliados é mentira (o pressuposto é o de que o enunciador não acredita na veracidade das afirmações do governo norte-americano);

c) certos advérbios:
O Brasil não tem *mais* o melhor futebol do mundo (o pressuposto é o de que ele já teve o melhor futebol do mundo);

d) conjunções:
Ela casou com um homem rico, *mas* é feliz (o pressuposto é o de que o casamento com uma pessoa rica sempre é por interesse e, portanto, não é feliz):

e) orações adjetivas:
Os políticos, que só defendem seus interesses, não estão nem aí para o povo (o pressuposto é o de que todos os políticos só defendem seus interesses: a diferença entre orações subordinadas adjetivas explicativas e restritivas está no pressuposto que elas instauram; a explicativa indica que algo se aplica à totalidade dos membros de um dado conjunto, enquanto a restritiva pressupõe que algo se aplica a apenas uma parte de um determinado grupo; observe-se a diferença entre a oração explicativa acima e a restritiva correspondente: *Os políticos que só defendem seus interesses não estão nem aí para o povo*).

O *subentendido*, segunda forma de inferência semântica, é uma informação cuja atualização depende da situação de comunicação. No texto que segue, algumas construções referentes ao patrimônio construído por Brizola, como "façanha inatingível para a maioria dos brasileiros", "surpreendente prosperidade", "sem despender a mesma energia", aliadas ao contexto em que essa informação é produzida, uma conjuntura em que se difunde a ideia de que todos os políticos são corruptos, deixam subentendido que o governador construiu seu patrimônio com dinheiro resultante de corrupção:

> Entre as qualidades do ex-governador Leonel Brizola, uma chama a atenção: a capacidade de não se descuidar das finanças pessoais mesmo quando mantém dedicação integral à política. Nos últimos vinte anos, ele esteve envolvido em nada menos que onze eleições, sendo que em seis delas diretamente como candidato. Nas outras cinco trabalhou na costura de apoios e alianças capazes de levar adiante seu projeto de criar um partido político forte e chegar à Presidência da República. Registre-se que nesse intervalo ocupou por duas vezes a cadeira de governador do Rio de Janeiro. Apesar de tanta labuta, nos últimos tempos vem colhendo mais insucessos do que êxitos. Para sua sorte, as dificuldades se dão apenas na política. No plano pessoal, vive uma surpreendente prosperidade. Foi justamente nesses anos atribulados que Brizola realizou uma façanha inatingível para a maioria dos brasileiros: a de erigir um magnífico patrimônio. Mesmo sem despender a mesma energia que dedicou aos palanques – e sem chamar a atenção –, ele costurou um pé-de-meia de pelo menos 15 milhões de reais em terras e imóveis. Em outras palavras, Brizola tornou-se um abastado senhor de terras. (*Veja*, 7/11/2001: 43)

A diferença entre pressupostos e subentendidos é que aqueles são de responsabilidade do enunciador, enquanto estes são de responsabilidade do enunciatário. Com efeito, o empresário Maria Amato não pode negar que, quando fez a afirmação a respeito da então ministra da Indústria e Comércio, Dorothéa Werneck, *Ela é muito inteligente apesar de ser mulher*, ele estava dizendo que as mulheres não são inteligentes. No entanto, no caso do subentendido, o enunciador pode refugiar-se atrás do sentido literal das palavras, para negar que tenha dito o que disse. O jornalista que escreveu a matéria sobre Leonel Brizola poderá dizer que, em nenhum momento, asseverou que ele era corrupto, só disse que a construção de seu patrimônio era surpreendente. O subentendido é uma maneira de dizer sem se comprometer, de dizer sem dizer, de sugerir, mas não afirmar. No exemplo que segue, subentende-se que o ministro do Turismo não tem a menor aptidão para o cargo, pois nem é capaz de operar um computador:

Sem apoio político do partido, Novais (ministro do Turismo), que não queria sair, pediu aos assessores que lhe arrumassem uma máquina de escrever e redigiu sua carta de demissão. (*Veja*, 21/9/2011: 66)

Em geral, chamamos insinuação a um subentendido de conteúdo maldoso: Ele tem muito talento para negócios; depois que se elegeu para um cargo público, há vinte anos, conseguiu amealhar um patrimônio invejável. É evidente que se insinua que a pessoa de quem se fala é alguém corrupto. A alusão é um subentendido de conteúdo licencioso, com conotação sexual; é a referência a um fato do conhecimento de apenas alguns dos envolvidos na troca verbal ou é a remissão a conteúdos de outros atos de fala (por exemplo, em *Y é uma moça, mas uma moça mesmo*, pode-se inferir que o falante não quis dizer que Y é bem-educado, mas é homossexual; quando o governador Alckmin diz que, no seu governo, *o Brasil vai crescer pra chuchu*, está fazendo remissão ao apelido que lhe foi dado por José Simão, "picolé de chuchu", está subentendendo que é capaz de rir de si mesmo).

A INFERÊNCIA PRAGMÁTICA

Uma anedota bastante conhecida conta que um agente alfandegário pergunta a um passageiro que acabara de desembarcar de um voo internacional e passava pela aduana: *– Licor, conhaque, grapa...? O passageiro responde: – Muito obrigado! Para mim, só um cafezinho.* A graça dessa piada reside no fato de que o passageiro fez, propositadamente ou não, uma inferência errada nessa situação de comunicação. Inferiu que o fiscal aduaneiro lhe oferecia um digestivo, como no final de uma refeição num restaurante, e respondeu que só queria um cafezinho, quando, na realidade, a inferência correta é se ele trazia alguma bebida alcoólica na bagagem. Ele violou o princípio de pertinência que rege o uso da linguagem.

Chama-se inferência pragmática aquela que resulta da utilização dos princípios que governam a utilização da linguagem na troca verbal. Grice (1975) postula que um princípio de cooperação preside à comunicação. Ele enuncia-se assim: sua contribuição à comunicação deve, no momento em que ocorre, estar de acordo com o objetivo e a direção em que você está engajado.

Esse princípio é explicitado por quatro categorias gerais – a da quantidade das informações dadas, a de sua verdade, a de sua pertinência e a da maneira como são formuladas –, que constituem as máximas conversacionais. Grice formula assim essas máximas:

Máximas da quantidade

a) Que sua contribuição contenha o tanto de informação exigida;
b) Que sua contribuição não contenha mais informação do que é exigido.

Máximas da qualidade (da verdade)
Que sua contribuição seja verídica.
a) Não afirme o que você pensa que é falso;
b) Não afirme coisa de que você não tem provas.

Máxima da relação (da pertinência)
Fale o que é concernente ao assunto tratado (seja pertinente).

Máximas de maneira
Seja claro.
a) Evite exprimir-se de maneira obscura;
b) Evite ser ambíguo;
c) Seja breve (evite a prolixidade inútil);
d) Fale de maneira ordenada.

Duas críticas principais foram dirigidas às concepções gricianas. A primeira é a de que ele tem uma concepção idealizada de comunicação, pois a vê como um evento harmonioso, contratual, ignorando os antagonismos, as discordâncias, os conflitos que caracterizam tantas trocas verbais. A segunda é a de que Grice tem uma concepção normativa da enunciação, pois estabelece uma série de regras a que seus participantes devem obedecer para que o evento comunicativo tenha sucesso.

Ambas as críticas são improcedentes, indicam uma leitura malfeita das propostas gricianas. As máximas conversacionais não são regras para pautar a comunicação, mas são princípios de interpretação, ou seja, são condições gerais de uso da linguagem, que permitem fazer inferências pragmáticas. Grice não ignora a divergência no ato comunicativo. O que ele diz, com seu princípio de cooperação, é que uma troca verbal, mesmo conflituosa, somente pode operar sobre determinados princípios de interpretação, que constituem o que ele chama a cooperação, sem o que não se pode mesmo discordar. Os parceiros da enunciação precisam interpretar adequadamente o que se diz. Por isso, a troca verbal funciona com base em certas condições de uso da linguagem. Por outro lado, é necessário enfatizar que a existência de máximas implica também sua violação nos eventos comunicativos.

Pode-se infringir uma máxima para não transgredir outra, cujo respeito é considerado mais importante. Se alguém pergunta a um interlocutor: – *Onde João trabalha? Ele saiu daquela firma?*, e este responde: – *No Rio de Janeiro*, terá violado a máxima da quantidade para não desobedecer à da qualidade. Com efeito, quem pergunta quer de fato saber é a firma onde João presta serviços. Uma resposta mais vaga permite inferior que o interlocutor não sabe exatamente onde João trabalha.

Pode-se explorar a infringência de uma máxima com vistas a criar um dado efeito de sentido. Por exemplo, a ironia é a exploração de uma transgressão da máxima da qualidade. O que o texto irônico está dizendo não é verdade. Deve-se entendê-lo pelo avesso. No exemplo que segue, *modesto* quer dizer exatamente o oposto: "Tenho uma voz conhecida, então não é qualquer narrador, é o Falabella contando a história", diz o modesto autor-locutor (= Miguel Falabella) (*Veja*, 11/1/2012: 109). Quando alguém diz que a bandeira da França é azul, a inferência pragmática correta a fazer é a de que a bandeira francesa é somente azul e não tricolor, estando o azul ao lado do branco e do vermelho. O primeiro princípio que rege as inferências pragmáticas é o da quantidade de informação, isto é, o de que o enunciador deve dar a informação mais forte de que dispõe sobre um dado tema. Assim, se alguém diz que uma pessoa tem 50 reais na carteira, deve-se concluir que ela tem exatamente 50 reais e não mais, com base no fato de que, por exemplo, quem tem 60 reais tem também 50.

Infringem a máxima da quantidade as informações evidentes, tanto que o que é óbvio enseja respostas que indicam a inutilidade do que se disse, como ocorre, nestes casos, em que um interlocutor está em presença do outro:

– Você já chegou?
– Não, ainda estou a caminho.

– Você já levantou?
– Não, ainda estou dormindo.

Também transgridem essa máxima não dar a informação mais forte ou enunciar banalidades. No primeiro caso, um exemplo é o da lavadeira que diz *Pus um pouco de cândida na roupa* e não *A roupa desbotou com o produto que utilizei para lavá-la*. O segundo pode ser exemplificado com uma construção tal como *O francês, língua falada na França...*

Quando não se sabe o nível de conhecimento dos participantes de um evento comunicativo e se afirma alguma coisa banal, é preciso dizer frases como *peço desculpas por lembrar, é um truísmo afirmar que, como todos sabem*. Quando se repetem informações é necessário dizer *como se disse anteriormente* ou outra expressão similar.

As tautologias não constituem uma violação dessa máxima, porque os elementos repetidos ganham um novo sentido. Assim, pode-se dizer *criança é criança*, *guerra é guerra* ou *jogo é jogo*, porque os lexemas, ao aparecer pela segunda vez, significam não mais, respectivamente, "ser humano não adulto", "luta armada entre grupos antagônicos" e "partida", mas "aquele que age infantilmente", "evento em que vale tudo para vencer o inimigo", "evento submetido ao azar".

Certas sequências, em princípio não informativas, porque de conhecimento geral, tornam-se informativas, quando servem de base para a construção de um argumento: por exemplo, *A base do governo é enorme, mas, muitas vezes, o Palácio do Planalto não consegue aprovar certos projetos de lei no Congresso Nacional*.

Também não desobedece à máxima da quantidade a comunicação fática, que tem a finalidade de manter o canal de comunicação. Nos encontros sociais, é falta de educação ficar calado. Isso parece uma atitude hostil. Por isso, fala-se do tempo.

Certas informações evidentes revelam hábitos culturais de uma comunidade. Por exemplo, as placas dizendo *Não feche o cruzamento* tornam visíveis nossos maus hábitos no trânsito.

O segundo princípio a governar as inferências pragmáticas é a máxima da qualidade. Ela postula que aquilo que o falante diz é verídico. Quando alguém afirma *Um dos membros da máfia dos fiscais tem uma pousada de categoria superior, 11 apartamentos em edifícios de alto padrão e 6 carros de luxo*, a inferência do destinatário é que o falante está certo da informação que ele está transmitindo.

Para muitas pessoas soa como um despropósito a existência dessa máxima, já que uma das possibilidades de utilização da linguagem é a de ludibriar os outros, é a de transmitir informações falsas, é a de induzir os interlocutores ao erro. Só o ser humano mente. As abelhas, em suas mensagens sobre a localização do pólen, nunca transmitem a suas companheiras dados inverídicos. No entanto, é preciso entender bem o que diz a máxima da qualidade: ela não indica que o interlocutor deve sempre acreditar no que diz o emissor; que quem faz uma promessa não tem nunca o propósito de não cumpri-la; que quem pergunta está genuinamente interessado em saber a resposta, etc. O que ela denota é que, excetuados aqueles enunciados que pertencem a gêneros que tem por objetivo não dizer a verdade (por exemplo, piadas, histórias de pescador), o falante pretende que o destinatário sempre creia no que ele diz, mesmo que aquilo que ele expõe seja mentira. Isso se comprova com a impossibilidade de dizer um enunciado tal como *Ele foi um bom diretor, mas não creio que tenha sido um bom diretor*. Com efeito, quando se diz *Ele foi um bom diretor*, a inferência é a de que se está certo desse fato e, portanto, não se pode estar certo e não estar certo do mesmo acontecimento.

Explora-se essa máxima com figuras, como, por exemplo, a metáfora e a ironia. Quando se afirma *Ele é um osso duro de roer*, não se está afiançando que, de fato, ele é um osso duro de roer, mas ele é como um osso duro de roer. Portanto, é uma pessoa difícil. Na ironia, deve-se entender o que se diz pelo avesso. Quando se diz a alguém, que acaba de fazer uma grosseria, *Como você é educado!*, o que se pretende é afirmar que a pessoa é mal-educada.

O terceiro princípio que gere as inferências pragmáticas é a máxima da relação, que rege a coerência da troca verbal, o encadeamento dos assuntos, a maneira de mudar a matéria da conversação.

– Não comprei o presente da Maria Luiza.
– Há um shopping aqui perto.

Nesse exemplo, faz-se a inferência de que o primeiro falante está dizendo *Você pode indicar-me um lugar para comprar o presente da Maria Luiza*; enquanto se infere da fala de seu interlocutor que o shopping está aberto.

Explora-se essa máxima nos eventos comunicativos em que há uma aparente ausência de coerência:

– João é uma pessoa perigosa, é extremamente falso.
– Onde você comprou esses brincos?

Na verdade, infere-se da segunda fala que o interlocutor está dizendo *Mudemos de assunto*, seja, por exemplo, porque ele percebe que João está chegando, seja porque ele não quer falar do assunto.

É essa máxima que obriga à realização de determinados atos de fala em certas situações de comunicação: se alguém chega atrasado a um lugar, é preciso pedir desculpas aos presentes; se alguém diz que se tornou avó, é de bom tom perguntar sobre o recém-nascido.

O quarto princípio para fazer inferência pragmática é a máxima de maneira, que indica como se deve enunciar, obrigando a produzir enunciados claros, a codificar e a decodificar os significados contextualmente mais verossímeis. Viola-se essa máxima quando alguém, diante do conselho de que é bom deixar a bebida, responde que o ruim é não lembrar onde, pois a interpretação mais evidente desse ato de fala é "é bom abandonar o hábito de beber" e não "é bom ter bebida posta num determinado lugar".

A máxima de maneira explicita-se numa regra de economia: a formulação do que se quer dizer deve ser feita da forma mais simples e direta. A frase *Só gosto de dois tipos de mulheres: as brasileiras e as estrangeiras* tem uma certa graça, porque, quando se diz *só gosto de dois tipos de mulheres*, infere-se que se fará um recorte na totalidade que se apresenta e não que se retomará a totalidade.

A máxima de maneira é uma exigência de honestidade, pois é ela que nos leva a crer, quando lemos um artigo científico, que as citações apresentadas pelo autor não são inventadas por ele e encontram-se nas páginas indicadas das obras mencionadas. Ela é que nos conduz a inferir, quando alguém diz *Gosto muito do filme Casablanca*, que essa pessoa já assistiu à película mencionada. Em termos gerais, é ela que acarreta a inferência de que alguém sabe do que está falando, quando afirma determinada coisa. Por outro lado, essa máxima pode conter uma demanda de neutralidade, que permite usar meios indiretos para falar. Por exemplo, dois amigos estão discutindo se devem viajar para o litoral num fim de semana prolongado ou ficar em São Paulo e um deles diz: As estradas estarão um inferno, o litoral estará superlotado, haverá fila para tudo, vai faltar água. Nesse caso, deve-se inferir que ele não quer viajar para o litoral.

A máxima de maneira é aquela concernente ao respeito a todas as regras da conversação, como, por exemplo, respeitar o turno, a vez de cada um falar. Por isso, quando alguém avança sobre o turno do outro, recebe uma reprimenda mais ou menos educada: *Por favor, fique quieto, pois não o interrompi enquanto você falava.*

Formas de raciocínio

A argumentação faz progredir o discurso por inferências. Por isso, apoia-se sobre formas de raciocínio cujos tipos principais são a dedução e a indução. Alguns dizem que também a analogia é uma das espécies centrais de raciocínio.

A lógica clássica, ao estudar os diferentes tipos de raciocínio, estava fundada em três axiomas: o da identidade, o da não contradição e o do terceiro excluído.

O princípio da identidade é formulado da seguinte maneira: A é A. Isso quer dizer que todo objeto é idêntico a si mesmo, ou seja, há uma identidade total ou parcial entre uma noção e seus caracteres constitutivos, pois um ser é totalmente o conjunto de seus traços distintivos e parcialmente cada um deles. Assim, quando se diz *O homem é um animal racional*, pretende-se denotar que a totalidade dos seres humanos são animais racionais. Por outro lado, quando se diz *O homem é um animal*, há uma identidade parcial entre os dois termos, uma vez que há outros animais que não são seres humanos.

O princípio da não contradição mostra que uma proposição não pode ser verdadeira e falsa ao mesmo tempo. A não pode ser, simultaneamente, também não A. Dois atributos contraditórios não podem coexistir, porque eles se excluem. Assim, não se pode dizer que o ser humano é racional e irracional.

O princípio do terceiro excluído diz que uma proposição é verdadeira ou falsa, não havendo outra possibilidade. Assim, a afirmação *O ferro é um metal* será verdadeira ou falsa.

É preciso alertar para o fato de que a linguagem humana não funciona segundo os princípios da lógica clássica. Com efeito, temos, no caso do oximoro, por exemplo, uma contradição fazendo sentido, como, no exemplo que segue, em que o silêncio é qualificado de tonitruante:

O empenho do clérigo xiita em mostrar sua face moderada é tamanho que na semana passada ele se fez fotografar numa estação de alpinismo de boné de beisebol no lugar do turbante. Os aiatolás responderam à cena com um tonitruante silêncio. (*Veja*, 18/12/2013: 127)

Na parte 3 do terceiro capítulo de *Barroco tropical*, de José Eduardo Agualusa, há a seguinte passagem:

> Tudo tão falso e tão ingenuamente autêntico – poderia escrever, para, uma vez mais, agradar ao meu sogro: "falsamente verdadeiro" – que me vieram lágrimas aos olhos de pura emoção.

O poeta Manoel de Barros diz, no início de *Memórias inventadas: a segunda infância*, "Tudo que não invento é falso".

Outros exemplos:

> O Maracanã que reabre agora é muito mais confortável do que aquele inaugurado em 16 de junho de 1950 – e que um mês depois mergulharia, na expressão de Nelson Rodrigues, num silêncio ensurdecedor diante da derrota do Brasil para o Uruguai na final da Copa do Mundo. (*Veja*, 1/5/2013, 97-8)

> "O que me encantou não foi propriamente o fato de se denunciar uma guerra injusta", aponta Wilker, que assistiu a uma montagem do texto em Nova York, em 2008. "Mas o modo como a autora contava aquela história. Como ela conseguia arrancar poesia, uma brutal ternura daquele assunto." (*Estado de S. Paulo*, 18/1/2012: D5)

O poema "O bicho", de Manuel Bandeira, funda-se sobre a negação do princípio de identidade:

> Vi ontem um bicho
> Na imundície do pátio
> Catando comida entre os detritos.
> [...]
> O bicho não era um cão,
> Não era um gato,
> Não era um rato.
> O bicho, meu Deus, era um homem.

A DEDUÇÃO

Sherlock Holmes raciocina, em geral, dedutivamente, na resolução de crimes. O segundo capítulo da primeira parte de *Um estudo em vermelho* e o primeiro capítulo de *O sinal dos quatro* são denominados "A ciência da dedução". Neles, expõe-se o método do detetive criado por Arthur Conan Doyle. No conto "Os cinco caroços de laranja", que está no livro *As aventuras de Sherlock Holmes*, diz Sherlock:

> O raciocinador ideal [...], depois que lhe mostrassem um único fato em todos os seus aspectos, deduziria dele não só a cadeia completa de acontecimentos que levaram a ele, como também todas as consequências que ele acarretaria. Da mesma forma que Cuvier podia descrever corretamente um animal inteiro estudando um único osso, também o observador que compreendeu perfeitamente um elo em uma série de incidentes deveria ser capaz de descrever com exatidão todos os outros elos, tanto antes quanto depois.

Eis um exemplo do raciocínio dedutivo de Sherlock Holmes. No conto "Escândalo na Boêmia", que se encontra no livro *As aventuras de Sherlock Holmes*, Watson vai visitar Sherlock e eles mantêm a seguinte conversa:

— O matrimônio lhe fez bem – comentou. – Acho, Watson, que engordou três quilos e meio desde a última vez que o vi.
— Três – respondi.
— É mesmo? Pensei que fosse um pouco mais. Um pouquinho mais, acho, Watson. E estou vendo que voltou a exercer a medicina. Não me disse que pretendia voltar a trabalhar.
— Então como sabe?
— Vi, deduzi. Como é que sei que recentemente você se molhou muito e que tem uma empregada muito desajeitada e descuidada?
— Meu caro Holmes, – eu disse – isso é demais. Na certa teria sido queimado vivo se tivesse vivido uns séculos atrás. É verdade que fui passear no campo quinta-feira passada e voltei para casa encharcado. Mas como mudei de roupa não posso imaginar como você descobriu isso. Quanto a Mary Jane, é mesmo incorrigível e minha esposa já a despediu. Mas isso também não sei como você adivinhou. Ele deu uma risadinha para dentro e esfregou as mãos de longos dedos sensíveis.
— Muito simples – disse. – Meus olhos me dizem que no lado de dentro do sapato de seu pé esquerdo, exatamente onde a luz da lareira está batendo, o couro está arranhado por seis cortes quase paralelos. Obviamente esses arranhões foram causados por alguém que tentou raspar a lama que secara em volta da sola, e que não foi muito cuidadoso. Daí minha dedução dupla de que você saíra com mau tempo e que tinha em casa um exemplar particularmente maligno, cortador de botas, de criada londrina. Quanto a você clinicar, se um cavalheiro entra em

meus aposentos cheirando a iodo, com uma mancha negra de nitrato de prata no indicador direito e uma saliência no lado do chapéu mostrando onde escondeu o estetoscópio, seria muito burro se não visse logo que era membro ativo da profissão médica.

A dedução é o tipo de raciocínio em que se vai do geral ao particular. Sherlock parte de uma ideia geral: os médicos cheiram a iodo, têm mancha negra de nitrato de prata no indicador e uma saliência no chapéu onde escondem o estetoscópio. Logo, Watson voltara a exercer a medicina.

Aristóteles analisou detidamente as condições da validade formal de uma dedução, estudando o silogismo, que era, para ele, o tipo perfeito do raciocínio dedutivo.

O silogismo é um discurso em que, enunciadas algumas coisas, outras seguem necessariamente. Assim, dadas as proposições *Todo metal é bom condutor de eletricidade* e *O cobre é um metal*, decorre delas necessariamente a conclusão de que o cobre é um bom condutor de eletricidade. Há silogismos, como discutiremos posteriormente, que operam com o provável.

Uma proposição é uma sentença que exprime um juízo, em que se atribui um predicado a um sujeito: por exemplo, *Todo pássaro é um animal*.

O silogismo tem três proposições. As duas primeiras são denominadas *premissas* e a última é a *conclusão*. Ele opera com três termos: o maior, o médio e o menor. Essas denominações dizem respeito à extensão da palavra, ou seja, à quantidade de elementos a que um vocábulo se pode aplicar. No exemplo acima, "bom condutor de eletricidade" é o termo maior, porque, além dos metais, há outros bons condutores de eletricidade; metal é o termo médio porque se aplica a um número de elementos menor do que os que conduzem eletricidade e maior do que cobre. Cobre é o termo menor, porque se refere a um único metal. A proposição que contém o termo maior é chamada premissa maior; aquela em que está presente o termo menor é denominada premissa menor. A conclusão decorre das premissas: é uma inferência que deve obedecer a regras muito precisas, para ser válida.

Essas regras são extensionais, ou seja, independem do conteúdo dos termos com que se opera. Elas são em número de oito: as quatro primeiras referem-se aos termos e as quatro últimas, às proposições. Os lógicos medievais usavam versos latinos para facilitar a memorização dessas regras do silogismo:

1. Terminus esto triplex: major mediusque minorque.
2. Latius hos quam praemissae conclusio non vult.
3. Nequaquam medium capiat conclusio oportet.
4. Aut semel aut iterum medius generaliter esto.

5. Utraque si praemissa neget, nihil inde sequetur.
6. Ambae affirmantes nequeunt generare negantem.
7. Pejorem semper sequitur conclusio partem.
8. Nil sequitur geminis ex particularibus unquam.
9. O silogismo tem três termos e só três termos: o maior, o médio e o menor.
10. Nenhum termo pode ser mais extenso na conclusão do que nas premissas.
11. A conclusão não deve conter nunca o termo médio.
12. O termo médio deve ser tomado pelo menos uma vez universalmente.
13. De duas premissas negativas nada se pode concluir.
14. De duas premissas afirmativas não se pode tirar uma conclusão negativa.
15. A conclusão segue sempre a parte mais fraca.
16. De duas premissas particulares nada se pode concluir.

Analisemos essas regras:

A primeira diz que o silogismo só pode ter três termos. O silogismo que segue, embora pareça impecável do ponto de vista formal, na verdade viola a primeira regra, pois o termo *gata* é tomado em dois sentidos diferentes ("fêmea do gato" e "mulher muito atraente") e, portanto, o silogismo tem quatro termos:

Toda gata mia.
Minha namorada é uma gata.
Logo, minha namorada mia.

A segunda afirma que nenhum termo pode aplicar-se a mais seres na conclusão do que nas premissas. O silogismo que vem abaixo desobedece a essa regra, pois o termo *animais* tem extensão maior na conclusão do que na premissa, já que, nesta, refere-se a uma classe de animais, enquanto, naquela, denota sua totalidade:

Todas as aves têm penas.
As aves são animais.
Logo, os animais têm penas.

A terceira mostra que, na conclusão, devem aparecer os termos maior e menor. No silogismo que vem em seguida, o termo médio *gato* aparece na conclusão. A conclusão correta deveria conter o menor e o maior: Os siameses são mamíferos.

Todos os gatos são mamíferos.
Os siameses são gatos.
Logo, todos os gatos são siameses.

A quarta afiança que o termo médio deve ser tomado pelo menos uma vez universalmente, ou seja, aplicável à totalidade de seres de um dado conjunto. No silogismo que aparece a seguir, o termo *homens* é tomado particularmente nas duas premissas, pois em ambas ele não se aplica à totalidade dos homens.

> Alguns homens são bons.
> Os criminosos são homens.
> Logo, os criminosos são bons.

A quinta regra revela que não há conclusão possível, quando as duas premissas são negativas. Com efeito, se se nega que os termos maior e menor estejam relacionados com o médio, então não se pode inferir que eles estejam ou não unidos entre si. Portanto, não se pode tirar uma conclusão afirmativa nem uma negativa. Não se pode concluir, no silogismo que segue, nem que o mármore é pedra nem que não o é:

> Nenhum ser vivo é pedra.
> O mármore não é um ser vivo.
> Logo, o mármore (não) é pedra.

A sexta regra expõe um dado evidente: se as premissas são afirmativas, a conclusão não pode ser negativa:

> Todos os leões são animais.
> Os leões são felinos.
> Logo, os felinos não são animais.

A sétima regra diz que a conclusão segue a parte mais fraca. Em lógica, a parte mais fraca é a negativa em relação à afirmativa e a particular em relação à universal. Assim, se uma premissa for particular, a conclusão tem que ser particular; se uma for negativa, a conclusão tem que ser negativa; se houver uma premissa particular e outra negativa, a conclusão deve ser particular e negativa. O silogismo que vem a seguir não é válido porque a conclusão é universal, mas uma das premissas é particular:

> Todos os brasileiros gostam de futebol.
> Alguns brasileiros são intelectuais.
> Logo, todos os intelectuais gostam de futebol.

A oitava regra ensina que de duas premissas particulares nada se pode concluir. Com efeito, nenhuma relação necessária se pode inferir quando não há nenhuma universalidade:

Alguns animais são mamíferos.
Alguns seres vivos são animais.
Logo, alguns seres vivos são mamíferos.

As proposições que aparecem nos silogismos podem ser classificadas de acordo com sua quantidade e com sua qualidade. Quanto à quantidade, as proposições podem ser universais ou particulares. São universais quando se referem a todos os elementos de um dado conjunto e particulares quando se reportam a, pelo menos, um elemento de certo conjunto, mas não a todos. Quanto à qualidade, as proposições podem ser afirmativas ou negativas: aquelas dizem que algo é de determinada maneira; estas, que não é.

A proposição *Todos os brasileiros são latino-americanos* é uma proposição universal afirmativa, pois assevera que todo o conjunto dos brasileiros está incluído na classe dos latino-americanos. Também é universal afirmativa a proposição *Pedro é brasileiro*, pois o conjunto unitário Pedro está contido na classe dos brasileiros.

A proposição *Alguns brasileiros são jogadores de futebol* é uma particular afirmativa, porque indica que a classe jogadores de futebol abarca alguns, mas não todos os brasileiros.

A proposição *Nenhum político é honesto* é uma universal negativa, pois declara que todos os elementos do conjunto "políticos" não são membros da classe dos "honestos".

A proposição *Alguns políticos não são corruptos* é uma particular negativa, pois assevera que alguns membros do conjunto "políticos" não são participantes da classe dos "corruptos".

Um silogismo tem uma forma que diz respeito à disposição dos termos e à disposição das premissas segundo a quantidade e a qualidade.

Chama-se figura do silogismo a forma que concerne ao lugar do termo médio nas premissas. Como o termo médio tem de aparecer nas duas premissas e, em cada uma delas, pode ser sujeito ou predicado, temos quatro figuras do silogismo. A primeira é aquela em que o termo médio é sujeito na premissa maior e predicado na menor:

Nenhum comerciante é honesto.
Pedro é comerciante.
Logo, Pedro não é honesto.

Todo brasileiro é cordial.
Pedro é brasileiro.
Logo, Pedro é cordial.

A segunda figura é aquela em que o termo médio é predicado na premissa maior e na menor:

> Nenhum brasileiro é asiático.
> Todo coreano é asiático.
> Logo, nenhum coreano é brasileiro.

A terceira figura é aquela em que o termo médio é sujeito na premissa maior e na menor:

> As baleias são mamíferos.
> As baleias são animais aquáticos.
> Logo, alguns animais aquáticos são mamíferos.

A quarta figura é uma inversão da primeira. O termo médio é predicado na maior e sujeito na menor:

> Nenhum europeu é brasileiro.
> Todo brasileiro é latino-americano.
> Logo, algum latino-americano não é europeu.

Os modos do silogismo concernem à combinação das proposições consideradas sua quantidade e qualidade. As proposições podem ser afirmativa universal, afirmativa particular, negativa universal e negativa particular. Elas são indicadas, respectivamente, pelas letras A, I, E, O, que foram tiradas das palavras latinas *Affirmo* (afirmo) e *Nego* (nego). A afirmativa universal é A, porque é a primeira vogal da palavra *affirmo*; a afirmativa particular é I, porque é a segunda vogal desse vocábulo. A negativa universal é E, porque é a primeira vogal de *nego*; a negativa particular é O, porque é a segunda vogal desse termo. Os lógicos usavam dois versos latinos para memorizar isso: Asserit A, negat E, verum generaliter ambo/ Asserit I, negat O, sed particulariter ambo (Afirma o A (a afirmativa universal), nega o E (a negativa universal), ambos de maneira geral/ Afirma o I (a afirmativa particular), nega o O (a negativa particular), mas ambos de modo particular). Se a maior pode ser A, E, I ou O e para cada uma dessas possibilidades, a menor pode ser A, E, I ou O, então temos 16 modos. Como cada modo pode repetir-se em cada uma das quatro figuras, as combinações possíveis podem ser 64. No entanto, nem todas as combinações são legítimas, pois muitas delas pecam contra alguma regra do silogismo. Tomemos, por exemplo, a combinação afirmativa universal (A) e negativa universal (E) na primeira figura (o termo médio é sujeito na maior e predicado na menor):

Todo homem é animal.
Nenhum peixe é homem.
Logo, nenhum peixe é animal.

A conclusão tem que ser negativa em razão da regra 7, mas ela violaria a regra 2, pois *animal* está tomado particularmente na premissa maior (= um tipo de animal) e universalmente na conclusão (= ser vivo).

Na verdade, só há 19 combinações legítimas. Os lógicos inventaram uma fórmula mnemônica constituída de cinco versos latinos compostos de palavras inventadas, cujas três primeiras vogais de cada termo representam em ordem a premissa maior, a premissa menor e a conclusão, que podem ser, como foi explicado anteriormente, A, E, I ou O. Algumas consoantes indicam um aspecto que não será tratado aqui, a redução de um silogismo de uma figura a outra:

Barbara, Celarent, primae Darii, Ferioque.
Cesare, Camestres, Festino, Baroco secundae.
Tertia grande sonans recitat Darapti, Felapton,
Disamis, Datisi, Bocardo, Ferison. Quartae
Sunt Bamalip, Calemes, Dimatis, Fesapo, Fresison.

(= a primeira figura tem os modos Barbara, Celarent, Darii e Ferio; a segunda, Cesare, Camestres, Festino e Baroco, a terceira tem Darapti, Disamis, Datisi, Felapton, Bocardo e Ferison; a quarta, Bamalip, Calemes, Dimatis, Fesapo e Fresison.)

Assim, *Barbara* indica um silogismo formado de A (premissa maior constituída de universal afirmativa); A (premissa menor composta de universal afirmativa); e A (conclusão estabelecida por uma universal afirmativa):

Todos os que nasceram em Birigui são brasileiros.
André nasceu em Birigui.
Logo, André é brasileiro.

Celarent é composto de uma universal negativa (E), uma universal afirmativa (A) e uma universal negativa (E):

Nenhum réptil tem pelos.
As serpentes são répteis.
Logo, as serpentes não têm pelos.

Os silogismos podem ser simples ou compostos. Estes são formados, implícita ou explicitamente, de mais de um silogismo. São eles o epiquirema, o sorites e o polissilogismo.

O epiquirema (palavra derivada do verbo grego *epicheiréo*, que significa "tentar provar") é o silogismo em que se aportam argumentos (provas) a uma ou outra premissa:

> Todo homem é moralmente responsável por seus atos, porque é dotado de livre-arbítrio.
> João é homem.
> Logo, João é moralmente responsável por seus atos.

A estrutura do discurso *Pro Milone*, de Cícero, poderia ser exposta pelo seguinte epiquirema:

> É lícito matar um injusto agressor, como demonstram a lei natural, o direito positivo e o costume universal.
> Ora, Clódio foi o injusto agressor de Milão, o que é comprovado pelos antecedentes de Clódio e pelas circunstâncias do crime.
> Logo, Milão podia matar Clódio.

O sorites (do grego *soreítes*, que quer dizer "que acumula", adjetivo formado a partir do substantivo *soreía*, que significa "pilha, monte, montão") é um silogismo em que um elemento do predicado da primeira proposição é retomado como sujeito da segunda e assim sucessivamente, até que na conclusão se unem o sujeito da primeira premissa com o predicado da última ou quando o sujeito da primeira proposição é retomado como predicado da seguinte, e assim sucessivamente, até que na conclusão se unem o sujeito da última premissa com o predicado da primeira. Um exemplo repetido nos manuais de Filosofia é este raciocínio atribuído a Temístocles:

> A Grécia é governada por Atenas.
> Atenas é governada por mim.
> Eu sou governado pela minha mulher.
> Minha mulher é governada por meu filho de dez anos.
> Logo, a Grécia é governada por uma criança de dez anos.

Um exemplo do segundo tipo de sorites é:

> Todo mamífero é vertebrado.
> Todo herbívoro é mamífero.
> Todo ruminante é herbívoro.
> Todo boi é ruminante.
> Logo, todo boi é vertebrado.

O articulista Roberto Pompeu de Toledo mostra outros exemplos de sorites:

> Ao tempo de dom Pedro II ficou célebre o "sorites de Nabuco", formulado pelo deputado Nabuco de Araújo (pai de Joaquim Nabuco) para denunciar a prática de primeiro nomear-se um governo, e depois promover a eleição com cartas marcadas que lhe daria sustentação. Sorites é um aglomerado de silogismos; o de Nabuco de Araújo, lido no Parlamento, rezava o seguinte: "O Poder Moderador [*leia-se dom Pedro II*] pode chamar quem quiser para organizar ministérios; esta pessoa faz a eleição, porque há de fazê-la; esta eleição faz a maioria. Eis aí o sistema representativo do nosso país". No Brasil de hoje temos o "sorites de Barroso", formulado pelo ministro Luís Roberto Barroso, do STF. Nas suas palavras: "O modo de fazer política e de fazer negócios no país funciona mais ou menos assim: o agente político relevante indica o dirigente do órgão ou da empresa estatal, com metas de desvio de dinheiro; o dirigente indicado frauda a licitação para contratar empresa que seja parte no esquema; a empresa contratada superfatura o contrato para gerar o excedente do dinheiro que vai ser destinado ao agente político que fez a indicação, ao partido e aos correligionários". Barroso é lógico, cortante e certeiro. (*Veja*, 14/03/2018: 98)

O polissilogismo, que alguns autores consideram um tipo de sorites, é um encadeamento de vários silogismos, em que a conclusão de um serve de premissa ao seguinte:

> Tudo o que melhora a qualidade de vida é bom.
> A atividade física melhora a qualidade de vida.
> Logo, a atividade física é boa.
> Toda atividade física é boa.
> Os exercícios aeróbicos são atividade física.
> Logo, os exercícios aeróbicos são bons.

A maior parte dos lógicos afirma que o entimema (do grego *entýmema*, que significa "pensamento, raciocínio, razão") é um silogismo truncado, ou seja, um silogismo em que uma das premissas é subentendida (Aristóteles, *Analíticos anteriores* II, XXVII, 70b1 e segs.). O silogismo que segue é um entimema, pois a premissa menor *Nenhum triângulo é redondo* está implícita:

> Todo círculo é redondo.
> Logo, nenhum triângulo é um círculo.

No entimema que vem a seguir, exemplo dado por Aristóteles na *Retórica* (I, XVIII, 1357a), está subentendida a premissa maior *Toda mulher que tem leite deu à luz*:

> Maria tem leite.
> Logo, ela deu à luz.

No entanto, Aristóteles também dá outra definição de entimema, muito mais interessante: é o silogismo cuja conclusão se funda em premissas prováveis e não necessárias (Aristóteles, *Analíticos anteriores* II, XXVII, 70a1 e segs.). Assim, há dois grandes tipos de silogismos (Aristóteles, *Tópicos*, I, I, 100a, 25 e segs.): os demonstrativos ou apodíticos (do grego *apodeiktkós*, que quer dizer "evidente"), isto é, aqueles cujas premissas são necessárias e, portanto, a conclusão é necessariamente verdadeira, e os dialéticos ou entimemas, aqueles cujas premissas são contingentes e, portanto, a conclusão é provável. Seguem exemplos de cada um dos silogismos:

Todos os que têm febre estão doentes.
Mário tem febre.
Logo, Mário está doente.

Todos os professores são trabalhadores.
João é professor.
Logo, João é trabalhador.

As duas definições são complementares. Aristóteles diz que um entimema é um silogismo truncado, porque a premissa implícita é suficientemente evidente e, por isso, não precisa ser enunciada (por exemplo, quando se diz que uma mulher deu à luz, porque tem leite) ou ela é fraca, facilmente contestável, e, por conseguinte, prefere-se escamoteá-la (por exemplo, quando se diz alguém é um bom engenheiro, porque fez seu curso numa escola famosa). Da mesma forma, é entimemática a afirmação: A medida X é de esquerda, porque foi tomada por um governo de esquerda.

O entimema é o raciocínio por excelência da retórica, porque, nos negócios humanos, dificilmente se encontram premissas necessárias. Ao contrário, trabalha-se com o que é contingente, histórico, possível, provável. Por isso, é necessário convencer. Não se trata simplesmente de demonstrar, mas de mover corações e mentes.

Nos *Tópicos* (VIII, XI), Aristóteles vai tratar também do silogismo sofístico (do grego *sophísma*, que significa "artifício, astúcia, ardil"), também chamado falacioso (do latim *fallacia*, que quer dizer "engodo"). Os silogismos sofísticos são aqueles que violam uma regra de construção dos silogismos. Os exemplos dados anteriormente de infringência às regras do silogismo são sofismas. Os mais frequentes tipos de silogismos sofísticos são: sofisma dos quatro termos, do termo médio não distribuído, da ilícita menor e da ilícita maior.

Sofisma dos quatro termos é aquele em que se usam quatro termos num silogismo: isso ocorre quando, por exemplo, um termo é utilizado em dois sentidos. No primeiro exemplo, o termo médio *pastor* é usado com sentido de "clérigo protestante" e de "indivíduo que guarda os animais no pasto"; no segundo, o vocábulo *perna* é utilizado com os significados de "membro que serve para o suporte do corpo e a locomoção" e "suporte de um dado objeto"; no terceiro, o adjetivo *raro* tem um valor econômico na premissa maior, "tudo aquilo cuja procura supera a oferta", e um valor natural, "aquilo que se encontra em pequena quantidade" na menor; no quarto, *lógico* é substantivo na maior, significando "indivíduo versado em lógica", e adjetivo na menor, onde tem o sentido de "cujo raciocínio é rigoroso, coerente":

> Todo clérigo protestante é um pastor.
> Todo pastor guarda o gado.
> Logo, todo clérigo protestante guarda gado.

> Tudo o que tem pernas anda.
> Uma cadeira tem pernas.
> Logo, uma cadeira anda.

> Tudo o que é raro é caro.
> Um carro bom e barato é raro.
> Logo, um bom carro barato é caro.

> Todo lógico é incompreendido.
> Todo homem sensato é lógico.
> Logo, todo homem sensato é incompreendido.

Sofisma do termo médio não distribuído é aquele cujo termo médio não está distribuído pelo menos uma vez, ou seja, quando em nenhum caso ele abrange todos os membros da classe a que se aplica, isto é, quando não é tomado universalmente nunca. No exemplo que segue, *obras literárias*, tanto na maior quanto na menor, não se aplica à totalidade das obras literárias:

> Todos os romances são obras literárias.
> Todos os poemas são obras literárias.
> Logo, todos os poemas são romances.

Sofismas da ilícita menor e da ilícita maior são, respectivamente, aquele em que o termo menor está distribuído na conclusão, mas não na premissa, e aquele em que o termo maior está distribuído na conclusão, mas não na premissa. No primeiro exemplo, *mortais* não está distribuído na premissa menor, porque está sendo aplicado apenas aos seres humanos, mas está distribuído na conclusão, porque está tomado universalmente; no segundo exemplo, na premissa maior, *racionais* não está tomado em toda a sua extensão, mas está distribuído na conclusão:

Alguns seres humanos são brasileiros.
Todos os seres humanos são mortais.
Logo, todos os mortais são brasileiros.

Todos os filósofos são racionais.
Nenhum brasileiro é filósofo.
Logo, nenhum brasileiro é racional.

O interesse do estudo do silogismo é que, nele, mostra-se a validade dos raciocínios dedutivos independentemente do conteúdo das proposições, desde que seja respeitado o princípio da extensionalidade. A lógica formal permite evitar as armadilhas mais evidentes na argumentação.

Somos levados a pensar que os silogismos só estão presentes nos exercícios de lógica, no discurso científico e assim por diante. No entanto, eles estão presentes na fala cotidiana. Nesta passagem da IV parte do romance *Saga*, de Érico Veríssimo, o narrador diz:

> Os olhos de Clarissa e de D. Clemência estão fitos em mim. Foram os homens que inventaram a guerra; são os homens que matam na Europa; eu sou homem, logo cabe a mim dar-lhes uma explicação.

A INDUÇÃO

No conto "O duplo indício", que se encontra no livro *Primeiros casos de Poirot*, o famoso detetive criado por Agatha Christie é chamado para desvendar um roubo de joias antigas. Uma luva pertencente a Bernard Parker e uma cigarreira marcada com as iniciais B. P. indicavam que ele tinha cometido o crime. No entanto, Poirot, a partir de uma série de indícios, infere que a condessa Vera Rossakoff é que se tinha apropriado das joias.

No texto que segue, ele explica como realizou essa inferência:

> – Mon ami, foi o duplo indício, a luva e a cigarreira, que me preocupou. Bernard Parker poderia facilmente ter deixado cair uma ou outra, mas dificilmente as duas. Não, era descuido demasiado! Da mesma forma se a intenção fosse incriminar Parker, uma teria sido suficiente, a luva ou a cigarreira, não ambas, novamente. Então fui levado a concluir que um dos objetos não pertencia a Parker. A princípio pensei que a cigarreira fosse dele, e não a luva. Mas quando descobri a outra luva em sua casa, vi que me enganara. Então, de quem era a cigarreira? Evidentemente não pertencia a Lady Runcorn, as iniciais não coincidiam. Mr. Johnston? Só se estivesse sob um nome falso. Mas pela entrevista com o seu secretário tornou-se evidente para mim

que sua posição era clara e acima de qualquer suspeita. Nada havia de obscuro no passado de Mr. Johnston. A condessa então? Ela pretendia ter trazido joias da Rússia, só necessitaria retirar as pedras dos engastes e penso que nunca mais poderiam ser identificadas. O que seria mais fácil do que apanhar uma luva de Parker do vestíbulo e deixá-la no cofre? Mas, bien sûr, ela não tivera nenhuma intenção de deixar cair sua própria cigarreira.
– Mas se a cigarreira era dela, por que tinha as iniciais B. P.? As iniciais da condessa são V. R.
– Poirot mostrou um leve sorriso.
– Exatamente, mon ami, mas no alfabeto russo B é V e P é R.

A inferência de Poirot foi realizada indutivamente. A indução, como mostra Aristóteles nos *Analíticos posteriores* (I, XVIII), ao contrário da dedução, parte de fatos particulares da experiência para chegar a generalizações. É o modo de raciocínio principal das ciências experimentais, pois permite estabelecer "leis" a partir de fatos observados. É também um modo de raciocínio presente na vida cotidiana. Possibilita generalizações corretas, mas permite também chegar a generalizações que são a manifestação de preconceitos, pois temos tendência a generalizar no sentido que nos convém, conscientemente ou não, por razões afetivas ou ideológicas. Diz Antônio Vieira, na quarta parte do *Sermão da Quinta Quarta-Feira da Quaresma*, a propósito da maneira como nos aproximamos da realidade:

> A paixão é a que erra, a paixão a que os engana, a paixão a que lhes perturba e troca as espécies, para que vejam umas coisas por outras. E esta é a verdadeira razão, ou sem-razão, de uma tão notável cegueira. Os olhos veem pelo coração, e assim como quem vê por vidros de diversas cores todas as coisas lhe parecem daquela cor, assim as vistas se tingem dos mesmos humores de que estão bem ou mal afetos os corações. [...]
> As paixões do coração humano, como as divide e enumera Aristóteles, são onze, mas todas elas se reduzem a duas capitais: amor e ódio. E estes dois afetos cegos são os dois polos em que se revolve o mundo, por isso tão mal governado. Eles são os que pesam os merecimentos, eles os que qualificam as ações, eles os que avaliam as prendas, eles os que repartem as fortunas. Eles são os que enfeitam ou descompõem; eles os que fazem ou aniquilam; eles os que pintam ou despintam os objetos, dando e tirando a seu arbítrio a cor, a figura, a medida e ainda o mesmo ser e substância, sem outra distinção ou juízo, que aborrecer ou amar. Se os olhos veem com amor, o corvo é branco: se com ódio, o cisne é negro; se com amor, o demônio é formoso: se com ódio, o anjo é feio; se com amor, o pigmeu é gigante: se com ódio, o gigante é pigmeu; se com amor, o que não é tem ser: se com ódio, o que tem ser, e é bem que seja, não é nem será jamais. Por isso se veem, com perpétuo clamor da justiça, os indignos levantados e as dignidades abatidas; os talentos ociosos, e as incapacidades com mando, a ignorância graduada, e a ciência sem honra; a fraqueza com bastão, e o valor posto a um canto; o vício sobre os altares, e a virtude sem culto; os milagres acusados, e os milagrosos réus.

Há dois tipos de indução, que poderíamos chamar completa e amplificante. A primeira é aquela que enumera a totalidade dos fenômenos para daí extrair uma lei geral.

> A segunda-feira, a terça-feira, a quarta-feira, a quinta-feira, a sexta-feira, o sábado e o domingo têm 24 horas.
> A segunda-feira, a terça-feira, a quarta-feira, a quinta-feira, a sexta-feira, o sábado e o domingo são os dias da semana.
> Logo, todos os dias da semana têm 24 horas.

É esse o tipo de raciocínio empregado para enunciar certos princípios gramaticais que não admitem exceção: por exemplo, em romeno o artigo definido vem depois do substantivo. Temos que convir com o fato de que esse tipo de indução não apresenta grande interesse, pois a lei geral nada mais é do que aquilo que convém a um conjunto de fatos singulares e, portanto, ela é de antemão conhecida.

O que é, de fato, interessante é a indução amplificante, em que, a partir de uma amostra de fenômenos, infere-se uma lei geral. Essa é a indução adequada às descobertas, pois é mais ousada, mais produtiva do ponto de vista heurístico. No entanto, ela é suscetível a erros. Do ponto de vista metodológico, a questão mais importante é a representatividade dos fenômenos observados para permitir a generalização. De qualquer forma, a incerteza está sempre presente no método científico experimental, bem como em qualquer argumentação que se baseie na indução.

> O ferro, o cobre, o ouro, a prata, a platina, o alumínio, o mercúrio, etc. são bons condutores de eletricidade.
> O ferro, o cobre, o ouro, a prata, a platina, o alumínio, o mercúrio, etc. são metais.
> Logo, os metais são bons condutores de eletricidade.

> Diversas porções de água fervem a 100°.
> Logo, a água ferve a 100°.

Nem sempre a indução é uma generalização em sentido estrito. Muitas vezes se tiram conclusões de fatos particulares, como no exemplo do conto "O duplo indício", em que Poirot, analisando indícios factuais concordantes, chega ao nome do culpado do roubo das joias.

Embora nos *Analíticos anteriores* (II, XXIII) Aristóteles fale num silogismo indutivo, todos os comentadores são concordes que, nesse passo, o Estagirita utiliza a palavra silogismo como sinônimo de raciocínio. Com efeito, nos *Tópicos* (I, XII), ele vai distinguir o silogismo, que é sempre um raciocínio dedutivo, da indução. A indução parece ter uma estrutura semelhante à de um silogismo, já que ambos operam com três termos e três proposições. No entanto, isso é apenas aparência. De fato, há uma diferença radical entre um silogismo e uma indução. Naquele, os três termos têm extensão diferente: o termo maior tem uma extensão maior do que a do médio; o médio, maior do que a do menor. Quando se diz *Todo homem é mortal*, *mortal* é o termo maior porque ele se aplica a mais seres do que a totalidade homem, uma vez que os animais não humanos também são mortais. Ao dizer *Pedro é homem*, homem é o médio porque ele convém a Pedro e a todos os outros homens. Na indução, o termo médio não é uma noção geral, mas uma coleção de casos particulares:

> A, B, C, D atraem o ferro.
> A, B, C, D são ímãs.
> Logo, todos os ímãs atraem o ferro.

Na segunda proposição, que contém o sujeito da conclusão e que, por analogia com o silogismo, se poderia denominar de menor, o sujeito e o predicado têm exatamente a mesma extensão, pois o sujeito é uma enumeração de partes constitutivas do predicado e o predicado é a categoria que engloba o que foi enumerado no sujeito. De fato, na indução, não há termo médio, pois o que ocupa seu lugar é uma enumeração de indivíduos ou partes. Na maior, esses indivíduos ou partes são tomados cada um por si, enquanto na menor são tomados como unidade dada por um conceito geral.

O silogismo estabelece uma conexão de dois termos com um terceiro. Trata-se de estabelecer a identidade de dois termos a um terceiro. Por isso, é um raciocínio sobre verdades inteligíveis, evidentes ou conhecidas por si mesmas:

> Todos os brasileiros falam português.
> Maurício é brasileiro.
> Logo, Maurício fala português.

Na indução, parte-se de fatos singulares conhecidos pela experiência sensível e estabelece-se uma conexão entre esses fatos singulares e um conceito universal. Nela, o que se faz é estatuir uma conveniência de dois conceitos a uma série de indivíduos suficientemente enumerados:

> Pedro, João, André, Maria, Angélica, Carolina falam português.
> Pedro, João, André, Maria, Angélica, Carolina são brasileiros.
> Logo, todos os brasileiros falam português.

O princípio que rege a indução é o de identidade, mas formulado da seguinte maneira: o que convém a várias partes suficientemente enumeradas de uma totalidade convém a essa totalidade. A indução não permite certeza lógica na conclusão. Por isso, é preciso que a amostra seja representativa, para que a conclusão tenha força e legitimidade.

Existem basicamente dois sofismas de indução. O primeiro é a enumeração insuficiente, que é a questão central do raciocínio indutivo. As ciências experimentais trabalham com modelos estatísticos para determinar os indivíduos suficientes para inferir uma conclusão. A mesma coisa fazem os institutos de opinião quando realizam enquetes, por exemplo, sobre preferências eleitorais ou sobre a opinião de determinada população sobre dado tema.

Muitas vezes, a observação de uma ocorrência de um fenômeno pode levar a testes para verificar se ele se repete e, assim, chegar à enunciação de um princípio. É o que conta a célebre história da maçã que Newton teria visto cair e que o levou a formular a lei da gravitação universal: todos os corpos se atraem na razão direta das massas e na razão inversa do quadrado das distâncias.

A enumeração insuficiente leva a conclusões falsas. Por exemplo:

Pedro, Maria, Marcelo, Andreia, Teresa, Francisco têm olhos azuis.
Pedro, Maria, Marcelo, Andreia, Teresa, Francisco são brasileiros.
Todos os brasileiros têm olhos azuis.

Mercúrio, Vênus, Terra, Marte, Júpiter e Netuno não têm anéis.
Mercúrio, Vênus, Terra, Marte, Júpiter e Netuno são planetas.
Logo, os planetas não têm anéis.

Evidentemente, os exemplos dados são induções grosseiras. Mas muitas vezes o que passou como conhecimento científico resultante da observação dos fenômenos foi, posteriormente, corrigido, porque se verificou que se tratava de um erro. Certas teorias racistas, que se pretendiam científicas, afirmavam a superioridade dos brancos no domínio da inteligência, a partir, por exemplo, de medidas do crânio. Isso se revelou uma indução falsa, porque baseada numa enumeração insuficiente e porque a medida do crânio não poderia servir de base para a determinação da inteligência.

O segundo sofisma de indução é o que em latim é chamado *post hoc, ergo propter hoc* (depois disso, portanto, por causa disso). A indução pressupõe que todos os fenômenos têm uma causa e que as mesmas causas produzem os mesmos efeitos. No entanto, não se pode confundir causa com anterioridade, que é o que se faz nesse tipo de sofisma. Se, depois da passagem de um cometa, houve uma grande guerra, afirmar que o aparecimento do cometa é a causa da guerra é incorrer numa falácia, pois um acontecimento ocorre depois do outro e não por causa do outro. Esse sofisma está na base da tentativa de dar sentido a tudo o que acontece. É o raciocínio que preside a todas as superstições: por exemplo, se alguém estava usando determinada peça de roupa, quando seu time foi campeão, acha que precisa usar a mesma roupa todas as vezes que seu time jogar, caso contrário ele não vencerá.

A ANALOGIA

Nos dois textos que seguem, retirados, respectivamente, dos capítulos 11 e 26 do romance *Assassinato na casa do pastor*, de Agatha Christie, explica-se a maneira como Miss Marple soluciona os crimes:

> Encontrei minha mulher e Miss Marple em conferência.
> – Estávamos falando das várias possibilidades – disse Griselda. – Queria que a senhora resolvesse este caso, Miss Marple, como resolveu o do desaparecimento do pote de conserva de camarão da Srta. Wetherby. E tudo porque o pote fez a senhora lembrar-se de uma coisa completamente diferente: um saco de carvão.
> – Você está rindo, minha filha – observou Miss Marple –, mas no final das contas é uma maneira muito lógica de chegar à verdade. É o que todo mundo chama de intuição, fazendo tanto espalhafato. Uma criança não pode fazer isso porque tem muito pouca experiência. Mas um adulto conhece a palavra porque já a ouviu tantas vezes antes. Compreende o que quero dizer, pastor?
> – Sim – respondi devagar. – Acho que sim. Quer dizer que, se uma coisa faz a senhora lembrar-se de outra... bem, é porque provavelmente é o mesmo tipo de coisa.
> – Exatamente.
> – E o assassinato do coronel Protheroe faz a senhora lembrar-se exatamente do quê?
> Miss Marple suspirou.
> – Aí é que está o problema. Ocorrem-me vários casos paralelos. Por exemplo, o major Hargreaves, administrador de uma igreja e homem digno de respeito em todos os sentidos. E por muito tempo manteve um segundo lar, com uma antiga empregada, imagine só! E cinco crianças, cinco mesmo... foi um choque tremendo para sua mulher e sua filha.
> Fiz força para imaginar o coronel Protheroe no papel de pecador secreto, mas não consegui.
> – Há também aquela história da lavanderia – continuou Miss Marple. – O broche de opala da Srta. Hartnell que ficou na blusa por descuido e foi parar na lavanderia. E a mulher que ficou com o broche não o queria de maneira alguma e nem sequer era uma ladra. Apenas o escondeu na casa de outra mulher e disse à polícia que tinha

visto essa mulher roubar o broche. Vingança, pura vingança. É um motivo alarmante a vingança. Havia um homem em tudo isso, é claro. Sempre há.
Dessa vez não percebi o paralelo, por mais remoto que fosse. – Depois tem a filha do coitado do Elwell, uma menina tão bonita, tão etérea... e que tentou sufocar o irmãozinho. E o caso do dinheiro para o passeio dos meninos do coro, antes do seu tempo, pastor, roubado pelo próprio organista. A mulher dele estava cheia de dívidas. Sim, esse caso me faz pensar em muitas coisas, coisas demais. É muito difícil chegar à verdade.

– Certamente deve ser a mesma coisa – volveu Miss Marple. – O que costumávamos chamar de fatores na escola são os mesmos. Há o dinheiro, a atração mútua entre pessoas de... hum... sexos opostos... e desequilíbrios mentais, naturalmente... Tantas pessoas são um pouco desequilibradas, não é mesmo? Na verdade, a maioria das pessoas o é, quando a gente as conhece bem. E as pessoas normais fazem coisas surpreendentes às vezes, enquanto as pessoas anormais são às vezes bem equilibradas e naturais... Na verdade, o único método consiste em comparar as pessoas com outras que o senhor conheceu ou encontrou na vida. O senhor ficaria espantado se soubesse como há poucos tipos distintos ao todo.

Miss Marple raciocina por analogia (do grego *analogía*, "correspondência") ou semelhança. Ela compara uma situação com outra e, ao encontrar semelhanças entre elas, infere quem é o criminoso.

A analogia é o raciocínio em que de uma proposição particular se conclui uma proposição particular somente pela semelhança dos casos referidos:

João sarou da dor de cabeça tomando aspirina.
Logo, Pedro vai sarar da dor de cabeça tomando aspirina.

Evidentemente, a conclusão do raciocínio por analogia será sempre provável. Conforme ele for construído, ela evidenciará uma probabilidade mais ou menos forte. De qualquer forma, desempenha um papel relevante na descoberta ou invenção. Alexander Fleming descobriu a penicilina ao notar que bactérias cultivadas no laboratório morriam em contato com um determinado fungo. Por um raciocínio analógico, supôs que as bactérias que causavam doenças nos seres humanos podiam ser destruídas pelo mesmo fungo.

Como em qualquer raciocínio, existe um conceito universal que preside à analogia, que é o de semelhança. Miss Marple, por exemplo, o enuncia de maneira explícita ao dizer que a natureza humana é sempre a mesma em toda parte:

Mis Marple meneou a cabeça tristemente:
– A natureza humana é sempre a mesma em toda parte, Sr. Henry.

– Sr. Harbottle! Sr. Badger! E o pobre do Conway! Detesto introduzir qualquer nota pessoal, mas a senhora teria algum paralelo para minha humilde pessoa em sua aldeia? – perguntou Henry aborrecido.
– Bem, é claro, temos Briggs.
– Quem é Briggs?
– Era o jardineiro-chefe em Old Hall. O melhor empregado que já tinham tido. Sabia exatamente quando os jardineiros subalternos estavam-se descuidando... era realmente impressionante! Lidava apenas com três homens e um rapaz e a praça era mais bem cuidada com eles do que tinha sido com seis. Ganhou várias vezes o primeiro lugar com suas ervilhas de cheiro. Atualmente está aposentado. (cap. 8 de *Um corpo na biblioteca*)

Segundo os lógicos, o raciocínio analógico será forte se: a) os elementos semelhantes forem verdadeiros e relevantes; b) a quantidade dos elementos semelhantes for expressiva; c) as diferenças não forem acentuadas.

Se os elementos semelhantes em dois casos distintos forem verdadeiros e relevantes, então a analogia será forte:

André tinha febre alta, dor de cabeça, dores musculares, dores nas juntas, prostração e vermelhidão no corpo e verificou-se que ele tinha dengue.
João tem febre alta, dor de cabeça, dores musculares, dores nas juntas, prostração e vermelhidão no corpo. Logo, ele está com dengue.

Se os elementos semelhantes não forem verdadeiros ou não forem pertinentes para a conclusão, a analogia será fraca a ponto de poder falar num sofisma de analogia:

Beth é uma mulher elegante, tem gosto refinado, é excelente anfitriã e uma extraordinária executiva.
Marli é uma mulher elegante, tem gosto refinado, é excelente anfitriã. Logo, deve ser uma extraordinária executiva.

Como se observa, as qualidades comparadas não são pertinentes para a conclusão, pois elegância, refinamento e capacidade de receber bem não são requisitos necessários para ser um bom executivo.

Se a quantidade dos elementos comparados for expressiva, a analogia será forte:

Paulo teve febre alta, forte dor de cabeça, vômitos, rigidez no pescoço, manchas cor de vinho na pele, estado de desânimo, moleza e estava com meningite.
Paulo teve febre alta, forte dor de cabeça, vômitos, rigidez no pescoço, manchas cor de vinho na pele, estado de desânimo, moleza.
Logo, deve estar com meningite.

Se a quantidade de semelhanças não for significativa, temos um sofisma de analogia:

> Paulo teve febre alta e estava com meningite.
> Tomás está com febre alta.
> Logo, deve estar com meningite.

Evidentemente, o sintoma febre alta é insuficiente para determinar que a doença de Tomás seja meningite bacteriana, pois, em muitas doenças, o paciente tem febre alta.

Se não existirem divergências marcantes entre os comparados, a analogia será forte:

> Alexandre diminuiu a ingestão de calorias, começou a fazer exercícios físicos regulares, está tomando remédio para diabetes e emagreceu.
> Antônio diminuiu a ingestão de calorias e começou a fazer exercícios físicos regulares. Logo, ele deve emagrecer.

No entanto, se houver diferenças significativas entre os comparados, temos um sofisma de analogia.

> Os pássaros voam.
> Os morcegos voam.
> Logo, os morcegos são pássaros.

Nesse caso, além da quantidade insuficiente de semelhanças, deixam-se de lado diferenças fundamentais entre os pássaros e os morcegos, como não ter penas, ser vivíparo, etc.

É o caso do exemplo que segue, em que se aponta que se comparam, do ponto de vista do enunciador, entidades cujas diferenças são maiores do que as semelhanças:

> Dilma rebateu críticas à proposta de fazer reforma política por plebiscito com um argumento esfumaçado: "É estarrecedor que se considere plebiscito algo bolivariano... Então a Califórnia faz bolivarianismo". Hello! A Califórnia é um estado, não um país. Por essa lógica, se a Califórnia tem terremoto e o Japão também, a conclusão deve ser que os californianos falam japonês. (*Veja*, 5/11/2014: 81)

A comparação ou o exemplo são argumentos analógicos destinados a ilustrar uma proposição, a manifestá-la de maneira mais concreta, mais palpável, mais sensível. Vieira, na sexta parte do *Sermão da Sexagésima*, explica essa função da comparação, porque, depois de enunciar a tese de que o sermão pode ser uma variedade de discursos, mas que esses têm que se referir sempre à mesma matéria, pergunta se os ouvintes querem ver tudo com os olhos, ou seja, se desejam tornar sensível a proposição exposta. Compara, então, o sermão a uma árvore e desenvolve essa comparação, concretizando como deve ser um sermão:

Não nego nem quero dizer que o sermão não haja de ter variedade de discursos, mas esses hão de nascer todos da mesma matéria e continuar e acabar nela. Quereis ver tudo isto com os olhos? Ora vede. Uma árvore tem raízes, tem tronco, tem ramos, tem folhas, tem varas, tem flores, tem frutos. Assim há de ser o sermão: há de ter raízes fortes e sólidas, porque há de ser fundado no Evangelho; há de ter um tronco, porque há de ter um só assunto e tratar uma só matéria; deste tronco hão de nascer diversos ramos, que são diversos discursos, mas nascidos da mesma matéria e continuados nela; estes ramos não hão de ser secos, senão cobertos de folhas, porque os discursos hão de ser vestidos e ornados de palavras. Há de ter esta árvore varas, que são a repreensão dos vícios; há de ter flores, que são as sentenças; e por remate de tudo, há de ter frutos, que é o fruto e o fim a que se há de ordenar o sermão. De maneira que há de haver frutos, há de haver flores, há de haver varas, há de haver folhas, há de haver ramos; mas tudo nascido e fundado em um só tronco, que é uma só matéria. Se tudo são troncos, não é sermão, é madeira. Se tudo são ramos, não é sermão, são maravalhas. Se tudo são folhas, não é sermão, são versas. Se tudo são varas, não é sermão, é feixe. Se tudo são flores, não é sermão, é ramalhete. Serem tudo frutos, não pode ser; porque não há frutos sem árvore. Assim que nesta árvore, à que podemos chamar "árvore da vida", há de haver o proveitoso do fruto, o formoso das flores, o rigoroso das varas, o vestido das folhas, o estendido dos ramos; mas tudo isto nascido e formado de um só tronco e esse não levantado no ar, senão fundado nas raízes do Evangelho: *Seminare semen* (= Semear a semente). Eis aqui como hão de ser os sermões, eis aqui como não são. E assim não é muito que se não faça fruto com eles.

Quando a comparação tem a função exposta, mesmo que um dos comparantes seja falso, ela serve para manifestar figurativamente uma proposição. São Francisco de Sales, no capítulo V do livro II do *Tratado do amor de Deus*, diz o seguinte:

> [...] assim como o arco-íris, tocando o espinheiro aspálato, torna-o mais odorífero do que os lírios, assim também a redenção de Nosso Senhor, tocando as nossas misérias, torna-as mais úteis e mais amáveis do que nunca teria sido a inocência original.

Um dos elementos da comparação é uma crença presente na *História natural*, de Plínio, o Velho, de que, quando um arco-íris tocava o aspálato, esse arbusto se tornava extremamente odorífero:

> Tradunt, quocumque fructice curuetur arcus caelestis, eandem quae sit aspalathi, suauitatem odoris exsistere; sed si in aspalatho, inenarrabilem quandam (Diz-se que todo o arbusto sobre o qual se recurva o arco-íris exala um odor tão doce quanto o aspálato, mas que, nesse caso, o aspálato exala um odor de uma suavidade indizível). (Livro XII, LII)

Os fatores da argumentação

Um argumento são proposições destinadas a fazer admitir uma dada tese. Argumentar é, pois, construir um discurso que tem a finalidade de persuadir. Como qualquer discurso, o argumento é um enunciado, resultante, pois, de um processo de enunciação, que põe em jogo três elementos: o enunciador, o enunciatário e o discurso, ou, como foram chamados pelos rétores, o orador, o auditório e a argumentação propriamente dita, o discurso. Esses três fatores concorrem para o ato persuasório. Como mostra Aristóteles, na *Retórica*, convergem para a persuasão o *éthos* do orador, o *páthos* do auditório e o *lógos*, o discurso. O orador e o auditório são papéis socialmente determinados, cuja imagem se constrói no discurso. Diz Bakhtin:

> Com efeito, a enunciação é o produto da interação de dois indivíduos socialmente organizados e, mesmo que não haja um interlocutor real, este pode ser substituído pelo representante médio do grupo social ao qual pertence o locutor. *A palavra dirige-se a um interlocutor*: ela é função da pessoa desse interlocutor: variará se se tratar de uma pessoa do mesmo grupo social ou não, se esta for inferior ou superior na hierarquia social, se estiver ligada ao locutor por laços sociais mais ou menos estreitos (pai, mãe, marido, etc.). Não pode haver interlocutor abstrato; não teríamos linguagem comum com tal interlocutor, nem no sentido próprio nem no figurado. Se algumas vezes temos a pretensão de pensar e de exprimir-nos *urbi et orbi*, na realidade é claro que vemos "a cidade e o mundo" através do prisma do meio social concreto que nos engloba. Na maior parte dos casos, é preciso supor, além disso, um certo *horizonte social* definido e estabelecido que determina a criação ideológica do grupo social e da época a que pertencemos, um horizonte contemporâneo da nossa literatura, da nossa ciência, da nossa moral, do nosso direito. (1979: 98)

Esses elementos são extremamente importantes para pensar o papel do orador e do auditório na construção da argumentação.

O *ÉTHOS* DO ENUNCIADOR

O enunciador, ao construir seu discurso, edifica também uma imagem de si. É essa imagem que será chamada *éthos* do enunciador. Diz Aristóteles num passo da *Retórica*:

> É o *éthos* (caráter) que leva à persuasão, quando o discurso é organizado de tal maneira que o orador inspira confiança. Confiamos sem dificuldade e mais prontamente nos homens de bem, em todas as questões, mas confiamos neles, de maneira absoluta, nas questões confusas ou que se prestam a equívocos. No entanto, é preciso que essa confiança seja resultado da força do discurso e não de uma prevenção favorável a respeito do orador. (I, II, IV, 1356a)

Roland Barthes, comentando essa passagem, diz que os *éthe* são "os traços de caráter que o tribuno deve mostrar ao auditório (pouco importa sua sinceridade) para causar boa impressão. [...] O *éthos* é, no sentido próprio, uma conotação. O orador enuncia uma informação e, ao mesmo tempo, afirma: sou isso, sou aquilo" (1975: 203). Em termos mais atuais, dir-se-ia que o *éthos* não se explicita no enunciado, mas na enunciação. Quando um professor diz *eu sou muito competente*, está explicitando uma imagem sua no enunciado. Isso não serve de prova, não leva à construção do *éthos*. O caráter de pessoa competente constrói-se na maneira como organiza as aulas, como discorre sobre os temas, etc. À medida que ele vai falando sobre a matéria, vai dizendo *sou competente*. A enunciação não é da ordem do inefável. Por conseguinte, o *éthos* explicita-se na enunciação enunciada, ou seja, nas marcas da enunciação deixadas no enunciado. Portanto, a análise do *éthos* do enunciador nada tem do psicologismo que, muitas vezes, pretende infiltrar-se nos estudos discursivos. Trata-se de apreender um sujeito construído pelo discurso e não uma subjetividade que seria a fonte de onde emanaria o enunciado, de um psiquismo responsável pelo discurso. O *éthos* é uma imagem do autor, não é o autor real; é um autor discursivo, um autor implícito.

Aristóteles indaga, em sua *Retórica*, quais são as razões que inspiram confiança num orador. Afirma:

> Há três coisas que inspiram confiança no orador, porque há três razões que nos levam à convicção, independentemente das demonstrações. São o bom senso, a prudência, a sabedoria prática (*phrónesis*), a virtude (*areté*) e benevolência (*eúnoia*). Os oradores podem afastar-se da verdade por todas essas razões ou por uma dentre elas. Por causa da falta de bom senso, podem não exprimir uma opinião correta; por causa de sua malvadeza podem, mesmo pensando bem, não expressar aquilo que pensam; mesmo sendo prudentes e honestos, podem não ser benevolentes. Por essas razões, os oradores podem, mesmo conhecendo a melhor solução, não a aconselhar. Não há nenhum outro caso. (II, I, V-VI, 1378a)

Esse passo da obra do Estagirita deve ser lido, como nos mostram os comentadores, como uma descrição do *éthos* do orador. Um orador inspira confiança se seus argumentos são razoáveis, ponderados; se ele argumenta com honestidade e sinceridade; se ele é solidário e amável com o auditório. Podemos, então, ter três espécies de *éthe*: a) a *phrónesis*, que significa o bom senso, a prudência, a ponderação, ou seja, que indica se o orador exprime opiniões competentes e razoáveis; b) a *areté*, que denota a virtude, mas virtude tomada no seu sentido primeiro de "qualidades distintivas do homem" (latim *uir, uiri*), portanto, a coragem, a justiça, a sinceridade; nesse caso, o orador apresenta-se como alguém simples e sincero, franco ao expor seus pontos de vista; c) a *eúnoia*, que significa a benevolência e a solidariedade; nesse caso, o orador dá uma imagem agradável de si, porque mostra simpatia pelo auditório. O orador que se utiliza da *phrónesis* se apresenta como sensato, ponderado e constrói suas provas muito mais com os recursos do *lógos* do que com os dos *páthos* ou do *éthos* (em outras palavras, com os recursos discursivos); o que se vale da *areté* se apresenta como desbocado, franco, temerário e constrói suas provas muito mais com os recursos do *éthos*; o que usa a *eúnoia* apresenta-se como alguém solidário com seu enunciatário, como um igual, cheio de benevolência e de benquerença e erige suas provas muito mais com base no *páthos*.

Dominique Maingueneau diz que o *éthos* compreende três componentes: o caráter, conjunto de características psíquicas reveladas pelo enunciador (é o que chamaríamos o *éthos* propriamente dito); o corpo, feixe de características físicas que o enunciador apresenta; o tom, dimensão vocal do enunciador desvelada pelo discurso (1995: 137-40). Esses três elementos aparecem tanto nos textos orais como nos escritos. Mesmo estes têm um tom (por exemplo, vigoroso, lânguido, etc.).

O enunciador, como mostrou Bakhtin, é sempre um sujeito social. Pode ser individual ou coletivo (assim, por exemplo, Castro Alves, o poeta da terceira geração romântica, *O Estado de S. Paulo*, a revista *Carta Capital*).

Para determinar o *éthos* de um enunciador, é preciso estabelecer uma totalidade da produção de um sujeito enunciativo.

Onde se encontram, na materialidade discursiva da totalidade, as marcas do *éthos* do enunciador? Dentro dessa totalidade, procuram-se recorrências em qualquer elemento composicional do discurso ou do texto: na escolha do assunto, na construção das personagens, nos gêneros escolhidos, no nível de linguagem usado, no ritmo, na figurativização, na escolha dos temas, nas isotopias, etc.

O *éthos* do poeta da segunda geração romântica apresenta um corpo jovem, magro, pálido; um caráter oscilante, que vai da melancolia à paixão, que se exprime numa enunciação também cambiante, que varia do tom entediado ao tom apaixonado.

A inflexão apaixonada, porém, exprime mais desejos do que realizações. Tudo isso se percebe nas recorrências léxicas, em que se nota uma reiteração do invernal, do noturno, do macilento, do pálido, do desbotado, etc. Observem-se, por exemplo, estas passagens do poema "Lembrança de morrer", de Álvares de Azevedo:

> Quando em meu peito rebentar-se a fibra
> Que o espírito enlaça à dor vivente,
> Não derramem por mim nenhuma lágrima
>   Em pálpebra demente. [...]
>
> Eu deixo a vida como deixa o tédio
> Do deserto o poento caminheiro
> – Como as horas de um longo pesadelo
> Que se desfaz ao dobre de um sineiro; [...]
>
> Só levo uma saudade – é dessas sombras
> Que eu sentia velar nas noites minhas...
> De ti, ó minha mãe, pobre coitada
> Que por minhas tristezas te definhas!
>
> De meu pai... de meus únicos amigos,
> Poucos – bem poucos – e que não zombavam
> Quando, em noite de febre endoudecido,
> Minhas pálidas crenças duvidavam.
>
> Se uma lágrima as pálpebras me inunda,
> Se um suspiro nos seios treme ainda
> É pela virgem que sonhei... que nunca
> Aos lábios me encostou a face linda!
>
> Só tu à mocidade sonhadora
> Do pálido poeta deste flores...
> Se viveu, foi por ti! e de esperança
> De na vida gozar de teus amores.
>
> Beijarei a verdade santa e nua,
> Verei cristalizar-se o sonho amigo...
> Ó minha virgem de errantes sonhos,
> Filha do céu, eu vou amar contigo!
>
> Descanse o meu leito solitário
> Na floresta dos homens esquecida,
> À sombra de uma cruz, e escrevam nela:
>   – Foi poeta – sonhou – e amou na vida. –

Sombras do vale, noites da montanha
Que minh'alma cantou e amava tanto,
Protegei o meu corpo abandonado,
E no silêncio derramai-lhe canto!

Mas quando preludia ave d'aurora
E quando à meia-noite o céu repousa,
Arvoredos do bosque, abri os ramos...
Deixai a lua prantear-me a lousa!

A seleção lexical estabelece o *éthos* do enunciador. No texto que segue, o autor ironiza o uso de expressões latinas no discurso jurídico. No entanto, a ironia deixa ver a função argumentativa da utilização dessas expressões: criar uma imagem de competência do enunciador:

Mas a decisão de Fux foi escrita assim (com edição): "A *vexata quaestio* (a questão em debate) nestes autos... nos permite concluir *primo ictu oculi* (num primeiro golpe de vista) que o legislador pretendeu garantir o referido auxílio... *Ex positis* (diante do exposto), e especialmente diante das recentes leis de revisão do subsídio de ministro do STF revogo, com efeitos *ex nunc* (daqui para frente), *ex vi* (por força) do art. 296 do NCPC, as tutelas antecipadas exaradas nestes autos..." No STF, cada um tem seu fetiche. Ricardo Lewandowski usou em 89 sentenças (e apenas ele) a expressão "*in claris cessat interpretatio*" (a interpretação cessa quando a lei é clara). Pelo visto, o ministro não quis ser tão claro. Celso de Mello aprecia a máxima latina "*ad argumentandum tantum*", que significa um simples "só para argumentar". (Luiz Weber, O ministro que falava javanês, *Folha de S.Paulo* online, 19/12/2018)

O AUDITÓRIO

Bakhtin ensina:

O mundo interior e a reflexão de cada indivíduo têm um *auditório social* próprio bem estabelecido, em cuja atmosfera se constroem suas deduções interiores, suas motivações, apreciações, etc. Quanto mais aculturado for o indivíduo, mais o auditório em questão se aproximará do auditório médio da criação ideológica, mas em todo caso o interlocutor ideal não pode ultrapassar as fronteiras de uma classe e de uma época bem definidas. (1979: 98-9)

Mostra o Estagirita que os argumentos eficazes para certos auditórios deixam de sê-lo para outros; os argumentos válidos em certos momentos não o são em outros; os argumentos apropriados em determinados lugares não atingem o resultado esperado em outros. O orador, portanto, para construir seu discurso, precisa conhecer seu auditório. Mas conhecer o quê? O *páthos* ou o estado de espírito do auditório. O *páthos* é a disposição do sujeito para ser isto ou aquilo. Por conseguinte, bem argumentar implica conhecer o que move ou comove o auditório a que o orador se destina (I, II, III, 1356a). Aristóteles trata longamente das paixões que movem o auditório no Livro II da *Retórica*. Cícero, no *De oratore*, afirma: "[...] nobis tamen, qui in hoc populo foroque uersamus, satis est, ea de moribus hominum et scire et dicere quae non abhorrent ab hominum moribus" (I, 219) (Para nós que nos ocupamos desse povo e do foro, basta conhecer os costumes das pessoas e dizer aquelas coisas que não contrariam a opinião delas). Por essa razão, assim o romano define as qualidades do orador: "Acuto homine nobis opus est, et natura usuque callido, qui sagaciter peruestiget, quid sui ciues, quibus aliquid dicendo persuadere uelit, cogitent, sentiant, opinentur, exspectent" (I, 223). (É necessário um homem agudo, hábil por natureza e experiência, que tenha uma sagaz percepção do que pensam, sentem, opinam e esperam seus cidadãos e aqueles a quem deseja persuadir pelo seu discurso).

O *páthos* não é a disposição real do auditório, mas uma imagem que o enunciador tem dela. Essa imagem estabelece coerções para o discurso: por exemplo, é diferente falar para um auditório de leigos ou de especialistas, para um adulto ou uma criança. Nesse sentido, o auditório, o enunciatário, o *target*, como dizem os publicitários, faz parte do sujeito da enunciação; é produtor do discurso, na medida em que determina escolhas linguísticas do enunciador. Evidentemente, essas escolhas não são necessariamente conscientes.

A imagem do enunciatário é composta de uma complexa rede de relações. Cícero diz que o orador precisa saber o que pensam (*cogitent*), sentem (*sentiant*), opinam (*opinentur*), esperam (*exspectent*) aqueles a quem se deseja persuadir. Isso quer dizer que essa imagem tem uma dimensão cognitiva: de um lado, ideológica, da ordem do saber (*cogitent*), de outro, da ordem do crer (*opinentur*); uma dimensão patêmica (*sentiant*) e uma dimensão perceptiva (*exspectent*).

O presidente Lula parece ter uma percepção muito aguda da imagem do enunciatário a quem se dirige. Num de seus discursos sobre a reforma da previdência afirmou que não era justo que uma procuradora ou uma professora universitária se aposentassem aos 48 anos, enquanto uma cortadora de cana se aposenta aos 60 anos. Disse que iria mudar essa situação. O enunciatário poderia ser pensado como auditório médio, de que fala Bakhtin, que poderia ser denominado *o brasileiro comum*. Essa imagem é constituída de uma rede de relações semânticas: percebe a sociedade brasileira como um lugar de privilégios e injustiças, sente revolta diante desse estado de coisas e espera um salvador que mude essa situação. Por isso, o *éthos* do enunciador construído no discurso presidencial é o de um salvador. Daí o tom messiânico de seu discurso: é ele quem vai reparar as injustiças. Não existe, nesse discurso, a mediação, por exemplo, do Congresso Nacional; as mudanças dar-se-ão pela ação do presidente. Em 2003, em Pelotas, o presidente afirmou: "Quando casei, engravidei minha galega na primeira noite... porque pernambucano não deixa por menos." O *éthos* do macho, que associa desempenho sexual à valentia, à coragem; que se apresenta como o homem simples e sincero, dirige-se a um enunciatário, cujo *páthos* tem o mesmo perfil. Se o *páthos* constrói a imagem do enunciatário, o *éthos* constrói a do enunciador.

Cada auditório é particular, porque cada um tem conhecimentos, crenças, valores e emoções diversos. No entanto, há um auditório não especializado, que poderíamos, com Bakhtin, denominar auditório médio, que é aquele auditório que acredita nos valores dominantes num dado tempo numa determinada formação social. O orador sempre escolhe e articula seus argumentos em função de um ponto de vista sobre o auditório.

O DISCURSO ARGUMENTATIVO: DOMÍNIO DO PREFERÍVEL

Na quarta parte do *Sermão da Sexagésima*, Vieira discute o papel do pregador na eficiência ou não da homilia:

> Será porventura o não fazer fruto hoje a palavra de Deus, pela circunstância da pessoa? Será porque antigamente os pregadores eram santos, eram varões apostólicos e exemplares, e hoje os pregadores são eu e outros como eu? Boa razão é esta. A definição do pregador é a vida e o exemplo. Por isso Cristo no Evangelho não o comparou ao semeador, senão ao que semeia. Reparai. Não diz Cristo: Saiu a semear o semeador, senão, saiu a semear o que semeia: *Ecce exiit qui seminat, seminare* (= Eis que saiu a semear o que semeia). Entre o semeador e o que semeia há muita diferença: uma cousa é o soldado, e outra cousa o que peleja; uma cousa é o governador, e outra o que governa. Da mesma maneira, uma cousa é o semeador, e outra o que semeia; uma cousa é o pregador, e outra o que prega. O semeador e o pregador é nome; o que semeia e o que prega é ação; e as ações são as que dão o ser ao pregador. Ter nome de pregador, ou ser pregador de nome não importa nada; as ações, a vida, o exemplo, as obras são as que convertem o mundo. O melhor conceito que o pregador leva ao púlpito, qual cuidais que é? É o conceito que de sua vida têm os ouvintes. Antigamente convertia-se o mundo, hoje por que se não converte ninguém? Porque hoje pregam-se palavras e pensamentos, antigamente pregavam-se palavras e obras. Palavras sem obras são tiro sem bala; atroam, mas não ferem. A funda de Davi derrubou

ao gigante, mas não o derrubou com o estalo, senão com a pedra: *Infixus est lapis in fronte ejus* (= A pedra entrou em sua fronte). As vozes da harpa de Davi lançavam fora os demônios do corpo de Saul, mas não eram vozes pronunciadas com a boca, eram vozes formadas com a mão: *David tollebat citharam, et percutiebat manu sua* (= Davi pegava a cítara e tocava-a com sua mão). Por isso Cristo comparou o pregador ao semeador. O pregar, que é falar, faz-se com a boca; o pregar, que é semear, faz-se com a mão. Para falar ao vento, bastam palavras; para falar ao coração, são necessárias obras. Diz o Evangelho que a palavra de Deus frutificou cento por um. Que quer isto dizer? Quer dizer que de uma palavra nasceram cem palavras? Não. Quer dizer que de poucas palavras nasceram muitas obras. Pois palavras que frutificam obras, vede se podem ser só palavras!

No *Sermão da Sexagésima*, Vieira desenvolve, a partir da parábola do semeador, uma teoria da eficácia da parenética. Discute todas as possíveis causas da ineficácia da eloquência sacra e mostra como se torna eficaz um sermão. Nessa passagem, vai mostrar que a pessoa do pregador desempenha um papel importante no êxito de uma peça oratória. A tese que defende é que uma pregação só terá eficácia, se houver uma concordância entre o que o pregador diz e o que faz.

Aduz as seguintes razões para comprovar sua tese:

a) Cristo diz no Evangelho *saiu a semear o que semeia* e não *saiu a semear o semeador*, porque *semeador*, sendo substantivo, designa um ser, enquanto *o que semeia*, centrado num verbo, indica uma ação;
b) na língua, faz-se sempre diferença entre o nome e a ação, como o comprovam vários exemplos: *soldado* vs. *o que peleja*; *governador* vs. *o que governa*;
c) os fatos da antiguidade mostram que o exemplo é que converte;
d) há uma identidade entre *palavras sem obra e tiro sem bala*, pois ambos atroam, mas não ferem;
e) dois exemplos das Escrituras comprovam que não é a palavra, mas a ação que é eficaz: a derrubada do gigante por Davi e a expulsão dos demônios do corpo de Saul;
f) há duas espécies de pregação: o falar, que se faz com a boca; o semear, que se faz com a mão;
g) a eficácia da pregação só existe quando os homens passam a agir segundo a palavra de Deus e, por isso, só palavras não podem ser eficazes.

Vieira argumenta em favor de sua tese, ou seja, fornece razões para que a aceitemos.

Normalmente, pensa-se que comunicar seja apenas transmitir informações. A teoria da comunicação mostra que intervêm, na realização do ato comunicativo, seis fatores: o emissor (aquele que produz a mensagem); o receptor (aquele a quem a mensagem é transmitida); a mensagem (elemento material que veicula informações); o código (um sistema linguístico, ou seja, um conjunto de elementos e de regras combinatórias que permite construir uma mensagem: por exemplo, uma língua); o canal (conjunto de meios sensoriais ou não pelos quais a mensagem é transmitida: por exemplo, o canal auditivo, o telefone); o referente (a situação a que a mensagem remete). Apesar de analisar detidamente como cada um desses seis fatores interfere no processo comunicacional, a teoria da comunicação vê o ato comunicativo de maneira muito simplificada, pois concebe emissor e receptor como polos neutros, a quem cabe tão somente produzir, receber e compreender mensagens.

O processo comunicativo é mais complexo, pois há uma diferença nítida entre comunicação recebida e comunicação assumida. Comunicar é agir sobre o outro e, por conseguinte, não é só levá-lo a receber e compreender mensagens, mas é fazê-lo aceitar o que é transmitido, crer naquilo que se diz, fazer aquilo que se propõe. Isso quer dizer que comunicar não é apenas fazer saber, mas principalmente fazer crer e fazer fazer. É o que diz Vieira, falando da eficácia do sermão: não se deve falar ao vento (= não persuadir), mas ao coração (= persuadir). Comunicar significa obter adesão. Esta depende de opiniões prévias, de crenças, de aspirações, de valores, de normas de conduta que se admitem como válidas, de convicções políticas, de emoções, de sentimentos, de visão de mundo, etc.

Persuadir é levar o outro a aderir ao que se diz. A eficácia de um ato de comunicação reside na aceitação do que expôs o emissor. Perelman distingue a demonstração da argumentação (1999: 369-72). A primeira é o procedimento por meio do qual se mostra a verdade de uma conclusão ou, ao menos, sua relação necessária com as premissas; em que se trabalha com provas, cuja validade independe das convicções pessoais. Perelman diz que "a demonstração, em sua forma mais perfeita, é uma série de estruturas e formas cujo desenvolvimento não poderia ser recusado" (1999: 369). Um exemplo clássico de um raciocínio demonstrativo é o silogismo categórico, que foi definido por Aristóteles, nos *Analíticos anteriores*, como "uma locução em que, uma vez certas suposições sejam feitas, alguma coisa distinta delas se segue necessariamente devido à mera presença das suposições como tais" (I, I, 19-21).

>Todas as estrelas brilham com luz própria;
>Sírio é uma estrela;
>Logo, Sírio brilha com luz própria.

Admitindo-se que a primeira e a segunda proposições sejam verdadeiras, a conclusão torna-se necessária.

Já a argumentação trabalha com aquilo que é plausível, possível, provável. Argumentar, em sentido lato, é fornecer razões em favor de determinada tese. Enquanto a demonstração lógica implica que, se duas ideias forem contraditórias, uma será verdadeira e a outra falsa, a argumentação em sentido lato mostra que uma ideia pode ser mais válida que outra. Isso significa que a adesão não se faz somente a teses verdadeiras, mas também a teses que parecem oportunas, socialmente justas, úteis, equilibradas, etc. Assim, a argumentação opera com o preferível, isto é, com juízos de valor, em que alguma coisa é considerada superior a outra, melhor do que outra, etc. Isso significa, como mostra Perelman, que a argumentação tem uma natureza não coerciva: deixa ao ouvinte a hesitação, a dúvida, a liberdade de escolha; mesmo quando propõe soluções racionais, não há uma vencedora infalível (1999: 369). É o que diz o texto que segue, embora o autor pareça desconsiderar os raciocínios preferíveis:

> Os que se arvoram em donos do pensamento tentam nos fazer duvidar de nossas convicções não porque tenham os melhores argumentos ou porque dotados de uma razão científica superior, que desmoraliza nossos preconceitos ou nossas impressões, mas porque dominam o que chamo "aparelhos sindicais do pensamento". Ainda que os fatos e a verdade da ciência possam estar do nosso lado, tentam se impor porque supostamente mais humanistas do que nós, mais justos do que nós, mais sonhadores do que nós, mais bondosos do que nós, mais "amigos do povo" do que nós. (Reinaldo Azevedo, *Veja*, 6/6/2012: 91)

Na argumentação, não se opera com o verdadeiro e o falso, mas com o verossímil, com aquilo que não é evidente por si. O verossímil é o que parece verdadeiro, em virtude de um acordo numa dada formação social numa determinada época. O verossímil é inerente ao objeto do discurso argumentativo, pois, nas questões éticas, jurídicas, econômicas, filosóficas, políticas, pedagógicas, religiosas, etc. não há o verdadeiro e o falso, mas trabalha-se com o mais ou menos verossímil. Não existe verdade na discussão sobre a maioridade penal. Pode-se discutir se é melhor ou não baixar a idade da maioridade penal, qual deve ser o limiar que permite que uma pessoa seja julgada como adulto, etc. A conclusão na argumentação tem que ser mais forte do que as premissas, enquanto, na demonstração, como se mostrou quando se analisou o silogismo, a conclusão "segue sempre a pior parte". Se a conclusão de um processo argumentativo não é uma verdade, então ela é sempre sujeita a controvérsias.

No Brasil, reclama-se que, no processo político, não se discutem ideias. Isso implica pensar que o discurso político é da ordem da racionalidade científica, pois fala da realidade existente e dos meios de transformá-la. Por isso, a controvérsia entre os diferentes discursos políticos parece uma divergência entre pontos de vista teóricos distintos. No entanto, todo esse processo, na verdade, mascara outro processo do ponto de vista dos destinatários, "porque, a despeito de todos os esforços para racionalizar o debate social e fundar a decisão política na razão, poder-se-ia dizer que não há, nessa matéria, 'verdade reconhecida' senão em função de um reconhecimento prévio do *sujeito* que a enuncia: diz *verdade* aquele em quem eu tenho *confiança"* (Landowski, 1982: 169). Marco Maciel insistia em que se não deve fulanizar a política. No entanto, a política não é operada de outro modo. A personalização ocorre, porque se vota na credibilidade de um candidato e não em argumentos objetivos de ordem técnica ou política. Por conseguinte, a dimensão do crer é mais significativa do que a do saber (Landowski, 1982: 169).

A distinção entre argumentação e demonstração não é tão rígida. De um lado, mesmo se fundando no preferível, a argumentação pode comportar elementos demonstrativos. De outro, mesmo as ciências apresentam controvérsias muito grandes e, portanto, seu discurso é argumentativo no sentido de Perelman. Discute-se, por exemplo, se o aquecimento global resulta ou não da ação humana. Há cientistas que são céticos em relação às causas antropogênicas desse fenômeno. No entanto, em meio à argumentação em favor dessa tese ou contra ela, há fatos que são demonstrados: por exemplo, o aumento da frequência e da intensidade dos eventos climáticos extremos. Também o critério de falseabilidade proposto por Karl Popper (2007) mostra que ciência não enuncia só verdades absolutas.

ARGUMENTAÇÃO E LINGUAGEM

O senso comum tem a concepção de que a argumentação é uma questão de conceitos, servindo a linguagem para revesti-los. No entanto, essa concepção é errônea, pois os conceitos são significados criados pela linguagem humana. Portanto, a argumentação é uma questão de linguagem. Por isso, nela o enunciador trabalha com a pluralidade de sentidos de uma palavra (polissemia), com as ambiguidades. É ela que permite os jogos de palavras, os sofismas. Observe-se, por exemplo, o papel argumentativo do sufixo *-ismo*. Para isso, comecemos por observar alguns usos da palavra *denuncismo* em lugar de *denúncia*:

Denuncismo, não! Esse sempre foi um bordão de corruptos e corruptores. Hoje está impregnando os antes apenas chatos documentos internos do PT. O caixa dois petista é fruto de *denuncismo*? E o dinheiro desviado de contratos públicos? E os carros importados e depósitos no exterior? (Plínio Fraga, *Folha de S.Paulo*, 23/3/2006: A2)

Depois do anúncio de Efraim, o senador Tião Viana (PT-AC) disse que a medida tem objetivo "eleitoral". "Se eles [da oposição] querem esticar a corda, nós não vamos concordar. Eles deviam saber que *denuncismo* não está mais dando votos", ironizou o senador. (*Folha de S.Paulo*, 8/3/2006: A5)

A crise política vem impedindo a análise isenta das realizações do governo Lula. Sob o manto do *denuncismo*, desaparecem fatos positivos de grande relevância, frutos do trabalho árduo do governo e do país. (Aloizio Mercadante, *Folha de S.Paulo*, 29/1/2006: B2)

Em 3 de outubro, (Lula) disse que "o povo precisa ter cautela porque o *denuncismo* ficou solto". Segundo o presidente, "as denúncias aparecem e depois não se concretizam, e fica o dito pelo não dito". "E não existe pedido de desculpas, não existe reparação, não existe retratação". (*Folha de S.Paulo*, 2/1/2006: A4)

Essa palavra não está registrada no *Vocabulário ortográfico* nem nos dicionários *Aurélio* e *Houaiss*; está consignada no *Borba*, mas não no sentido em que está sendo usada. Ela é formada do radical do termo *denúncia*, a que se acrescenta o sufixo *-ismo*. Como ela surgiu e que significa?

Sírio Possenti, em artigo intitulado "Observações sobre interdiscurso" (2003), mostra que há uma série de termos ou expressões cujo aparecimento resulta da relação polêmica entre os discursos. Todo discurso constitui-se em oposição a outro discurso. No embate entre eles, constrói-se um simulacro da palavra do outro. Com efeito, não se combate o discurso alheio, mas uma imagem que se cria dele a partir das categorias semânticas do discurso que polemiza com ele. Nessa relação polêmica, certos termos ganham existência para expressar esse simulacro.

É o que ocorre com o vocábulo *denuncismo*. Enquanto a *denúncia* é o "ato de dar a conhecer crime ou falta alheia", o *denuncismo* é o "ato de fazer denúncias sistemáticas, sem base na realidade, apenas para auferir vantagens políticas, etc.". Se segmentarmos o campo do discurso político, vemos que nele se confrontam pelo menos dois discursos: o da oposição, que faz denúncias de corrupção ou de incompetência, e o da situação, que rebate as afirmações oposicionistas. Nesse embate, os situacionistas constroem um simulacro do discurso oposicionista: não é o discurso da denúncia, mas é o do denuncismo, ou seja, um discurso que não merece qualquer credibilidade. O termo serve, então, para desqualificar a palavra da oposição. No entanto, não é o radical que tem esse sentido desqualificante, é o sufixo *-ismo*.

Esse fato leva-nos a repensar o papel dos sufixos. Nossas gramáticas dizem que, enquanto o prefixo tem um sentido bem determinado, o sufixo apresenta um valor genérico, servindo, em geral, para formar uma nova palavra, emprestando ao radical uma ideia acessória e marcando-lhe a classe (substantivo, adjetivo, verbo, advérbio) a que pertence. Isso é verdade para o domínio da língua. Entretanto, no discurso, o sufixo pode ter uma função argumentativa, como, por exemplo, a de desqualificar o discurso do outro ou ridicularizá-lo. Nem sempre, evidentemente, os sufixos criam simulacros do discurso alheio, podem ter outras funções no jogo argumentativo. No capítulo 9 do romance *Clarissa*, de Érico Veríssimo, aparece este diálogo entre Nestor e Couto:

– Por falar em trabalho, tio Couto, quando é que o senhor começa?
O rosto do marido de D. Zina assume uma expressão grave. E é com voz dura que ele responde, dedo indicador no ar:
– Olhe, moço, eu já estou com quase cinquenta anos: não admito ironias. Fique sabendo que trabalho desde os quinze. Você nem era nascido e eu já trabalhava! Há seis meses que estou sem emprego, é verdade, mas não é por gosto. Uma coisa que pode acontecer a qualquer um...
– Mas o senhor se zangou, tio Couto? Ora, eu não tive a intenção...
O dono da casa dobra calmamente o guardanapo.
– Eu não me zanguei – diz. – Mas há certas coisas que não caem bem, j'ouviu? Há coisinhas, palavrinhas, sorrisinhos que ferem, que irritam, que fazem mal, j'ouviu. É bom não repetir a brincadeira.

Nesse diálogo, em que Couto se irrita com Nestor, por este ter ironizado o fato de ele não arrumar emprego, há uma passagem interessante, em que ele diz "há coisinhas, palavrinhas, sorrisinhos que ferem, que irritam, que fazem mal..." O uso das formas diminutivas indica que se trata de coisas, palavras ou sorrisos com uma intenção maldosa. O sufixo não assinala atenuação ou diminuição, mas desmascara as intenções do outro, pondo-se em polêmica frontal com ele.

Muitos pressupostos, apresentados como evidências ou verdades, são, na verdade, proposições ideológicas próprias de uma dada formação social numa determinada época. Por exemplo, quando uma pessoa diz *Ele é argentino, mas não é arrogante*, está transmitindo sob a forma pressuposicional a ideia de que todos os argentinos são arrogantes, o que é um preconceito.

A chamada linguagem politicamente correta tem um conteúdo argumentativo muito forte, porque estigmatiza alguns termos e promove outros como maneiras supostamente neutras de falar. A linguagem politicamente correta merecerá, mais adiante, uma discussão mais aprofundada.

Ambiguidade e vagueza da linguagem

A ambiguidade e a vagueza são inerentes à linguagem natural. De um lado, os termos são polissêmicos, ou seja, têm mais de um significado; de outro, o sentido constitui-se na contradição, na polêmica com outros discursos e, por isso, as formações discursivas revelam interpretações e apreciações conflitantes.

A maior parte dos termos da língua não é unívoca. Ao contrário, as palavras possuem vários significados. É essa propriedade da linguagem que permite os jogos de palavras. Conta-se que Emílio de Menezes, quando soube que uma mulher muito gorda se sentara no banco de um ônibus e este quebrara, fez o seguinte trocadilho: É a primeira vez que vejo um banco quebrar por excesso de fundos. A palavra *banco* está usada em dois sentidos: "móvel comprido para sentar-se" e "casa bancária". Também está empregado em dois significados o termo *fundos*: "nádegas" e "capital, dinheiro". A mesma coisa ocorre com o lexema *quebrar*, que denota tanto "quebrar, romper, reduzir a pedaços" quanto "entrar em falência".

Por outro lado, não temos acesso direto à realidade, ele sempre vem mediado pela linguagem, que não é neutra. As relações interdiscursivas, que são contraditórias, determinam um ponto de vista na interpretação dos fatos e acontecimentos. Estamos em lugares discursivos diferentes se, ao discutir os acontecimentos bélicos na faixa de Gaza, dissermos que um soldado israelense foi apanhado, sequestrado ou capturado pelos militantes do Hamas; que os que pertencem a este movimento são terroristas, militantes ou soldados; que a entrada do exército de Israel em Gaza é uma invasão ou uma resposta a um ataque. A mesma coisa acontece se, ao discutir o problema da moradia, dissermos que os sem-teto invadiram ou ocuparam um prédio vazio. O MTST (Movimento dos Trabalhadores Sem Teto) repudia o uso da palavra invasão e vale-se do termo ocupação para denominar sua forma de agir. Guilherme Boulos, líder do MSTS, explica a diferença entre invadir e ocupar:

> Invadir, como costuma usar aqui o *Estado*, se referiria a você entrar em um lugar que já está ocupado por alguém. Invadir é o que os Estados Unidos fizeram no Iraque. Chegar com tropas e matar. É o que Israel faz na Palestina, na Faixa de Gaza, na Cisjordânia. Isso é invadir. Ninguém vai chegar na tua casa e dizer: estamos entrando aqui. Isso é invadir. Isso o MSTS não faz. Ocupar é tomar lugares ociosos. (*O Estado de S. Paulo*, 6/7/2014: A20)

Um artigo escrito por Ethan Broner mostra, com clareza, como cada espaço discursivo põe em evidência certos sentidos para os mesmos termos e apaga outros ou denomina diferentemente os "mesmos acontecimentos":

Faisal Husseini, líder palestino que morreu em 2001, costumava contar uma história sobre sua primeira visita a Israel. A guerra de 1967 tinha terminado havia pouco tempo, as fronteiras foram subitamente abertas e ele decidiu dirigir-se até Tel-Aviv, sendo em algum momento detido por um policial israelense. Seguiram-se perguntas e respostas. Em determinado momento, o policial disse: "Devo informá-lo, como sionista orgulhoso, de que..." Nesse ponto, Husseini caiu na gargalhada. "O que há de tão engraçado?", perguntou o policial. "Nunca ouvi alguém referir-se ao sionismo sem demonstrar desprezo. Não fazia ideia de que poderia haver algo como um sionista orgulhoso", respondeu Husseini. [...]

Entre os israelenses, "sionismo" está envolto numa espécie de brilho celestial, sugerindo sacrifício e nobreza. Mas no restante do Oriente Médio, "sionismo" representa roubo, opressão, racismo. O muro que cruza a Cisjordânia é uma "muralha" para os palestinos e uma "cerca" para Israel. O conflito de 1948, que criou Israel, é a "Guerra da Independência" para uns, a "Catástrofe" para outros. [...]

Além disso, [...] duas narrativas de guerra fazem parte de uma história mais ampla. Um lado diz que, após milhares de anos de opressão, a nação judaica retornou a seu território de direito. Ela veio em paz e ofereceu aos vizinhos um aperto de mão, tendo que como resposta a espada. [...]

O outro lado conta uma história diferente: não existe nação judaica, apenas um conjunto de seguidores de uma religião. Um grupo de colonialistas europeus chegou aqui, roubou e pilhou, expulsando centenas de milhares de suas casas e destruindo suas vilas e lares. (*O Estado de S. Paulo*, 11/1/2009: A12)

A interdiscursividade, o dialogismo, estabelece o que Maingueneau vai denominar uma interincompreensão generalizada, pois cada discurso vê o sistema semântico do Outro em termos de categorias negativas do seu próprio discurso (1984: 109-33). Esse ponto será explicitado e exemplificado mais adiante.

Objetividade, imparcialidade e neutralidade

Nas cartas dos leitores, aparecem inúmeras reclamações a respeito da parcialidade dos jornais na cobertura dos acontecimentos, principalmente aqueles que suscitam posicionamentos apaixonados na sociedade: as campanhas eleitorais, a guerra entre Israel e os palestinos, etc.

Muitos jornais dizem que buscam a objetividade, a imparcialidade e a neutralidade na transmissão de notícias. Afirmam que expressam seus pontos de vista apenas nos editoriais. A maioria dos manuais de jornalismo explica que as matérias jornalísticas se dividem em informativas e opinativas. Estas apresentam a opinião do jornal ou de colaboradores. Aquelas relatam informações. Tal distinção supõe que as notícias sejam narradas de maneira imparcial, neutra e objetiva. Entretanto, em qualquer construção linguística, a objetividade, a neutralidade e a imparcialidade são impossíveis, pois a linguagem está sempre carregada dos pontos de vista, da ideologia, das crenças de quem produz o texto, como, aliás, reconhece o *Manual da redação* da *Folha de S.Paulo* (2001: 45).

A seleção das palavras para identificar seres e denominar acontecimentos já revela um ponto de vista acerca dos "fatos". Não temos acesso direto à realidade, ele sempre vem mediado pela linguagem, que não é neutra. Os *black blocs* são um grupo ou um bando? São ativistas ou vândalos e bandidos, militantes ou baderneiros, defensores de uma causa ou desordeiros? Diego Costa, jogador brasileiro naturalizado espanhol, foi um traidor, um oportunista ou fez uma legítima opção profissional, ao jogar a Copa do Mundo de 2014 pela seleção espanhola? Zuñiga, jogador colombiano responsável pela lesão de Neymar no jogo Brasil *vs*. Colômbia, na Copa do Mundo de 2014, fez "uma falta dura, mas normal num jogo de contato", "deu uma entrada desleal", "entrou com maldade para quebrar o jogador brasileiro"? O zagueiro colombiano é um "um jogador viril", "um adversário desleal", um "delinquente desalmado"? A escolha de uma palavra implica uma interpretação, feita a partir de um dado ponto de vista. É o que mostra o jornalista Jânio de Freitas:

> Se é para ficar em palavras, eis um acréscimo feito agora ao vocabulário do jornalismo: os milicianos palestinos apanhados pelos israelenses são ditos "presos"; o tenente israelense apanhado pelos palestinos é "sequestrado". (*Folha de S.Paulo*, 5/8/2014)

Além disso, a seleção, a hierarquização e as conexões do que se relata também implicam um posicionamento. É muito diferente dizer *Pedro é um bom jogador, mas é um desagregador do grupo* e *Pedro é um desagregador do grupo, mas é bom jogador*. No primeiro caso, não se gostaria de ter Pedro no time para o qual se torce; no segundo, sim. Muitas vezes, uma manchete não expressa com exatidão o que aparece na notícia.

A objetividade é um efeito de sentido construído pela linguagem. Para isso, quem escreve se vale de diferentes procedimentos. Um deles é não projetar o *eu*, que relata, no interior do texto. Dessa forma, parece que os fatos se narram a si mesmos. É completamente diverso dizer *O Congresso atua em causa própria* e *Eu penso que o Congresso atua em causa própria*. No primeiro caso, tem-se a impressão de que o fato é contado da maneira que é. No segundo, o efeito que se constrói é de mera opinião.

Se o que se apresenta não são fatos, mas interpretações, os jornais são inúteis, para nos informarmos?

A resposta é não, se eles tiverem um compromisso com a exatidão e o equilíbrio.

Exatidão significa que o que se narra não pode ser forjado, mas deve poder ser verificado por qualquer pessoa. Mesmo que o que se conta seja uma interpretação e não um fato, é preciso que o que deu origem à interpretação possa ser atestado por outrem. Se se diz que a prefeitura X comprou merenda acima do preço de mercado, isso será exato na medida em que qualquer pessoa, de posse das planilhas de preço, chegar à mesma conclusão. Dizer ou insinuar que se trata de superfaturamento resultante de corrupção ou de sobrepreço derivado da burocratização dos processos licitatórios é da ordem da interpretação. Os jornais precisam substituir o ideal da objetividade, da imparcialidade e da neutralidade, que não se pode alcançar, pelo da exatidão e da fidelidade, que também são muito difíceis de atingir.

Equilíbrio quer dizer, de um lado, oferecer o mesmo espaço a pontos de vista diversos; de outro, apresentar sempre o outro lado da história, ou seja, mostrar diferentes interpretações a partir de óticas distintas. Isso é necessário, pois o que um jornal, de fato, oferece a seus leitores são interpretações distintas, para que ele forme sua opinião, tome sua posição, formule seu ponto de vista. No entanto, os jornais não podem, em nome do ouvir os dois lados, pôr em pé de igualdade fatos e opiniões, notícias verdadeiras e *fake news*. Como disse Flavia Lima, *ombudsman* da *Folha de S.Paulo*:

> O mais duro é que, às vezes, a imprensa contribui para empurrar a verdade para o brejo. Na seção "Tendências / Debates" do último sábado (8), o jornal decidiu perguntar se o design inteligente, tido como vertente do criacionismo, seria uma teoria científica válida.
> Como disse um leitor, em nome de um suposto equilíbrio jornalístico, o jornal colocou em discussão – e em pé de igualdade – séculos de constatações científicas. Útil ao ambiente de confusão ou não? (*Folha de S.Paulo* online, 16/2/2020)

Ainda a ambiguidade linguística

O cabeçalho de um artigo publicado na *Folha de S.Paulo* (27/7/2001: B3) dizia *Código defenderá cliente de banco*. Essa frase é ambígua, pois tem dois sentidos possíveis: a) código agirá em defesa dos clientes contra os bancos; b) código protegerá de um perigo os clientes de banco. Uma construção é ambígua, quando ela se presta a mais de uma interpretação. No nosso caso, a dupla interpretação ocorre porque a colocação da expressão *de banco* permite entendê-la como complemento do verbo ou como adjunto adnominal.

A ambiguidade e a vagueza, como vimos anteriormente, são inerentes à linguagem natural, porque, de um lado, a maior parte das palavras é polissêmica, e, de outro, porque há pontos de vista contraditórios na compreensão dos fatos e dos acontecimentos. Diante dessa realidade, poder-se-ia pensar que não há nenhuma possibilidade de um mínimo de compreensão e que não devemos preocupar-nos com a questão da ambiguidade.

Na verdade, o contexto resolve a maioria dos casos de polissemia e o conhecimento das contradições discursivas permite-nos saber de que lugar social fala alguém. Apesar disso, há outros tipos de ambiguidades que devem ser evitadas. Elas são de dois tipos: lexicais e sintáticas.

As primeiras são aquelas construções em que um termo admite mais de um significado, ou seja, aquelas em que o problema da polissemia não é resolvido pelo contexto. Na frase *O cadáver do índio Galdino foi encontrado perto de um banco*, a palavra *banco* pode significar tanto "assento estreito e duro para mais de uma pessoa" e "estabelecimento mercantil de crédito". Em *Meus filhos viram feras no zoológico*, a forma *viram* pode ser a terceira pessoa do plural do presente do indicativo do verbo *virar*, que quer dizer "tornar-se", ou a terceira pessoa do plural do pretérito perfeito do indicativo do verbo *ver*, que significa "contemplar". Em *O arquivo está sendo restaurado*, o vocábulo *arquivo* pode denotar "móvel para a guarda de documentos", "conjunto de documentos", "órgão que se destina à guarda de documentos", "prédio em que se localiza esse órgão".

A ambiguidade sintática é aquela em que a dupla interpretação deriva da combinatória das palavras. Na frase *Pessoas que não fazem exercício habitualmente têm problemas de saúde*, não se sabe se o advérbio *habitualmente* se refere a fazer exercícios ou a ter problemas de saúde. Em *Pedro foi à casa de João em seu carro*, há duas interpretações: Pedro foi à casa de João no seu próprio carro ou no carro de João. Em *Antônia disse a minha irmã que seu namorado estava traindo-a*, a pessoa traída pode ser Antônia ou minha irmã, pois *seu namorado* pode ser tanto o namorado de uma quanto de outra. Em *O ladrão atirou no policial caído no chão*, quem está caído pode ser o ladrão ou o policial. Em *Ela não sofre mais, porque ele foi embora*, a causa do sofrimento pode ser o fato de ele ter ido embora como também isso pode ser o motivo de ela não sofrer, pois ela sofria com a sua presença. Em *Soube do assalto lá no escritório*, há dois sentidos possíveis: tomei conhecimento, quando estava no escritório, de um determinado assalto e tomei conhecimento de um dado assalto ao escritório. *Em Ângela pegou a caixa vazia do presente que estava em cima da mesa*, não se sabe se o que estava em cima da mesa é a caixa vazia ou o presente.

Além dos casos de ambiguidade, há certos equívocos que, relembrando, derivam do uso, nos raciocínios lógicos, de palavras com mais de um sentido. Por exemplo, nos silogismos, o termo médio aparece duas vezes, uma na premissa maior e uma na menor. Ele não pode, porém, ocorrer com dois sentidos diferentes em cada uma das proposições, porque o raciocínio se torna equivocado. Tome-se, por exemplo: *Toda estrela é um corpo em órbita no espaço. Cláudia Raia é uma estrela. Logo, Cláudia Raia é um corpo em órbita no espaço.* Nesse caso, *estrela* quer dizer "corpo celeste com luz própria" na premissa maior e "celebridade do entretenimento" na premissa menor. Quando o termo médio tem dois sentidos diferentes, o silogismo tem quatro termos e não três, como determina uma das regras formuladas pelos escolásticos sobre esse tipo de raciocínio: os termos são três, o médio, o maior e o menor. O mesmo problema apresenta o silogismo: *Todo cão come carne. O cão é uma constelação. Logo, uma constelação come carne.* *Cão* significa "cachorro" na premissa maior e "grupo de estrelas denominado cão" na menor.

Um caso clássico de mudança de significado dos termos é:

Quanto mais você estuda, mais você sabe.
Quanto mais você sabe, mais você esquece.
Quanto mais você esquece, menos você sabe.
Então, estudar é inútil.

À medida que aprendemos mais, podemos esquecer mais, mas isso não quer dizer que, no total, sabemos menos.

Marcadores argumentativos

Não podemos confiar no uso dos marcadores argumentativos, como *assim* ou *portanto*, para determinar se um argumento é logicamente adequado, pois nem sempre eles introduzem um ato de fala que expressa a conclusão de um argumento lógico. Em *Eu estava cansado. Assim, parei de trabalhar*, o marcador *assim* indica causa e não conclusão. A mesma coisa acontece em *Os sinais de pontuação demarcam a frase e o direcionamento de leitura. Assim, contribuem para o direcionamento da leitura*, em que *assim* quer dizer "por causa disso". Em *Vou lá hoje, assim, se você quiser, vamos juntos*, o *assim* aponta para a continuação do discurso e, por isso, tem um sentido próximo ao de uma conjunção aditiva. Em *O rapaz é inteligente.*

Portanto, será aprovado no concurso, o *portanto* não conduz a uma conclusão logicamente necessária. Ela apresenta antes uma expectativa plausível, significando "por causa disso". A polissemia faz parte das línguas naturais.

Nem sempre é verdadeiro que, na fala cotidiana, o antecedente de um raciocínio da forma *se... então* expressa uma condição suficiente e não necessária. Muitas vezes, a validade do raciocínio é orientada pragmaticamente. Considera-se adequado o raciocínio *Choveu. A grama está molhada*. Se formos, porém, pensá-lo do ponto de vista lógico, veremos que não se sustenta: *Se chove, a grama fica molhada. A grama está molhada. Portanto, choveu*. Isso porque o antecedente afirma uma condição suficiente. Por conseguinte, há um erro lógico, em que a confirmação do antecedente é inferida a partir da afirmação do consequente. No entanto, pragmaticamente, é perfeito inferir que choveu, em razão do estado da grama. Se o argumento não é dedutivamente válido, é indutivamente plausível.

O pai diz ao filho *Se você não trouxer as compras para dentro agora, não poderá ir brincar com seus amigos*. O filho traz as compras para dentro e pergunta ao pai: *Posso ir brincar com meus amigos?* O pai responde: *De maneira nenhuma, o que eu lhe disse é que, se não trouxesse as compras para dentro, você não poderia ir brincar com seus amigos*. Do estrito ponto de vista lógico, a conclusão do filho não se justifica, pois a negação do consequente se conclui a partir da negação do antecedente. No entanto, do ponto de vista pragmático, o raciocínio é perfeito, pois uma das máximas conversacionais é a da quantidade, que determina que seja dada toda a informação necessária para a compreensão do ato de fala. Assim, o filho tem o direito de acreditar que o pai lhe deu toda a informação de que necessita para ter permissão para ir brincar com os amigos. Do ponto de vista pragmático, o antecedente é tanto a condição necessária quanto a suficiente. O raciocínio do pai pode estar correto de acordo com os postulados da lógica, mas viola a ética da informação.

A linguagem natural tem sua própria lógica, o que leva a que, no seu uso cotidiano, nem sempre se possam aplicar as leis da Lógica.

A linguagem politicamente correta

No conto "Negrinha", de Monteiro Lobato, há a seguinte passagem: "A excelente Dona Inácia era mestra na arte de judiar de crianças." No capítulo III, de *Clara dos Anjos*, de Lima Barreto, aparece o trecho que segue: "Marramaque, poeta *raté*, tinha uma grande virtude, como tal: não denegrir os companheiros que subiram nem os que ganharam celebridade." Em Machado de Assis, no conto "Aurora sem dia", lê-se: "Ah! meu amigo, [...] não imagina quantos invejosos andam a denegrir meu nome." Diante desses textos não faltaria quem apontasse o dedo acusador para os três autores, qualificando-os de racistas. Afinal, *denegrir* significa "diminuir a pureza, o valor de; conspurcar, manchar" e é construído com a mesma raiz da palavra *negro*; *judiar* quer dizer "tratar mal física ou moralmente, atormentar, maltratar" e é formado a partir do termo *judeu*. Mas será que podemos fazer essa acusação? Machado e Lima Barreto eram descendentes de negros; Lobato posicionou-se contra o nazi-fascismo.

A linguagem politicamente correta é a expressão do aparecimento na cena pública de identidades que eram reprimidas e recalcadas: mulheres, negros, homossexuais, etc. Revela a força dessas "minorias", que eram discriminadas, ridicularizadas, desconsideradas. Pretende-se, com ela, combater o preconceito, proscrevendo-se um vocabulário que é fortemente negativo em relação a esses grupos sociais. A ideia é que, alterando-se a linguagem, mudam-se as atitudes discriminatórias.

Em 2004, a Secretaria de Direitos Humanos da Presidência da República publicou uma cartilha intitulada *Politicamente correto e direitos humanos*, em que mostrava que determinadas palavras, expressões e anedotas revelam preconceitos e discriminações contra pessoas ou grupos sociais. Essa publicação gerou muita polêmica e levou o governo a recolhê-la. Muitos intelectuais proeminentes acusaram o governo de estar instaurando a censura (por exemplo, João Ubaldo Ribeiro, no artigo "O programa Fala Zero", publicado em *O Estado de S. Paulo*, de 8/5/2005: D3, e Ferreira Gullar, no artigo "A coisa está branca", publicado na *Folha de S.Paulo*, de 15/5/2005: E12). Declaravam que se tratava de um ato autoritário de um governo que pretendia até mesmo controlar o que as pessoas dizem; que o poder público tinha coisas mais importantes, como a educação e a saúde, com que se preocupar. Chegaram a afirmar que poderíamos ser presos, se disséssemos alguma coisa que contrariasse as normas linguísticas governamentais. Bradavam que se pretendia engessar a língua, impedindo o seu desenvolvimento.

Não vamos fazer a maldade de argumentar, dizendo que chama atenção que esses furiosos críticos do governo (no geral, articulistas dos principais jornais do país) não tivessem tido a mesma irada reação quando os jornais em que escrevem vetaram o uso, em suas páginas, de uma série de palavras ou expressões por denotar preconceito, discriminação ou ofensa em relação a determinados grupos sociais (conferir, por exemplo, o verbete "preconceito" do *Manual de redação* da *Folha de S.Paulo* (2001: 94) ou o verbete "ética interna" do *Manual de redação e estilo* de *O Estado de S. Paulo* (1990: 34-8)).

A linguagem politicamente correta leva-nos a pensar em uma série de aspectos a respeito do funcionamento da linguagem. O primeiro é que, como já ensinava Aristóteles, na *Retórica*, aquele que fala ou escreve cria, ao produzir um texto, uma imagem de si mesmo (I, II, IV, 1356a). Sem dúvida nenhuma, a presença de certas palavras num determinado texto faz que ele seja racista, machista, etc., criando uma imagem de que seu autor é alguém que tem preconceito contra as mulheres, os negros, os índios, os homossexuais e assim por diante. O que é preciso saber é se combater o uso de palavras ou expressões que patenteiam a discriminação é um instrumento eficaz de luta contra ela.

De um lado, é verdade que a linguagem modela sentimentos e emoções. Se alguém sempre ouviu certos termos ou expressões, como *negro*, *bicha* ou *coisa de mulher*, ditos com desdém ou com raiva, certamente vai desenvolver uma atitude machista ou racista. Quem é tratado com gritos ou com ameaças seguramente não vai introjetar atitudes de bondade ou doçura. Portanto, usar uma linguagem não marcada por fortes conotações pejorativas é um meio de diminuir comportamentos preconceituosos ou discriminatórios. De outro lado, porém, é preciso atentar para dois aspectos. O primeiro é que o cuidado excessivo na busca de eufemismos para designar certos grupos sociais revela a existência de preconceitos arraigados na vida social. Se assim não fosse, poder-se-ia empregar, sem qualquer problema, por exemplo, o vocábulo *negro*, sem precisar recorrer à expressão *afrodescendente*. Em segundo lugar, os defensores da linguagem politicamente correta acreditam que existam termos neutros ou objetivos, o que absolutamente não é verdade. Todas as palavras, ensina Bakhtin, são assinaladas por uma apreciação social (1979: 118). Considera-se que os termos *bicha, veado, fresco* são mais preconceituosos que a designação *gay*. Isso é parcialmente verdadeiro, pois os três primeiros estão marcados por pesada conotação negativa. No entanto, o termo *gay* também vai assumindo valor pejorativo, tanto que, à semelhança do aumentativo *bichona* e do diminutivo *bichinha*, criaram-se *gayzaço* e *gayzinho*. Isso ocorre porque as condições de produção de discursos sobre a mulher, o negro, o homossexual, etc. são as de existência de fortes preconceitos em nossa formação social. Isso significa que não basta mudar a linguagem para que a discriminação deixe de existir. Entretanto, como a conotação negativa é uma questão de grau, não é irrelevante deixar de usar os termos mais fortemente identificados com atitudes racistas, machistas, etc.

Há, porém, duas posições dos defensores da linguagem politicamente correta que contrariam a natureza do funcionamento da linguagem e que, portanto, são irrelevantes para a causa que defendem. Para uma discussão mais aprofundada do assunto, vejam-se Possenti (1995) e Possenti e Baronas (2006). A primeira é a crença de que a palavra isolada carrega sentido e apreciação social. Na verdade, um termo funciona num discurso e não isoladamente. Por isso, nem todos os usos do vocábulo *negro* com valor negativo denotam racismo. Por exemplo, dizer que há racismo na expressão *nuvens negras no horizonte do país* é um equívoco, porque o sentido conotativo de "situação preocupante", que aparece no discurso político ou econômico, está relacionado à meteorologia, nada tendo a ver com raças ou etnias. Na verdade, considerar que a palavra exerce sua função independentemente do contexto é afirmar então que as expressões *passar em branco todos aqueles anos* ou *dar um branco,* no sentido de "passar sem ter realizado coisa alguma aqueles anos" ou "sofrer uma incapacidade de lembrar ou de raciocinar" são racistas. Na verdade, não são. A conotação é criada sobre o significado do branco no papel. *Sorrir amarelo* e *amarelar* significando, respectivamente, "sorrir de maneira contrafeita, forçada" e "perder a coragem numa situação difícil ou embaraçosa" não mantêm qualquer relação com preconceitos em relação aos orientais, mas estão ligadas aos sintomas físicos do medo, do embaraço. A mesma coisa ocorre com as expressões *ficou numa situação esquerda* (= desfavorável) ou *lançou um olhar esquerdo* (= de má vontade), que se relacionam à incapacidade de a maioria das pessoas usar os membros esquerdos e não a uma determinada posição política.

A outra posição que contraria o funcionamento da linguagem é o etimologismo. Etimologia é o estudo da origem e da evolução das palavras. Esse termo é constituído de duas palavras gregas, *étymos* (verdadeiro, real) e *lógos* (estudo, ciência), significando, inicialmente, "estudo do sentido verdadeiro". Ele surgiu num período em que se acreditava que a história era decadência, o que, na linguagem, significava que a evolução das línguas era uma degradação. Por isso, o sentido original era o sentido verdadeiro. Veja-se bem o substrato ideológico da busca de etimologias que foram esquecidas na marcha da história. Lembrá-las significa considerar que a história é decadência. De um lado, temos etimologias completamente falsas: por exemplo, quando se diz que, no termo *history*, há o pronome masculino *his*, porque a história reflete o ponto de vista dos homens, falseia-se completamente a origem dessa palavra, pois a raiz indo-europeia que deu origem a essa palavra é *-weid,* que indica a visão, que serve ao conhecimento. Dela derivam, por diferentes transformações fonéticas: ideia, ídolo, história, idílio, evidente, invejar, ver, prever, visitar, etc. Por outro lado, certas etimologias foram sendo esquecidas na evolução da língua. Não se percebe mais que *judiar* é formado a partir de *judeu* nem que *denegrir* é constituído com a raiz de *negro*. Por isso, não se pode dizer que Lobato, Machado e Lima Barreto, ao usar esses termos nos trechos que mostramos no início desta seção, tenham sido racistas. Não se remotiva, por um ato arbitrário de vontade, o que a língua desmotivou. Os sentidos mudam e não se volta atrás para restaurar o que a história da língua apagou.

Outra coisa que produz efeito contrário ao pretendido é o uso de eufemismos francamente cômicos, quando a língua não possui um termo "não marcado" para fazer uma designação que é vista como preconceituosa: por exemplo, dizer "pessoa verticalmente prejudicada" em lugar de *anão*; "pessoa de porte avantajado" em vez de *gordo*; "pessoa em transição entre empregos" por *desempregado*. Isso gera descrédito para os que pretendem relações mais civilizadas entre as pessoas. Por isso, as piadas já começam a surgir.

As palavras ferem. Por isso, para criar um mundo melhor, é importante usar uma linguagem que não machuque os outros, que não revele preconceitos, que não produza discriminações. É necessário, porém, que, para ter eficácia, esse trabalho sobre a palavra respeite a natureza e o funcionamento da linguagem.

O ACORDO PRÉVIO

O jornal *Folha de S.Paulo*, em editorial de 17/2/2009, diz o seguinte:

> Mas, se as chamadas "ditabrandas" – caso do Brasil entre 1964 e 1985 – partiam de uma ruptura institucional e depois preservavam ou instituíam formas controladas de disputa política e acesso à Justiça –, o novo autoritarismo latino-americano, inaugurado por Alberto Fujimori no Peru, faz o caminho inverso.

Houve inúmeros protestos contra o fato de o diário ter considerado a ditadura brasileira uma ditabranda. Há vários desacertos no uso desse termo. Vamos analisar apenas um deles. Com o uso do adjetivo *chamadas* antes do substantivo *ditabrandas*, o editorialista quis indicar que esta designação é de uso corrente, admitido por todos.

Para estabelecer uma diferença entre dois termos, é preciso que haja entre eles uma identidade. Pode-se opor *homem* a *mulher*, porque a distinção entre os dois repousa no eixo semântico da *sexualidade*. No entanto, não se pode contrapor *sorvete* a *poste*, porque entre eles não há nada em comum.

Os parceiros de uma discussão devem sempre partir de um ponto comum entre eles e defender ideias opostas a partir dele. Caso contrário, a interação não leva a nada, pois o que um diz nada tem a ver com o que o outro afirma. Pode-se divergir sobre qual é o melhor programa de governo numa disputa política apenas se os debatedores julgarem que a ação política é significativa. Não terá nenhum sentido a defesa do programa político de um candidato por um debatedor se o outro achar que a participação política não tem sentido.

O ponto de partida comum pode ser um fato (por exemplo, "A dengue é transmitida pelo mosquito *Aedes aegypti*"); uma suposição (como "Todos os políticos são corruptos"); um valor (por exemplo, "A pedofilia é inaceitável"); uma norma (como "Não se pode fazer publicidade de bebidas"); uma hierarquia de valores (por exemplo, "O conteúdo das provas é mais importante do que a forma como foram obtidas"), etc.

Os pontos comuns podem ser acordados explicitamente no início da discussão e continuarão válidos ao longo dela. No entanto, isso é uma exceção. Normalmente, o ponto de partida comum é uma suposição, que está implícita.

O ponto de partida comum não pode ser questionado. Isso não quer dizer que não o seja. Nesse caso, porém, ele converte-se numa proposição em desacordo e uma nova discussão começa.

Os parceiros, ao considerar uma proposição como sendo um ponto de vista comum, admitem-na como aceitável. Eles não precisam aceitá-la de fato, pois podem não ser sinceros. Isso, no entanto, não tem a menor importância para a análise. O que realmente é significativo é que eles a tratam como se, de fato, estivessem de acordo com ela.

Por outro lado, certos pontos de partida são adotados, provisoriamente, como quando se estabelecem hipóteses ou quando se assumem premissas numa prova condicional: "Suponhamos que a crise se abata com toda a força sobre o Brasil"; "Se o crescimento ultrapassar os dez por cento, haverá um colapso de energia". Se assim não fosse, não se poderia usar o método da *reductio ad absurdum* (redução ao absurdo), tão valorizado em lógica: é um tipo de argumento em que se assume uma proposição como verdadeira, a fim de verificar se ela leva a uma contradição ou a uma consequência absurda, que indica que, na verdade, ela é falsa. Por exemplo, "O leitor é que põe sentido no texto. Por conseguinte, o texto do outro não existe. Há apenas o meu texto".

No entanto, numa discussão as coisas não se passam exatamente dessa maneira. Pode-se jogar com os pontos de partida comuns. Pode-se, por exemplo, apresentar como acordo prévio uma ideia que, de fato, não o é.

Nem sempre é fácil determinar se alguém está usando essa estratégia, pois, em geral, não se explicitam claramente as proposições que têm o estatuto de ponto de partida comum.

Entretanto, o objetivo dessa manobra é muito claro: ao considerar uma ideia como sendo um dado de um acordo, o que se faz é impedir que ela seja questionada ou pretender que ela não necessita de defesa. Foi o que fez a *Folha de S.Paulo* com a expressão "as chamadas ditabrandas". Deu a esse termo o estatuto de conceito admitido por todos.

Para dar a impressão de que uma proposição não precisa de defesa, pode-se introduzi-la com orações ou expressões que indicam que seu conteúdo é compartilhado por todos os que pensam de maneira adequada, o que inclui o antagonista: não é necessário sequer dizer...; é evidente para todos...; obviamente...; é claro que...; é evidente que...; como sabe até uma criança; não cabe na cabeça de ninguém; evidentemente, não preciso lembrar-lhe de que...

> Querem dar mais dinheiro público aos políticos. Parece um insulto, e é um insulto. Também é um esforço em favor do que a Justiça chama de "crime continuado". Não existe, como sabe uma criança com 10 anos, absolutamente nenhuma razão para justificar uma coisa dessas; é impossível, de qualquer ponto de vista lógico, citar um único benefício que qualquer cidadão brasileiro poderia obter com o "financiamento público" da campanha eleitoral, como se apresenta essa aberração – salvo os próprios políticos, é claro [...]. Cabe na cabeça de alguém que um candidato precise gastar 300 milhões para se eleger? (J. R. Guzzo, *Veja*, 19/4/2017: 66-67)

É muito frequente que expressões desse tipo sejam empregadas para dar a entender que há um grau de acordo, que, de fato, não existe. Elas são usadas para tentar introduzir indevidamente uma proposição entre os pontos de partida comuns.

Outra forma de evitar que a proposição seja debatida é colocá-la em posição secundária na formulação, não chamando a atenção sobre ela. Uma maneira de fazê-lo é não a declarar explicitamente, mas apresentá-la sob a forma de pressuposição: em vez de dizer "O governo não está consciente da gravidade da crise", afirma-se "É surpreendente que o governo não esteja consciente da gravidade da crise". Nesse caso, a ideia que se quer transmitir não é apresentada como tal, mas declara-se a surpresa com a atitude governamental, enquanto se dá como certo que o governo não está consciente da gravidade da crise.

AINDA SOBRE O ACORDO PRÉVIO

O deputado Sérgio Moraes, relator, no Conselho de Ética da Câmara Federal, do processo que analisava as acusações de desvio de dinheiro público pelo deputado Edmar Moreira, respondendo a jornalistas que cobravam dele uma atitude rigorosa sobre o caso, disse: "Eu estou me lixando para a opinião pública! Até porque a opinião pública não acredita no que vocês escrevem. Vocês batem, batem e nós nos reelegemos mesmo assim" (*Veja*, 13/5/2009: 69).

Todo debate de ideias divergentes, como se mostrou anteriormente, assenta-se num patamar mínimo de acordo. Não suscitaria polêmica uma excomunhão pelo arcebispo de Recife dos médicos que fizeram aborto numa menina de 9 anos, estuprada pelo padrasto, se não se considerasse dotada de alguma relevância a atitude eclesiástica de excomungar alguém. Há, pois, um ponto de vista comum numa discussão.

No entanto, durante um debate real, diferentes estratégias permitem jogar com esse ponto de partida comum.

A primeira é negar ou pôr em dúvida uma premissa que, implícita ou explicitamente, deveria ser considerada um acordo inicial. Foi o que fez o deputado Sérgio Moraes. Por isso, sua afirmação causou tanto escândalo. Com efeito, quando se discute o papel dos deputados, a forma como são eleitos, etc., parte-se sempre da ideia de que eles são representantes do povo e, portanto, devem prestar contas aos representados. Negar essa premissa é recusar o ponto de vista comum no debate sobre a representação política.

A segunda é apresentar uma premissa que não é um ponto de partida comum como se fosse. Pode-se fazer isso expondo o falso ponto de vista comum sob a forma de uma pressuposição, que pode ser introduzida por um adjetivo, um substantivo, etc. Quando se diz *A eleitoreira política assistencial do governo não melhora a vida dos mais pobres*, o que se faz é inserir na discussão, como se fosse um ponto de vista comum, a tese de que a política assistencial do governo não melhora a vida dos mais pobres. Se se começa a divergir sobre a ideia de que ela é eleitoreira, aceita-se o que foi introduzido sob a forma de pressuposição como verdade. A mesma coisa ocorre quando se afirma: *É uma ilusão de qualquer governo pensar que o PMDB possa estar unido em seu apoio*. Enquanto se discute se os governos se iludem ou não com o PMDB, admite-se a tese de que esse partido jamais está unido na adesão a um governo.

Outra forma de apresentar um falso ponto de partida comum é defender uma tese por meio de uma premissa equivalente ao que está em discussão. Nesse caso, a proposição em questão é o que está em debate e, portanto, não pode ser o ponto de vista comum. Esse raciocínio é conhecido com o nome latino de *petitio principii* (petição de princípio), que consiste em demonstrar uma tese com um equivalente ou sinônimo do que deve ser demonstrado. Trata-se de um raciocínio circular, cuja forma mais simples é A, portanto A. Evidentemente, para que ele seja persuasivo, é preciso que as palavras que expressam as duas proposições A sejam ligeiramente diferentes. Por exemplo, quando se diz *João Paulo é* ciclotímico, *porque alterna períodos de excitação, euforia e hiperatividade com outros de depressão, tristeza e inatividade*, o que se fez foi explicar o significado do termo *ciclotímico*. No entanto, o que está em discussão é se João Paulo é ou não ciclotímico. Nesse caso, o sentido do termo é um ponto de vista comum, pois, para discutir se João Paulo é ou não ciclotímico, é preciso um acordo prévio sobre o que seja a ciclotimia. Defender o que está em disputa com o ponto de vista comum é falsear a discussão. Outros exemplos de petição de princípio são raciocínios como os seguintes: *Todos os professores são dedicados, porque eles se empenham na tarefa de ensinar*; *Os políticos são aproveitadores, porque só se preocupam em tirar vantagens dos cargos que ocupam*; *O nudismo é imoral, porque é uma ofensa à moral pública*; *Sou a pessoa mais indicada para o trabalho, porque, considerando minhas qualificações, eu sou a melhor pessoa para o trabalho*.

Um raciocínio circular ocorre também quando se expressa uma relação de identidade concomitante, em que A, porque B e B, porque A: *O papa é infalível em questões doutrinárias, porque o papa promulgou, sob a inspiração do Espírito Santo, uma declaração do Concílio Vaticano I que afirma essa infalibilidade*. Nesse caso o que se faz é asseverar que o papa é infalível, porque ele proclamou sua infalibilidade e essa proclamação é verdadeira, porque o papa é infalível.

VALORES E LUGAR-COMUM

A primeira operação da arte retórica é a invenção. Quando se fala em invenção, pensamos imediatamente em seu sentido atual, "criação *ex nihilo* (= a partir do nada) de algo novo", "concepção de algo original" e, portanto, raciocinamos em termos de criação de argumentos pelo enunciador. Entretanto, não era esse o sentido primeiro da palavra latina *inuentio*, mas "busca", "ação de encontrar", o que significa que a invenção era a busca pelo enunciador de argumentos disponíveis numa espécie de inventário, era a ação de encontrar argumentos em materiais já dados. Esses argumentos disponíveis eram os *tópoi* (= lugares). Os *tópoi* classificavam-se, segundo Aristóteles, em lugares próprios (*loci proprii*; *ídioi tópoi*) e lugares-comuns (*loci communes*; *koinói tópoi*). Como explica o Estagirita, na *Retórica*, os primeiros são aqueles específicos de uma ciência particular, em outras palavras, de um dado campo discursivo, enquanto os segundos podem ser utilizados em qualquer campo discursivo (I, II, 21-2, 1358a; II, XVIII, 1391b-1392a).

Os lugares próprios do campo discursivo jurídico aparecem sob a forma de máximas que enunciam os princípios gerais do Direito. Assim, o artigo 1º do Código Penal Brasileiro diz "Não há crime sem lei anterior que o defina. Não há pena sem prévia cominação legal." Esse princípio é o lugar da anterioridade da lei, expresso pelo brocardo latino *Nullum crimen, nulla poena sine lege* (= não há crime, não há pena sem lei). Outro lugar próprio é *Ignorantia juris non excusat* (= a ignorância da lei não é desculpa), que aparece no artigo 3º da Lei de Introdução às Normas do Direito Brasileiro, "Ninguém se escusa de cumprir a lei, alegando que não a conhece", e no *caput* do artigo 21 do Código Penal, "O desconhecimento da lei é inescusável". Esses dois lugares estão estreitamente ligados. Com efeito, se a ninguém a ignorância da lei serve de desculpa para a prática de um delito, então não pode haver crime sem uma lei prévia, porque, em não havendo lei, não se pode conhecê-la.

A questão é mais complicada no que concerne à definição do lugar-comum. Já na Antiguidade sua acepção não era unívoca. Diz Roland Barthes:

> Os lugares são, em princípio, formas vazias. Mas essas formas logo tiveram a tendência a se encher sempre do mesmo modo, a exprimir conteúdos, primeiro contingentes, depois repetidos e reificados. A Tópica tornou-se uma reserva de estereótipos, de temas consagrados, de "trechos" plenos, colocados quase obrigatoriamente no tratamento de qualquer assunto. Daí a ambiguidade histórica da expressão *lugares-comuns* (*tópoi koinói, loci communes*): 1) são formas vazias comuns a todos os argumentos (e quanto mais vazias, mais comuns); 2) são estereótipos, proposições muito repetidas. (1975: 197)

Duas são, pois, as definições mais correntes de lugar-comum. A primeira é de esquema argumentativo que pode ganhar os conteúdos mais diversos, é uma matriz semântica, um molde discursivo. É essa a concepção que Aristóteles tem do lugar-comum. Por exemplo, ele fala do lugar do mais e do menos. Nesse lugar, podem-se construir argumentos como: "Se os deuses não sabem tudo, menos ainda os homens; aquela pessoa pode ter agredido seu vizinho, porque já agrediu seu pai; em outras palavras, quem pode o mais pode o menos" (*Retórica* II, XXIII, 4, 1397b). No conto "Isto é o que você deve fazer", do livro *Amálgama*, de Rubem Fonseca, aparece o seguinte passo: "Quem mata um gato é capaz de matar uma pessoa? [...] Matava cães e gatos, mas não dizia palavras torpes."

Sendo uma matriz para um argumento, o lugar-comum serve de espaço para a construção de argumentos conflitantes. No exemplo dado, pode-se também enunciar o argumento de que quem pode o mais não pode necessariamente o menos. Assim, uma celebridade não pode fazer certas coisas que estão ao alcance do homem comum.

A segunda definição é de argumento pronto (por exemplo: a leniência da justiça induz ao aumento da violência). Nesse segundo sentido, o termo foi recebendo matizes diversos conforme a época: argumento já preparado; conteúdos fixos manifestados com figuras recorrentes; estereótipos, isto é, representações coletivas estáticas que orientam nossa ação; clichê. Então, o lugar-comum significa algo que é do conhecimento de todos. Nesse sentido, que não é o aristotélico, o lugar-comum pode apresentar-se como uma sentença, que, segundo o Estagirita, revela uma opinião comum, que é evidente, não precisa de provas (*Retórica*, II, XXI). Nesse caso, para Aristóteles, não se trata de lugares-comuns, mas, de qualquer forma, essas sentenças são fontes para o orador, porque manifestam crenças coletivas. Um caso é a conhecida resposta de Jânio Quadros a uma jornalista que o chamara pelo nome: *Intimidade só produz aborrecimento e filhos*. Outro exemplo aparece no capítulo VI de *Quincas Borba*, de Machado de Assis: "Ao vencido, ódio ou compaixão; ao vencedor, as batatas." Os provérbios também são expressão de lugar-comum nesse segundo sentido: "É de pequenino que se torce o pepino"; "Nem tudo o que reluz é ouro".

Voltemos ao primeiro sentido, o de esquema argumentativo. Nesse caso, quais são os lugares-comuns? Numerosas classificações dos *tópoi* pretendem-se fundadas em Aristóteles, o que parece natural, já que sua classificação dos lugares não é simples nem unívoca. Nos capítulos XXIII e XXIV do Livro II da *Retórica*, Aristóteles elenca 28 lugares-comuns: a existência dos contrários, do mais e do menos, da definição, da divisão, etc. Nos *Tópicos*, o Estagirita pretende arrolar todos os lugares-comuns e classifica-os em lugares da definição, da propriedade, do gênero, do acidente e da identidade (Livro I, IV-VIII). Georges Molinié, seguindo mais de perto a *Retórica*, diz que "de uma maneira muito sumária, os lugares-comuns [...] são: o possível e o impossível, o grande e o pequeno, o mais ou o menos, o universal e o individual" (1992: 191). Perelman e Tyteca só chamam lugares-comuns "as premissas de ordem geral que permitem fundar valores e hierarquias e que Aristóteles estuda entre os lugares do acidente" (2005: 95), que foram analisados nos *Tópicos* (Livro III) e em outro passo da *Retórica* (I, VI-VII, 1362a-1365b). Apresentam os seguintes lugares: da quantidade, da qualidade, da ordem, do existente, da essência, da pessoa (2005: 96). Essa é a classificação que, por sua generalidade e clareza, vamos analisar em seguida.

Lugar da quantidade é aquele que afirma que uma coisa é preferível a outra em virtude da quantidade; que mostra que alguma coisa é superior a outra por ser proveitosa a um número maior de pessoas, por ser mais durável, por ser útil em situações mais variadas, por ser mais antiga, por ser o mal menor, etc. Muitas publicidades fundamentam-se no lugar da quantidade.

Bombril tem mil e uma utilidades.

A Sul América faz parte da sua vida desde o tempo em que anúncio se chamava reclame.
Desde sua fundação em 5 de dezembro de 1895, a Sul América é uma empresa em sintonia com o seu tempo. E voltada para as necessidades de seus clientes.
Durante toda a sua existência, a Sul América tem contado com a dedicação dos seus funcionários. Com o apoio dos corretores e prestadores de serviços. E com a confiança dos seus segurados.
Por isso ela chega aos 100 anos, em 1995, percebida pelo público como a seguradora mais confiável do mercado.
Sul América Seguros
100 anos de garantia.
(Esse texto verbal é acompanhado de uma foto de um antigo cartaz publicitário, impresso em padrões já dessuetos, que mostra o Pão de Açúcar e a Baía de Guanabara e contém os seguintes dizeres: Firme como o Pão de Assucar. Sul América. A maior Cia. de Seguros de Vida na América do Sul. Para indicar que essa publicidade é bastante antiga, *açúcar* está escrita com dois *s*, segundo velhas normas ortográficas.)
(*Veja*, 31/5/1995: 46-7)

Quantos grupos trabalham em prol dos brancos? Poucos. Por isso vivemos a situação reversa de enfrentar discriminação em nossos trabalhos, pagamos altos impostos para sustentar programas de bem-estar para as minorias. Nós do KKK estamos comprometidos com os interesses da maioria branca. (Planfleto *An Introduction to the Invisible Empire of the Ku Klux Klan,* em *Folha de S.Paulo,* 11/6/1995: 1-30)

O argumento democrático apela para o lugar da quantidade já que é a maioria quem escolhe os governantes. Por isso, trabalha-se tanto, nos regimes democráticos, com pesquisas de opinião. A mesma coisa ocorre com a programação televisa que se dirige a uma média e, por isso, leva em conta, principalmente, o índice de audiência. Quando se opera com o que é considerado normal também se utiliza o lugar da quantidade. Uma operação ideológica interessante é a transformação do normal em normativo.

Lugar da qualidade é aquele segundo o qual é preferível o que é único, raro, insubstituível, original, extraordinário. Despreza o que é banal e valoriza o que é precário, marginal, anômalo. O difícil é melhor do que o fácil, o novo é superior ao que é aceito por todos (esse é o lugar dos argumentos de valorização das vanguardas), a opinião de um é mais significativa do que a de todos (Nelson Rodrigues dizia, em frase que caiu no conhecimento comum, que "toda unanimidade é burra").

Normalmente apelam para esse lugar as publicidades dos produtos de luxo ou reputados como tal. Ao contrário do lugar da quantidade, esse é o lugar dos argumentos elitistas. O Credicard veiculou uma propaganda na televisão, nos primeiros meses de 1995, que mostrava pessoas fazendo coisas que não são indispensáveis. Um locutor comentava o que elas faziam, dizendo, por exemplo: Não é necessário passar a primavera em Paris. O cartão de crédito era, então, associado ao que distingue certas pessoas da grande maioria.

No texto que segue, extraído de um folheto publicitário do Cartão Nacional Visa, faz-se uso do lugar da qualidade, estruturando-se a publicidade como se fosse um anúncio de correio sentimental:

> 6 meses de experiência
> Jovem, poliglota, de excelente reputação e prestígio, bem recebido no Brasil inteiro e em mais de 200 países, procura para relacionamento experimental de 6 meses e futuro compromisso, pessoas acima de 21 anos, que adorem viver bem, gostem de viajar, ir a restaurantes, shoppings, teatros, supermercados, fazer compras e muitas outras coisas boas da vida. Rio de Janeiro: 0800 21-0080.
> Cartão Nacional Visa. 6 meses sem anuidade para você conhecer e aprovar.
> Entre em contato com a gente hoje mesmo e associe-se ao Nacional Visa. Você tem 6 meses para testar e aprovar todos os seus benefícios e serviços exclusivos.

Observe este texto publicitário do Banco Econômico, que combina os lugares da qualidade e da quantidade.

> Econômico. Bom atendimento para todas as gerações.
> Se o que você quer do seu Banco é bom atendimento, seja Econômico.
> Em cada uma das 279 agências do Econômico você tem gerentes prontos para ouvi-lo, trocar ideias, oferecer os melhores investimentos, as melhores soluções. Uma verdadeira assessoria econômica.
> Se seu negócio exige rapidez e praticidade, seja Econômico.
> Suas agências são todas informatizadas. Por isso, além de atendimento personalizado, você conta com a melhor tecnologia bancária pronta para servi-lo: 2.667 caixas e terminais de clientes, 113 terminais de autoatendimento, 571 quiosques do Banco 24 Horas, 135 postos de serviço, atendimento por telefone e fax 24 horas por dia, 7 dias por semana, entre outras facilidades.
> Tudo isso porque nos seus 160 anos o Econômico sempre investiu em gente e tecnologia com um único objetivo: dar o melhor atendimento a todos os seus clientes, pessoas físicas ou jurídicas.

O Econômico é a mais antiga instituição financeira privada da América Latina. Um dos dez maiores bancos brasileiros. E o único que une a tecnologia de um banco jovem e ágil a uma história de 160 anos de tradição e bons negócios.
Seja Econômico. Qualquer que seja a sua geração, você vai ser bem atendido.
Econômico
Desde 1834
(*Veja*, 7/6/1995: 144-45)

Lugar da ordem é aquele que afirma a superioridade da causa sobre o efeito, do anterior sobre o posterior, etc. Por exemplo, os índios brasileiros têm direito a todas as terras do território nacional, porque já estavam aqui, quando os portugueses chegaram. O ministro Marco Aurélio Mello, membro do Supremo Tribunal Federal, valeu-se desse lugar para argumentar que a população não é vítima, mas culpada da corrupção no governo:

> Mas a sociedade não é vítima quando a situação política chega a esse ponto, ela é culpada. Reclama do governo e se esquece de quem colocou os políticos lá foi ela própria. (*Veja*, 12/2/2014: 16)

Também pertence ao lugar da ordem os argumentos do *laudator temporis acti* (= apologista do tempo passado). Essa expressão provém dos versos 174-75 da *Arte poética*, de Horácio: "[...] difficilis, querulus, laudator temporis acti/ se puero, castigator censorque minorum" (rabugento, reclamão, sempre louvando o tempo passado, quando ele era jovem, castigando e censurando os jovens). São os argumentos em que se glorifica o passado e se menospreza o presente, o que, no limite, leva a fazer a apologia de uma idade de ouro. Lembra um período feliz no passado, uma época em que tudo funcionava. É sobre esse tópico que é construído o poema "Meus oito anos", de Casimiro de Abreu:

> Oh! que saudades que eu tenho
> Da aurora da minha vida,
> Da minha infância querida
> Que os anos não trazem mais!
> Que amor, que sonhos, que flores,
> Naquelas tardes fagueiras
> À sombra das bananeiras,
> Debaixo dos laranjais!

Como são belos os dias
Do despontar da existência!
– Respira a alma inocência
Como perfumes a flor;
O mar é – lago sereno,
O céu – um manto azulado,
O mundo – um sonho dourado,
A vida – um hino d'amor!

Nesse lugar argumentativo, considera-se o presente uma decadência, um retrocesso. Assim se exprimiu o escritor Aguinaldo Silva sobre a produção artística do país:

> Basta comparar o que ouvimos hoje na MPB com o que ouvíamos há vinte anos. E se passarmos ao cinema, ao teatro e à TV... Não há risco de retrocesso, já retrocedemos. E parece que estamos adorando isso. (*Veja*, 12/2/2014: 53)

Pertence também a esse lugar o argumento contrário: o que exalta a juventude, a modernidade em detrimento do passado, que glorifica o progresso. É esse o argumento usado nos discursos revolucionários, nas teorias evolucionistas. O novo é sempre melhor do que o antigo. O *Manifesto comunista*, de Marx e Engels, começa da seguinte forma:

> Um espectro ronda a Europa – o espectro do comunismo. Todas as potências da velha Europa unem-se numa Santa Aliança para conjurá-lo: o papa e o czar, Metternich e Guizot, os radicais da França e os policiais da Alemanha.

A nona estrofe do poema "O livro e a América", de Castro Alves, saúda o trem de ferro como um instrumento indispensável do progresso:

Vós, que o templo das ideias
Largo – abris às multidões,
Pra o batismo luminoso
Das grandes revoluções,
Agora que o trem de ferro
Acorda o tigre no cerro
E espanta os caboclos nus,
Fazei desse "rei dos ventos"
– Ginete dos pensamentos,
– Arauto da grande luz! ...

A Linguística Histórica, durante muito tempo, trabalhou com a ideia de que a mudança linguística era decadência em relação a um estado mais perfeito das línguas (Schleicher, 1980; Bopp, 1885) ou de que ela era um progresso (Jespersen, 1993).

Lugar do existente é aquele que declara a superioridade do que é sobre aquilo que é apenas possível, do real sobre o que é imaginário ou utópico, do que é prático sobre o que é teórico. O provérbio *Mais vale um pássaro na mão do que dois voando* baseia-se nesse tópico.

Lugar da essência é aquele em que se considera que o essencial é preferível ao fortuito. Nesse lugar entram os argumentos que mostram os indivíduos como representação de um padrão, de uma essência. A jornalista Cristiana Lobo apelou para o lugar da essência quando comentou, em um noticioso da Globo News, o semblante fechado da presidente Dilma Rousseff como reação a um dado acontecimento: "Nunca Dilma foi tão Dilma".

Lugar da pessoa é aquele que apela para o valor da pessoa, sua dignidade, seu mérito, sua importância, que considera superior o que é feito com cuidado, com carinho, com esforço ou que desmerece o que é contrário a isso. Pode-se mostrar também o inverso de tudo isso. No início do capítulo XIV do Livro Primeiro dos *Mistérios de Lisboa*, de Camilo Castelo Branco, traça-se um retrato do conde de Santa Bárbara:

> O conde de Santa Bárbara era um desses muitos maridos corajosos que recebem, sem vacilar, o golpe de uma afronta que as suas mulheres lhes dão. Essa coragem não é, porém, uma qualidade nobre. É o cinismo, o extremo oposto da honra, que, por uma dessas analogias dos extremos, se parece muito com a virtuosa resignação. O conde não fora afrontado pela sua mulher; mas, enquanto não soubesse os passos que ela dera fora de casa, deveria julgar que o fora. Não é preciso que um homem seja honrado para calar em si o vexame de uma preferência, que lhe fere o orgulho; mas é rigorosamente preciso que seja de índole estragada, até à lástima, o marido que proclama a desonra da mulher para justificar a sua. Tal fora o conde de Santa Bárbara.

Raimundo, a personagem central de *O mulato*, de Aluísio Azevedo, é um homem perfeito. Na Europa, onde ele foi tratado como um rapaz rico qualquer, todas as suas qualidades puderam florescer. No Maranhão, isso não ocorreria, porque sua pessoa estava marcada pelo sangue negro que obliterava, segundo o discurso racista dominante, todos os seus méritos:

– Mulato!
Esta só palavra explicava-lhe agora todos os mesquinhos escrúpulos, que a sociedade do Maranhão usara para com ele. Explicava tudo: a frieza de certas famílias a quem visitara; a conversa cortada no momento em que Raimundo se aproximava; as reticências dos que lhe falavam sobre os seus antepassados; a reserva e a cautela dos que, em sua presença, discutiam questões de raça e de sangue; a razão pela qual D. Amância lhe oferecera um espelho e lhe dissera: "Ora mire-se!"; a razão pela qual diante dele chamavam de meninos os moleques da rua. Aquela simples palavra dava-lhe tudo o que ele até aí desejara e negava-lhe tudo ao mesmo tempo, aquela palavra maldita dissolvia as suas dúvidas, justificava o seu passado; mas retirava-lhe a esperança de ser feliz, arrancava-lhe a pátria e a futura família; aquela palavra dizia-lhe brutalmente: "Aqui, desgraçado, nesta miserável terra em que nasceste, só poderás amar uma negra da tua laia! Tua mãe, lembra-te bem, foi escrava! E tu também o foste!"
– Mas, replicava-lhe uma voz interior, que ele mal ouvia na tempestade do seu desespero; a natureza não criou cativos! Tu não tens a menor culpa do que fizeram os outros, e no entanto és castigado e amaldiçoado pelos irmãos daqueles justamente que inventaram a escravidão no Brasil!
E na brancura daquele caráter imaculado brotou, esfervilhando logo, uma ninhada de vermes destruidores, onde vinham o ódio, a vingança, a vergonha, o ressentimento, a inveja, a tristeza e a maldade. E no círculo do seu nojo, implacável e extenso, entrava o seu país, e quem este primeiro povoou, e quem então e agora o governava, e seu pai, que o fizera nascer escravo, e sua mãe, que colaborara nesse crime. "Pois então de nada lhe valia ter sido bem educado e instruído; de nada lhe valia ser bom e honesto?... Pois naquela odiosa província, seus conterrâneos veriam nele, eternamente, uma criatura desprezível, a quem repelem todos do seu seio?...". (capítulo 12)

A esses lugares poder-se-ia acrescentar um *lugar da justa medida*. Aristóteles define, na *Ética a Nicômaco*, a virtude como algo que está na justa medida:

> A virtude é, então, uma disposição adquirida para fazer escolhas deliberadas; ela situa-se na justa medida em relação a nós, uma medida que é definida pela razão, como um homem prudente (phrónimos) o faria. Ela está na justa medida entre dois extremos maus, um por excesso e outro por falta. (II, 6, 15)

Também em Horácio se encontra "Virtus est medium vitiorum, et utrimque reductum" (*Epístolas*, 1, 18,9) (A virtude é o ponto médio entre dois defeitos, equidistante de ambos).

Em nossa sociedade, o que pauta a vida dos homens nas suas relações com os outros é uma lógica da gradualidade. Nela são considerados negativos o excesso e a insuficiência, enquanto a justa medida é vista como o termo positivo. A qualidade positivamente valorizada deve ser neutra em relação aos polos categoriais: nem excesso nem insuficiência. A neutralidade (justa medida) preside aos comportamentos sociais e aos discursos que os ensinam. Os manuais de etiqueta dizem que, em encontros em lugares fechados ou nas apresentações, não se deve negar um aperto de mão a ninguém, nem mesmo a um inimigo. No entanto, não basta executar essa ação para enquadrar-se dentro das normas de boa educação, há uma maneira correta de fazê-la: no aperto de mão, evitam-se os excessos e as insuficiências e permanece-se na justa medida. Assim, ele não deve ser feito nem com força nem com a mão amolecida, não deve ser demorado nem rápido, não deve ser feito nem com brusquidão, nem com reticência, nem com a ponta dos dedos, nem com as duas mãos. Quando se é apresentado a alguém, não se deve nem o tratar com muita familiaridade nem com frieza. O tratamento simpático e conveniente afasta esses dois polos. Da mesma forma, quando se conversa com os outros, nem se deve manifestar curiosidade (desejo intenso de saber) nem desinteresse (não querer saber), mas, ao contrário, deve-se mostrar solicitude e interesse. Em relação à fala dos outros, deve-se prestar atenção, não cabendo nem uma atitude de impaciência nem de desatenção. Quando alguém fala de si mesmo, estão excluídos o exibicionismo (excesso) e a timidez que esconde e dissimula (insuficiência). O comportamento adequado é a modéstia. Quando se é convidado para uma refeição, nem se deve ser ávido nem mal tocar na comida, o que poderia dar a impressão de que não se apreciou o que foi servido. O tom de voz educado exclui a altura e a inaudibilidade. Os exemplos poderiam multiplicar-se.

Embora muitas sociedades utilizem a "justa medida" como o aspecto positivo do comportamento social, variam de uma para outra os limites do que seja excesso, justa medida e insuficiência. Na França, nem sempre se dá a mão a uma pessoa quando se encontra com ela. Basta que se enuncie o cumprimento com palavras. No Brasil, deixar de dar a mão, nesse caso, está no polo da insuficiência, da reserva indelicada.

Os comportamentos devem ser naturais. Natural opõe-se a artificial, a postiço. Natural é o que é feito sem esforço, o que parece não derivar da aprendizagem, nem da aplicação mecânica de regras, nem da intenção de produzir efeito. Natural quer dizer espontâneo. Artificial significa, de um lado, o que é afetado, forçado (excesso) e, de outro, o que parece difícil, embaraçado (falta). Os comportamentos sociais devem ser delicados, finos, refinados, o que implica o afastamento tanto da grosseria, da brusquidão e da vulgaridade quanto do exagero de refinamento. Em síntese, os comportamentos devem ser elegantes. Elegância, também chamada classe, é sinônimo de harmonia, de justa medida. No vestir, é a simplicidade, a sobriedade, que se opõem tanto ao espalhafato (excesso) quanto à displicência (insuficiência), tanto à ostentação quanto à negligência. A elegância é o contrário dos excessos e das insuficiências.

Esses valores sociais fazem que a língua tenha termos diferentes para designar o que tem comportamento excessivo, o que tem procedimento insuficiente e o que o tem na justa medida. Só o termo que designa este último tem valor positivo. Os dois primeiros têm valor negativo, indicam pessoas que têm vícios ou, ao menos, um comportamento pouco valorizado:

excesso	justa medida	insuficiência
avarento	econômico	perdulário
ambicioso	desprendido	desinteressado
curioso	discreto	indiferente
arrogante	humilde	subserviente
brutal	gentil	servil
severo	justo	indulgente, complacente
duro	firme	mole
rude	sincero	adulador
presunçoso	modesto	carente de amor-próprio
exagerado	moderado	deficiente
temerário	prudente	medroso

Uma visão de mundo determina a criação de lexemas e sua axiologização no discurso. No nosso caso, é uma visão de mundo que considera a mediocridade, no sentido etimológico do termo, o valor supremo. Embora a palavra mediocridade, que significava outrora a situação média, a moderação, a justa medida, tenha adquirido um valor negativo, passando a denotar insuficiência de qualidade, valor, mérito ou falta de excelência, a ideia primeira de mediocridade ainda rege a vida social. A mediocridade é o ideal das normas de comportamento, porque é o lugar da moderação, da prudência, da discrição.

Nos discursos sobre as manifestações que tomaram as cidades brasileiras em junho de 2013, o discurso da mídia e das autoridades sempre se valeu do lugar da justa medida: as manifestações são o exercício do direito democrático dos cidadãos, mas ela deve sempre ser pacífica; por isso, a violência deve ser condenada e os que a praticam não devem ser acolhidos pelos manifestantes.

Os dois lugares mais significativos são o da quantidade e o da qualidade. Alguns autores tentaram reduzir todos os *tópoi* a esses dois (cf. Perelman e Tyteca, 2005: 105). No entanto, o mais importante é que a preferência por um desses lugares está vinculada a valores dominantes numa dada formação social numa certa época. Perelman e Tyteca mostram que o classicismo preferia o lugar da quantidade, enquanto o romantismo optava pelo lugar da qualidade. Este fazia apelo ao único, ao irracional, à elite, ao gênio, ao original, ao distinto, ao marcante, ao novo, enquanto aquele exaltava o universal, o eterno, o estável, o racional, o duradouro, o essencial (2005: 111).

Os valores tomam forma e circulam nos discursos de duas maneiras distintas: uma é regida por um princípio de exclusão e a outra, por um princípio da participação (Fontanille e Zilberberg, 2001: 27). Esses dois princípios criam dois grandes regimes de funcionamento dos valores. O primeiro é o da exclusão, cujo operador é a triagem. Nele, quando o processo de relação entre objetos atinge seu termo leva à confrontação do exclusivo e do excluído. Os valores regulados por esse regime colocam em comparação o puro e o impuro (Fontanille e Zilberberg, 2001: 29). O segundo regime é o da participação, cujo operador é a mistura, o que leva ao cotejo do igual e do desigual. A igualdade pressupõe grandezas intercambiáveis; a desigualdade implica grandezas que se opõem como superior e inferior (Fontanille e Zilberberg, 2001: 29).

Assim, há dois tipos fundamentais de funcionamento dos valores: o da exclusão e o da participação, ou, em outras palavras, o da triagem e o da mistura.

O que é governado pelo princípio da triagem tem um aspecto descontínuo e tende a restringir a circulação de objetos, que será pequena ou mesmo nula e, de qualquer maneira, desacelerada pela presença do exclusivo e do excluído. É um fazer do interdito. Já o que é gerido pelo princípio da mistura apresenta um aspecto contínuo, favorecendo o "comércio" entre objetos, métodos, conceitos. Nela, o andamento é rápido. É a atividade do permitido (Fontanille e Zilberberg, 2001: 20-30).

A triagem e a mistura variam em termos de tonicidade: átona e tônica. Há triagens mais ou menos drásticas e misturas mais ou menos homogêneas, o que daria o seguinte esquema:

	Triagem	Mistura
Tônica	unidade/nulidade	universalidade
Átona	totalidade	diversidade

(Fontanille e Zilberberg, 2001: 33)

Cada um desses regimes opera com um tipo de valor diferente: os da triagem criam valores de absoluto, que são valores da intensidade; os da mistura, valores de universo, que são valores da extensidade. Os primeiros são mais fechados, tendendo a concentrar os valores desejáveis e a excluir os indesejáveis; os segundos são mais abertos, procurando a expansão e a participação (Fontanille e Zilberberg, 2001: 53-4).

Os valores democráticos são valores de universo, pois estão fundamentados no lugar da quantidade, enquanto os valores aristocráticos são valores de absoluto, pois estão baseados no lugar da qualidade. O lugar da quantidade correlaciona o máximo da extensão com a culminância da intensidade, enquanto o da qualidade põe em relação um mínimo de extensão com um apogeu de intensidade. O parágrafo único do art. 1º da atual Constituição Federal diz: "Todo o poder emana do povo, que o exerce por meio de representantes eleitos ou diretamente, nos termos desta Constituição." No seu preâmbulo, enuncia-se que quem promulga a Constituição são os representantes do povo brasileiro. Os governos absolutistas não se consideram representantes do povo. Franco, na Espanha, por exemplo, adota o título de Caudilho da Espanha, "por la gracia de Dios". Os valores aristocráticos operam com a noção de hereditariedade. Por isso, este passo da oitava parte do *Sermão do Terceiro Domingo do Advento*, de Vieira, representa uma mudança nestes valores, quando se considera que a fidalguia não é sangue, mas são as ações, pois se transita da supremacia da hereditariedade para a do mérito:

> Cansados, finalmente, os embaixadores de lhes responder o Batista que não era Messias, nem Elias, nem profeta pediram-lhe, finalmente, que, pois eles não acertavam a perguntar, lhes dissesse ele quem era. A esta instância não pôde deixar de deferir o Batista. E o que vos parece que responderia? *Ego sum vox clamantis in deserto*: Eu sou uma voz que clama no deserto. Verdadeiramente não entendo esta resposta. Se os embaixadores perguntaram ao Batista o que fazia, então estava bem respondido com a voz que clamava no deserto, porque o que o Batista fazia no deserto era dar vozes e clamar; mas se os embaixadores perguntavam ao Batista quem era, como lhes responde ele o que fazia? Respondeu discretissimamente. Quando lhe perguntavam quem era, respondeu o que fazia: porque cada um é o que faz, e não é outra cousa. As cousas definem-se pela essência: o Batista definiu-se pelas ações; porque as ações de cada um são a sua essência. Definiu-se pelo que fazia, para declarar o que era. [...]
> Cada um é as suas ações, e não é outra cousa. Oh que grande doutrina esta para o lugar em que estamos! Quando vos perguntarem quem sois, não vades revolver o nobiliário de vossos avós, ide ver a matrícula de vossas ações. O que fazeis, isso sois, nada mais. Quando ao Batista lhe perguntaram quem era, não disse que se chamava João, nem que era filho de Zacarias; não se definiu pelos pais, nem pelo apelido. Só de suas ações formou a sua definição: *Ego vox clamantis*. [...]
> A verdadeira fidalguia é ação. Ao predicamento da ação é que pertence a verdadeira fidalguia. *Nam genus, et proavos, et quae non fecimus ipsi, vix ea nostra voco* (= Em verdade, não invoco a origem, os ancestrais e os méritos que não nos cabem, apenas as nossas [ações]), disse o grande fundador de Lisboa. As ações generosas, e não os pais ilustres, são as que fazem fidalgos. Cada um é suas ações, e não é mais, nem menos, como o Batista: *Ego vox clamantis in deserto*.

A extrema-direita europeia defende valores do absoluto, como os da família, da Europa das nações, de uma Europa branca e cristã contra os valores de universo, atribuídos à esquerda, como a ampliação do conceito de família, o multiculturalismo e a aceitação igualitária de todas as religiões.

É imprescindível levar em conta que lugar-comum é um esquema discursivo e que, portanto, argumentos conflitantes podem ser investidos no mesmo lugar-comum. Tanto aqueles que consideram o passado a idade de ouro e veem o presente como decadência quanto aqueles que avaliam que o passado é uma época atrasada e o presente representa um progresso se valem do lugar da ordem.

A dóxa foi definida por Roland Barthes como "a Opinião Pública, o Espírito majoritário, o Consenso pequeno-burguês, a Voz do Natural, a Violência do Preconceito" (1977: 53). No entanto, podemos considerá-la como as crenças partilhadas numa dada formação social numa determinada época. Se assim entendermos, haverá dóxas majoritárias, dominantes, mas também aquelas que são minoritárias. Dado que todo discurso se constitui dialogicamente, na argumentação, aparecem dóxas opostas. Por outro lado, esses consensos podem ser valorizados ou vilipendiados, tomados a sério ou ironizados, hiperbolizados ou eufemizados.

Muitas vezes o argumento aparece sob a forma de uma pergunta, que é uma armadilha. Por exemplo, inquirir de um candidato de esquerda qual o valor de uma passagem de ônibus é valer-se do lugar do existente combinado com o lugar da qualidade, para apresentá-lo como alguém que não pertence ao povo, é alguém da elite e sua relação com as camadas mais despossuídas da população é apenas teórica.

Voltemos agora para o outro sentido de lugar-comum, o de argumento pronto, mais especificamente, o de conteúdos fixos manifestados com figuras recorrentes. Vamos exemplificar esse sentido de lugar-comum com três *tópoi*: o do *locus amoenus* (= lugar aprazível), o do *carpe diem* (= aproveita o momento) e o do *exegi monumentum* (= erigi um monumento). Os três são utilizados desde a literatura greco-romana.

O *locus amoenus*, segundo Curtius, é figurativizado pela primavera eterna, pela amabilidade da natureza, em que se encontram regatos, fontes, sombras, árvores, relvas macias, tapetes de flores, canto de pássaros, sopro do vento, pela existência de bosques de árvores mistas (1957: 192-202). *Ameno* significa "aprazível", "amável". Virgílio usa esse qualificativo para referir-se à natureza: "Hunc inter fluvio Tiberinus amoeno" (No meio dele (= o bosque), o Tibre, com corrente aprazível) (*Eneida*, VII, 30). Sérvio diz que esses lugares são os que se destinam ao prazer e, portanto, não podem ser utilizados para fins utilitários ("Loca solius voluptatis plena... unde nullus fructus exsolvitur.") (apud Curtius, 1957: 199). Ekkehart diz que "delitiis plenus locus appelletur amoenus" (será chamado ameno um lugar cheio de delícias) (apud Curtius, 1957: 204). Não se pode pensar, no entanto, que nesse *tópos* não estavam presentes as asperezas da natureza. O *locus amoenus* pode aparecer em meio a florestas selvagens e podem nele unir-se vales graciosos e despenhadeiros profundos, criando uma "harmonia de contrastes" (Curtius, 1957: 205 e 209).

Já Horácio, em sua *Arte poética*, mostra que esse *tópos* se transformara numa maneira habitual de construção do espaço:

Inceptis gravibus plerumque et magna professis/ Purpureus, late qui splendeat, unus et alter/ Assuitur pannus, cum lucus et ara Dianae/ Et properantis aquae per amoenos ambitus agros,/ Aut flumen Rhenum aut pluvius describitur arcus:/ Sed nunc non erat his locus" (V. 14-9) (Muitas vezes, a um nobre início, cheio de grandes promessas, cosem-se um ou dois tapetes cintilantes, que brilham de longe: é o bosque sagrado e a ara de Diana; ou ainda um riacho que corre serpenteando pelos amenos campos; ou ainda uma descrição do Reno ou uma descrição do arco-íris: mas nada disso está em seu lugar).

Os poetas cristãos, como nos lembra Curtius, utilizavam a descrição dos Campos Elíseos feita por Virgílio (cf. *Eneida*, VI, 637-78) para pintar o paraíso terreal (1957: 206). Até mesmo no ritual romano de encomendação dos mortos se diz: "constituat te Christus inter paradisi sui semper amoena virentia" (Que Cristo te coloque no meio dos sempre aprazíveis arvoredos de seu paraíso) (Curtius, 1957: 206).

Rocha Pitta, na *História da América Portuguesa*, vale-se do *tópos* do *locus amoenus*, para descrever a terra brasileira:

> O céu que o cobre é o mais alegre; os astros que o alumiam, os mais claros; o clima que lhe assiste, o mais benévolo; os ares que o refrescam, os mais puros; as fontes que o fecundam, as mais cristalinas; os prados que o florescem, os mais amenos; as plantas aprazíveis, as árvores frondosas, os frutos saborosos, as estações temperadas. Deixe a memória o Tempe de Tessália, os pênseis de Babilônia, e os jardins das Hespérides, porque este terreno em continuada primavera é o vergel do mundo, e se os antigos o alcançaram podiam pôr nele o terreal Paraíso, o Letes e os Campos Elíseos, que das suas inclinações lisonjeados ou reverentes, às suas pátrias fantasiaram em outros lugares. (Livro II, 5)

Esse lugar-comum sobreviveu por muito tempo na descrição do Brasil. Começa a ser utilizado na *Carta de Caminha*, tem largo uso entre os viajantes e atinge o século XX, como mostra o poema "A pátria", de Olavo Bilac:

> Ama, com fé e orgulho, a terra em que nasceste!
>
> Criança! não verás nenhum país como este!
> Olha que céu! que mar! que rios! que floresta!
> A natureza, aqui, perpetuamente em festa,
> É um seio de mãe a transbordar carinhos.
> Vê que vida há no chão! vê que vida há nos ninhos,
> Que se balançam no ar, entre os ramos inquietos!
> Vê que luz, que calor, que multidão de insetos!
> Vê que grande extensão de matas, onde impera
> Fecunda e luminosa, a eterna primavera!

Na poesia de Ricardo Reis, heterônimo de Fernando Pessoa, dois *tópoi* da poética clássica têm importância central: o da efemeridade (*carpe diem*) e o da eternidade (*exegi monumentum*). Esses dois motivos tiveram um lugar especial na poesia de Horácio, de quem Reis imitou a composição poética em forma de odes: por exemplo, "Dum loquimur, fugerit inuida/ aetas: carpe diem, quam minimam credula postero" (Horácio I, XI, 7-8) (= Enquanto estamos falando, foge o tempo inimigo: colhe o dia presente, confiando o mínimo no amanhã); "Exegi monumentum aere perennius/ regalique situ pyramidum altius,/ quod non imber edax, non Aquilo impotens/ possit diruere aut innumerabilis/ annorum series et fuga temporum" (III, XXX, 1-5) (= Erigi um monumento mais perene do que o bronze/ e mais alto do que o sítio real das pirâmides/ que nem a tempestade voraz nem o áquilo desenfreado/ podem derrubar, nem mesmo a inumerável/ série dos anos e o passar do tempo).

O *tópos* do *carpe diem* está associado aos temas da fugacidade do tempo e da inexorabilidade da morte. Com frequência, constrói-se com a figura da rosa que, ao final do dia, está fanada:

> As rosas amo dos jardins de Adônis,
> Essas volucres amo, Lídia, rosas,
> Que em o dia em que nascem,
> Em esse dia morrem.
> A luz para elas é eterna, porque
> Nascem nascido já o sol, e acabam
> Antes que Apolo deixe
> O seu curso visível,
> Assim façamos nossa vida *um dia*
> Inscientes, Lídia, voluntariamente
> Que há noite antes e após
> O pouco que duramos.

Ao motivo da efemeridade contrapõe-se o da eternidade, o *tópos* do *exegi monumentum*. A grandeza do poeta reside no fato de que ele constrói uma obra que desafia o tempo, que é duradoura. Por isso, ela está fora dos embates ideológicos do seu tempo, refugiando-se nos valores "perenes" do passado, e está afastada das vicissitudes da história. Muitas vezes, constrói-se com as figuras da pedra, do bronze, etc.:

> Seguro assento na coluna firme
>   Dos versos em que fico,
> Nem temo o influxo inúmero futuro
>   Dos tempos e do olvido;
> Que a mente, quando, fixa, em si contempla
>   Os reflexos do mundo,
> Deles se plasma torna, e à arte o mundo
>   Cria, que não a mente.
> Assim na placa o externo instante grava
>   Seu ser, durando nela.

Com a perda do prestígio da retórica, que tem início no século XIX, lugar-comum passou a significar clichê, frase feita. Passou a ser relacionado com a ideia de banalidade. Não podemos esquecer-nos de que, nessa época, o romantismo entroniza a doutrina de que os predicados ideais do discurso literário são a originalidade, a individualidade e a subjetividade, o que conflita com a ideia de um estoque de lugares-comuns e de procedimentos à disposição do escritor. Por isso, os manuais de estilo condenam veementemente o lugar-comum e os escritores, quando não o combatiam, pelo menos o ironizavam, como fazem, nos textos que seguem, Camilo Castelo Branco e Machado de Assis:

> Vinte e quatro horas depois estavam em Lisboa recebendo a visita das notabilidades políticas, comerciais e literárias, que se felicitavam por terem em seu seio o generoso propugnador das ideias liberais e, ao mesmo tempo, lastimavam a perda da mãe e sogra dos ditosos cônjuges, senhora cujas virtudes eram notórias (suposto que nenhum dos circunstantes a conhecesse de vista nem de tradição). Faziam-se, nesse tempo, os ensaios orais do "artigo-necrológio", que depois se tornou um cargo especial dos talentos fúnebres da nossa terra, donde, apesar das inovações do gênero, não foi ainda possível excluir o "a terra lhe seja leve" para todos; e o "era uma florinha no despontar da vida" para as donzelas, "era o modelo dos pais, dos amigos, dos esposos e dos cidadãos" para o velho que exerceu cargos municipais e o "era um carácter dantes quebrar que torcer" para os fidalgos de raça. De resto, o necrológio, em Portugal, vai individualizando a nossa índole literária, como a parábola no Oriente, e a metafísica na Alemanha. (segundo capítulo do Livro Quarto de *Mistérios de Lisboa*, de Camilo Castelo Branco)

> É que eu sou justo, e não posso ver o fraco esmagado pelo forte. Além disso, nasci com certo orgulho, que já agora há de morrer comigo. Não gosto que os fatos nem os homens se me imponham por si mesmos. Tenho horror a toda superioridade. Eu é que os hei de enfeitar com dois ou três adjetivos, uma reminiscência clássica, e os mais galões de estilo. Os fatos, eu é que os hei de declarar transcendentes; os homens, eu é que os hei de aclamar extraordinários.

Daí o meu amor às chamadas chapas. Orador que me quiser ver aplaudi-lo, há de empregar dessas belas frases feitas, que, já estando em mim, ecoam de tal maneira, que me parece que eu é que sou o orador. Então, sim, senhor, todo eu sou mãos, todo eu sou boca, para bradar e palmejar. Bem sei que não é chapista quem quer. A educação faz bons chapistas, mas não os faz sublimes. Aprendem-se as chapas, é verdade, como Rafael aprendeu as tintas e os pincéis; mas só a vocação faz a *Madona* e um grande discurso. Todos podem dizer que "a liberdade é como a fênix, que renasce das próprias cinzas"; mas só o chapista sabe acomodar esta frase em fina moldura. Que dificuldade há em repetir que "a imprensa, como a lança de Télefo, cura as feridas que faz"? Nenhum; mas a questão não é de ter facilidade, é de ter graça. E depois, se há chapas anteriores, frases servidas, ideias enxovalhadas, há também (e nisto se conhece o gênio) muitas frases que nunca ninguém proferiu, e nascem já com cabelos brancos. Esta invenção de chapas originais distingue mais positivamente o chapista nato do chapista por educação. (Machado de Assis, crônica de 10 de julho de 1882, publicada em *A Semana*)

Para conhecer bem a origem das ideias deste livro, melhor direi a atmosfera intelectual do autor, basta ler os *Dois edifícios*. É quase meio-dia; encostado ao gradil de uma cadeia está um velho assassino, a olhar para fora; há uma escola defronte. Ao bater a sineta da escola saem as crianças alegres e saltando confusamente; o velho assassino contempla-as e murmura com voz amargurada: "Eu nunca soube ler!" Quer o Sr. Valentim Magalhães que lhe diga? Essa ideia, a que emprestou alguns belos versos, não tem por si nem a verdade nem a verossimilhança; é um lugar-comum, que já a escola hugoísta nos metrificava há muitos anos. Hoje está bastante desacreditada. (segunda parte do texto crítico *A nova geração*, de Machado de Assis)

Parte II
OS ARGUMENTOS

Perelman e Tyteca, em seu *Tratado de argumentação*, dizem que os argumentos se classificam em dois tipos: os que se valem dos processos de ligação e os que se servem de processos de dissociação. Aqueles aproximam elementos distintos, estabelecendo entre eles uma relação de solidariedade; estes separam, dissociam, desunem elementos de um todo ou um conjunto solidário num sistema teórico (2005: 215). Os esquemas de ligação estão na base da construção de três diferentes tipos de argumentos: a) os quase lógicos; b) os que se fundamentam na estrutura do real; c) os que fundam a estrutura do real (2005: 216).

Parte II
LOS ARGUMENTOS

Os argumentos quase lógicos

Dora Kramer, num de seus artigos publicados em *O Estado de S. Paulo*, disse, com base num estudo acadêmico, que o presidente Lula se valia, em seus discursos, de argumentos quase lógicos (3/2/2005: A6). O jornal reproduziu esse comentário em editorial. Para a colunista e o editorialista, a expressão *argumentos quase lógicos* tem forte conotação negativa, pois implicita que os discursos presidenciais não têm lógica, não são coerentes, são simplistas, fundam-se no senso comum, não apresentam qualquer elaboração mais refinada em termos de raciocínio.

A expressão está usada de maneira equivocada. Não se trata de defender a estratégia comunicativa do presidente, mas de mostrar o sentido que o termo tem na retórica.

Como se mostrou anteriormente, Aristóteles explica que há dois tipos de raciocínios: os necessários e os preferíveis. Os primeiros são aqueles cuja conclusão decorre necessariamente das premissas enunciadas. Para o filósofo, um exemplo seriam os silogismos lógicos: *Todos os planetas do sistema solar giram ao redor do Sol. Marte é um planeta do sistema solar. Logo, Marte gira ao redor do Sol.* A conclusão de que Marte é um planeta do sistema solar independe de convicções morais, religiosas ou de preferências políticas, estéticas, etc. Se todo planeta do sistema solar gira ao redor do Sol e se Marte é um planeta do sistema solar, então necessariamente se deve concluir que Marte gira ao redor do Sol. Os argumentos necessários pertencem ao domínio da lógica.

Já os raciocínios preferíveis são aqueles cuja conclusão não advém imperiosamente das premissas colocadas. A conclusão é provável, possível, plausível, mas não logicamente necessária. Quando se diz, por exemplo, que um restaurante é melhor que outro, porque é mais caro, a conclusão é possível, é provável, mas não é logicamente verdadeira. Esses raciocínios são do âmbito da retórica.

Segundo Perelman e Tyteca, a lógica examina as formas de demonstração; a retórica estuda a argumentação (2005: 15-7).

Argumentos são razões contra determinada tese ou a favor dela, com vistas a persuadir o outro de que ela é justa ou injusta, moral ou imoral, benéfica ou prejudicial, etc. Como já dissemos, nos negócios humanos, não operamos com verdades lógicas, mas com posições fundamentadas em convicções religiosas, em crenças políticas, em princípios morais, em preferências estéticas, etc. Por exemplo, não é logicamente verdadeiro que as campanhas eleitorais tenham que ser financiadas com dinheiro público ou que devam ser bancadas por contribuições de pessoas físicas e de empresas. Na verdade, é mais adequado, é mais aconselhável, em função de determinadas características de nosso sistema político, que elas sejam custeadas desta ou daquela maneira.

Os argumentos quase lógicos são os que lembram a estrutura de um raciocínio lógico, mas suas conclusões não são logicamente necessárias. Os raciocínios lógicos constroem-se com base nos princípios da não contradição, da identidade, da reciprocidade, da transitividade, da inclusão, da divisão e da comparação de quantidades. É pelo princípio da transitividade que se estrutura o argumento lógico *se a = b e b = c, então a = c*. Já a afirmação *Os aliados de meus aliados são meus aliados* lembra a estruturação lógica segundo o princípio da transitividade, mas não é necessariamente verdadeiro que os aliados de meus aliados sejam meus aliados. O argumento quase lógico é um argumento aparentemente lógico.

Todos trabalhamos com argumentos quase lógicos. Isso não é nenhum demérito, já que é da essência da argumentação operar com raciocínios preferíveis, entre os quais os quase lógicos: *funções iguais, salários iguais*; *X é corrupto, afinal, todos os políticos são corruptos*; *é preciso construir escolas hoje para não erguer prisões amanhã*; *crianças são crianças*; *não faças aos outros aquilo que não queres que façam a ti...*

Como se vê, a utilização de argumentos quase lógicos não é uma peculiaridade de pessoas que não conseguem raciocinar logicamente. É um argumento de que nos valemos todos quando falamos de coisas possíveis, plausíveis, prováveis, mas que não são necessárias do ponto de vista lógico. Cabe reafirmar ainda que, em muitos domínios, só há a possibilidade, a probabilidade, a plausibilidade e é deles que se ocupam a política, o direito e assim por diante: o acerto de realizar a Copa do Mundo no Brasil; o sistema de cotas para ingresso no serviço público; o uso de dinheiro público para evitar a falência de empresas privadas, etc.

OS ARGUMENTOS FUNDADOS NO PRINCÍPIO DA IDENTIDADE

Como já se viu, o princípio de identidade, em lógica, enuncia-se com a proposição a = a. Dela decorre que sujeito e predicado remetem ao mesmo referente. É esse o princípio que sustenta a tautologia, a definição, a comparação, a reciprocidade, a transitividade, a inclusão, a divisão, o *argumentum a pari*, a regra do precedente, o *argumentum a contrario* e o argumento dos inseparáveis.

A tautologia

As tautologias são juízos cujo predicado não acrescenta nenhuma informação ao sujeito. Se alguém perguntasse, o que é gengibre e o outro respondesse que gengibre é gengibre, teríamos uma tautologia, pois o predicado é falsamente significativo. A mesma coisa acontece nesta fala de Martin na cena xi da *Cantora careca*, de Ionesco: "O telhado é no alto e o assoalho é embaixo."

No entanto, quando se utiliza a tautologia na argumentação ela, embora aparente assentar-se no princípio da identidade, é uma falsa tautologia, dado que sujeito e predicado têm significados diferentes e, portanto, remetem a referentes diversos. Por conseguinte, a tautologia argumentativa é um argumento quase lógico.

Assim, quando se diz *O Brasil será sempre o Brasil*, o primeiro Brasil significa "nação brasileira", enquanto o segundo Brasil tem a acepção de "conjunto de características (em geral, negativas) que dão identidade à nação brasileira". Trata-se, portanto, de uma crítica feroz a certas características dos brasileiros. Quando se afirma *Quando trabalho, trabalho; quando descanso, descanso*, não se está fazendo uma repetição destituída de sentido, mas declarando que, no momento de trabalhar, todas as energias estão concentradas nos afazeres, mas, no de descanso, não se pensa em trabalho. Quando se diz *mãe é mãe, professor é professor, operação é operação, ordens são ordens*, o termo repetido não significa, respectivamente, "mulher que tem filho", "pessoa que ensina uma disciplina, uma arte, uma técnica ou conhecimentos, de maneira habitual e, em geral, organizada", "intervenção cirúrgica" e "determinação de origem superior", mas quer dizer "aquela que sempre dispensa cuidados maternais", "aquele que ensina em qualquer situação", "procedimento que envolve risco", "aquilo a que se deve obedecer". Na afirmação constantemente repetida *Uma coisa é uma coisa; outra coisa é outra coisa*, o que se está é aconselhando a não misturar coisas de natureza diversa.

A definição

Em Aristóteles, a definição consiste em declarar a essência de alguma coisa (*Analíticos posteriores* II, 3, 90b, 25-35). Nos *Analíticos posteriores*, ele assim a conceitua: "uma frase explicativa do que uma coisa é" (II, 10, 93b, 30). Nos *Tópicos*, ele diz que ela é composta de gênero e diferença (I, 8, 103b, 15). Isso significa que ela contém o gênero próximo, que é um predicado comum a coisas que diferem em espécie (por exemplo, o predicado *animal* é comum a todas as espécies de animais) e a diferença específica, que é o que distingue uma espécie da outra (por exemplo, *racional* é o que diferencia o homem das demais espécies animais). Assim, a definição de homem é animal racional.

Ao longo da história da filosofia, discutiu-se muito sua natureza. Para os propósitos argumentativos, pode-se dizer que a definição é uma resposta à indagação *Que é uma coisa*? Portanto, definir é estabelecer uma relação de equivalência que visa a dar sentido a um dado termo.

As definições podem ser intensionais ou extensionais. A primeira estabelece as propriedades caracterizadoras de um objeto: por exemplo, as virtudes cardeais são "as que agrupam todas as demais e constituem os eixos de uma vida virtuosa" (*Compêndio do catecismo da Igreja Católica*, nº 379); "são as virtudes centrais, fundamentais". A segunda explicita os elementos que constituem um objeto, isto é, os indivíduos de um dado conjunto: por exemplo, as "virtudes cardeais são a prudência, a justiça, a fortaleza e a temperança" (*Compêndio do catecismo da Igreja Católica*, nº 379). Nas definições intensionais, pode-se caracterizar o objeto por propriedades essenciais (pedra é matéria mineral sólida, dura, constituída da natureza das rochas) ou acidentais (pedra é uma matéria mineral pesada).

Ao construir uma definição, podem-se levar em conta as características de um elemento (traços qualificacionais) ou sua função (traços funcionais). É possível também, o que ocorre com muita frequência, mesclar os dois modos: a) água é uma substância líquida formada por dois átomos de hidrogênio e um de oxigênio; b) água é uma substância que serve para matar a sede; c) água é uma substância líquida (H2O), inodora, insípida e incolor, que é essencial para manter a vida da maior parte dos organismos vivos e serve de solvente para muitas outras substâncias.

As definições são argumentos quase lógicos fundados no princípio da identidade, porque, ao contrário do que pensa o senso comum, não há uma maneira unívoca de definir um objeto. Ao contrário, o modo de definir depende das finalidades argumentativas. As definições impõem um determinado sentido, estão orientadas para convencer o interlocutor de que um dado significado é aquele que deve ser levado em conta. Por isso, elas podem ser conflitantes.

Jorge Bornhausen disse: "A crise política vai livrar o país da raça que está no governo por pelo menos 30 anos" (*O Globo*, 25/10/2005). Seus adversários políticos acusaram-no de racismo e ele foi até retratado vestido como um oficial nazista, porque a definição de raça com que operavam era "grupo humano classificado segundo critérios físicos como cor da pele, formato da cabeça, tipo de cabelo, etc.", o que lembra todas as perseguições, os massacres, os genocídios por questões raciais. Em sua defesa, o senador disse que sua fala não tinha nenhum propósito racista. Dizia isso, porque sua definição de raça era outra: "classe de indivíduos com determinados predicados" (no caso, pertencer ao partido que estava no governo).

Na *Retórica a Herênio*, embora certos usos da definição sejam vistos como um defeito, deixa-se claro seu papel argumentativo:

> É ainda um defeito empregar definições falsas ou banais. Falsas, como dizer, por exemplo, que não há injúria sem via de fato ou palavras ultrajantes. Banais, quando se pode aplicá-las tanto a um quanto a outro objeto: por exemplo, "O delator, para dizer em poucas palavras, merece a morte; com efeito, é um cidadão mau e perigoso". Essa definição é tanto a do delator quanto a do ladrão, do assassino ou do traidor. (II, XXVI, 41)

Observe-se como Camilo Castelo Branco, em *Mistérios de Lisboa*, define conjuntamente a religião e a mulher e como conceitua a inconstância:

> Neste mundo há só dois milagres que podem de um abismo de perdição levantar um homem morto para os sentimentos nobres e insuflar-lhe a vida de um anjo: é a religião e a mulher. (cap. VIII do Livro Terceiro)
> A inconstância é a suprema das enfermidades humanas. (cap. XII do Livro Quarto).

Para comprovar que a definição, que, em geral, consideramos sempre rigorosa e absolutamente equivalente ao termo definido, é imprecisa, mesmo no discurso científico, podemos tomar um exemplo de Raymond Queneau, que, no texto "A literatura definicional", que aparece no livro do Oulipo intitulado *A literatura potencial*, substituiu cada palavra lexical (verbos, nomes, adjetivos...) por sua definição no dicionário. Em seguida, foi repetindo a operação. O texto obtido não tem nenhuma relação com o enunciado de partida:

> O gato BEBEU o leite.

> O *mamífero carnívoro digitígrado doméstico* ENGOLIU um líquido branco, de sabor doce, produzido pelas fêmeas dos mamíferos.

Aquele que tem tetas, come carne, anda sobre a extremidade dos dedos e é relativo à casa FEZ DESCER PELO ESÔFAGO AO ESTÔMAGO um estado da matéria sem forma própria, da cor do leite, que causa uma impressão agradável ao órgão do gosto e é fornecida pelos animais do sexo feminino que têm tetas.

Aquele que têm órgãos glandulares próprios à secreção do leite, que mastiga e engole carne dos animais terrestres, dos pássaros e dos peixes, que muda de lugar deslocando seus pés um depois do outro sobre a ponta das partes móveis que são a terminação das mãos e dos pés e que diz respeito à construção destinada à habitação humana FEZ DIRIGIR-SE DO ALTO PARA BAIXO PELA PARTE INTERIOR DO PESCOÇO À VÍSCERA MEMBRANOSA NA QUAL COMEÇA A DIGESTÃO DOS ALIMENTOS uma maneira de ser da substância estendida, sem configuração exterior que lhe pertença exclusivamente, da impressão que produz no olho a luz do líquido branco, de um sabor doce, provida pelas fêmeas dos mamíferos, com um efeito que agrada à parte do ser organizado, destinada a exercer a função de distinguir os sabores e obtida pelos seres organizados e dotados de movimento e sensibilidade e cuja diferença física e constitutiva pertence às mulheres que têm órgãos glandulares próprios à secreção do leite.

Segundo Bakhtin, a língua, em sua "totalidade concreta, viva" em seu uso real, tem a propriedade de ser dialógica. Essas relações dialógicas não se circunscrevem ao quadro estreito do diálogo face a face. Ao contrário, existe uma dialogização interna da palavra, que é perpassada sempre pela palavra do outro, é sempre e inevitavelmente também a palavra do outro. Isso quer dizer que o enunciador, para constituir um discurso, leva em conta o discurso de outrem, que está presente no seu. Ademais, não se pode pensar o dialogismo em termos de relações lógicas ou semânticas, pois o que é diálogo no discurso são posições de sujeitos sociais, são pontos de vista acerca da realidade (1970a: 238-243, cf. também 1988: 86-8, 96, 100; 1992: 353-58).

A Análise do Discurso de linha francesa propõe o princípio da heterogeneidade, a ideia de que a linguagem é heterogênea, ou seja, de que o discurso é tecido a partir do discurso do outro, que é o "exterior constitutivo", o "já dito" sobre o qual qualquer discurso se constrói. Isso quer dizer que o discurso não opera sobre a realidade das coisas, mas sobre outros discursos. Todos são, portanto, "atravessados", "ocupados", "habitados" pelo discurso do outro (Authier-Revuz, 1990: 25-7). Por isso, a fala é fundamentalmente, constitutivamente heterogênea. Sob a palavra, há outras palavras. A palavra do outro é condição de constituição de qualquer discurso (Authier-Revuz, 1982; Maingueneau, 1983, 1984, 1987). Observe-se que o conceito de heterogeneidade é uma maneira de ver o conceito bakhtiniano de dialogismo.

Bakhtin, ao explicitar que o fundamento da discursividade, o modo de funcionamento da linguagem, é o dialogismo, mostra que a interação enunciativa tem um caráter constitutivo. Em termos da Análise do Discurso, isso significa dizer que o discurso é constitutivamente heterogêneo.

A heterogeneidade constitutiva funda o que Maingueneau, no capítulo 4 de *Genèses du discours* (1984), vai chamar uma interincompreensão generalizada, dado que cada sistema considera o sistema semântico do Outro em termos de categorias negativas do seu próprio sistema. Ler as categorias do Outro como categorias negativas do Um não pode ser atribuído à má-fé, mas ao modo de constituição das formações discursivas. O modo conflitual de constituição do discurso implica a tradução do outro como negatividade. Essa interincompreensão parte de definições diversas para os mesmos termos. Há um texto de Castelo Branco em que esse desentendimento recíproco fica evidenciado, quando ele define termos do discurso da esquerda em termos da grade semântica do que poderíamos denominar o discurso da direita.

> Nessa estranha linguagem, aqueles que desejam o desenvolvimento econômico, na moldura de uma sociedade democrática, pregando a cooperação entre as classes e não a luta de classes, e aberto à cooperação internacional para evitar a repressão do consumidor, são chamados "reacionários" e "entreguistas"; os que almejam implantar o totalitarismo de esquerda, muito menos benéfico à grande massa trabalhadora do que à oligarquia burocrática do partido, se intitulam "forças populares de vanguarda", quando não pretendem, com trágica ironia, ser paladinos da "democracia popular". Alguns empresários que exploram o nacionalismo para proteger a sua ineficiência e preservar posições de monopólio, não hesitando para isso em apoiar e financiar a esquerda subversiva, passam a ser membros da "burguesia nacional progressista"; enquanto que outros, preocupados em absorver recursos e tecnologia externa, para reforçar nossa poupança e acelerar o desenvolvimento econômico, são acusados de "alienados" e "antinacionais". A agressão e a infiltração, para acorrentar os indivíduos e nações ao serviço da causa comunista, passam a ser descritas como "guerras de libertação nacional"; enquanto os países que preferem resistir a essa subjugação, para decidirem o seu próprio destino, estão arrolados como "vassalos do imperialismo ocidental". E que dizer da suprema deturpação semântica, segundo a qual os que desejam subordinar o nosso sistema de vida e escravizar nossas instituições a ideologias estranhas passam a ser proprietários e árbitros do "nacionalismo"? [...]
> Pois, meus caros amigos, não basta combater a subversão institucional e a corrupção moral: é necessário, também, combater a corrupção semântica, que distorce a realidade dos fatos e procura nos impedir a visão objetiva e racional de nossos deveres e de nossa responsabilidade. (Castelo Branco, s.d.: 110-11)

Um conflito definicional é dado pela famosa frase "Não sou X, mas...": por exemplo, *Não sou homofóbico, tenho muitos amigos gays, mas não posso ver dois homens andando de mão dada*. Nesse caso, a pessoa que disse a frase usa uma definição bem restrita de homofobia. A resposta poderia ser uma definição mais ampla, mostrando que, de fato, ela é homofóbica. Por outro lado, certas definições ganharam um conteúdo bastante amplo. É o caso da palavra fascista, que serve como um insulto para tudo o que é mesmo vagamente de direita.

As fórmulas condensadas, como, por exemplo, o *slogan*, notadamente se se apresentam, implícita ou explicitamente, como uma definição, têm um poder argumentativo muito grande:

CBN, a rádio que toca notícia.

Fazendo o céu o melhor lugar da terra (Air France).

Quando Bernard Shaw, em *O crime do aprisionamento*, diz: "A escola é uma prisão" (1969: 18), essa definição, pelo seu poder de condensação e pela sua simplicidade, tem uma força surpreendente, pois ela é aceita como verdade ou é repelida como uma provocação. No entanto, não se fica insensível a ela. As definições simples são vistas como evidências, como verdades primeiras:

A religião é o ópio do povo. (Karl Marx, Introdução de *Para a crítica da filosofia do direito de Hegel*)
A propriedade é o roubo. (Proudhon, cap. I do livro *O que é a propriedade?*)

No caso dos *slogans* políticos, sua força deriva da capacidade de incitar à ação:

Ein Volk, ein Reich, ein Führer (Um povo, um império, um líder) (um dos mais repetidos *slogans* nazistas).

Soyez réalistes, demandez l'impossible (Sejam realistas, exijam o impossível) (um dos *slogans* do movimento de maio de 68, baseado na definição *O realismo é a exigência do impossível*).

Plante que o João garante (*slogan* para incentivar, durante o governo de João Figueiredo, o aumento do plantio, baseado na definição *João é a garantia da produção*).

A comparação

Uma maneira de definir é aproximar ou diferençar um objeto de outros. Quando se faz uma comparação, não se toma o objeto em si, expondo suas características ou suas funções, mas se escolhe outro objeto mais conhecido e se fazem aproximações entre eles. Camilo Castelo Branco, em *Mistérios de Lisboa*, depois de definir o coração da mulher como um abismo, compara a sondagem desse abismo às viagens ao polo com suas dificuldades e seus perigos:

O coração da mulher é um abismo. Este axioma é já tão velho que não é habilidade nenhuma repeti-lo. Habilidade é sondar o dito abismo e adivinhar a mulher. Muitos o tentam, e poucos conseguem vir a lume com a pedra filosofal. É uma exploração perigosa como a dos exploradores. E como as viagens do polo, em cujos gelos ficam sepultados os nautas atrevidos. E, se não fosse assim difícil a conquista, a mulher não valia nada. O que a faz preciosa é o segredo. (cap. XVI do Livro Quarto)

Quando os europeus chegam ao novo mundo, encontram muitas plantas e animais desconhecidos. Para poder compreendê-los, utilizam-se da comparação. Assim, estabelecem semelhanças entre a realidade desconhecida da América e a conhecida da Europa, homologando dois espaços muito diversos. Pigafetta, em *Primeira viagem ao redor do mundo. O diário da expedição de Fernão de Magalhães*, nos registros feitos entre 20 de setembro e 13 de dezembro, sob a rubrica "Abacaxi, açúcar, anta", assim descreve o abacaxi e a carne de anta:

> Aqui nos provisionamos abundantemente [...] de uma espécie de fruto parecido com a pinha (lembremo-nos de que, em espanhol, o abacaxi é chamado *piña americana* ou simplesmente *piña* e de que, em inglês, é denominado *pineapple*), porém que é extremamente doce e de gosto esquisito (= delicioso), [...] de carne de anta – a qual é parecida com a carne de vaca, etc.

Também Gandavo, no *Tratado da Terra do Brasil* (1980), faz inúmeras comparações para explicar os animais e as plantas da terra brasileira:

> Também há uma fruta que lhe chamam bananas [...]: parecem-se na feição com pepinos, nascem numas árvores muito tenras e não são muito altas, nem têm ramos senão folhas mui compridas e largas. Estas bananas criam-se em cachos, algum se acha que tem de cento e cinquenta para cima, e muitas vezes é tão grande o peso delas que faz quebrar a árvore pelo meio; como são de vez colhem estes cachos, e depois de colhidos amadurecem [...]. Esta é uma fruta muito saborosa e das boas que há na terra, tem uma pele como de figo, a qual lhe lançam fora quando as querem comer. (cap. VI do Tratado Segundo)

> Outra fruta se cria numas árvores grandes, estas não se plantam, nascem pelo mato muitas; esta fruta depois de madura é muito amarela; são como peros respinaldos compridos, chamam-lhe cajus, têm muito sumo, e cria-se na ponta desta fruta de fora um caroço como castanhas, e nasce diante da mesma fruta, o qual tem a casca mais amargosa que fel, e se tocarem com ela nos beiços dura muito aquele amargor e faz empolar toda a boca; pelo contrário, este caroço assado é muito mais gostoso que amêndoa. (cap. VI do Tratado Segundo)

> Chamam-lhes tatus, e são tamanhos como coelhos e têm um casco, à maneira da lagosta como de cágado, mas é repartido em muitas juntas como lâminas; parecem totalmente um cavalo armado, têm um rabo do mesmo casco comprido, o focinho é como de leitão, e não botam mais fora do casco que a cabeça e criam-se em covas, a carne deles tem o sabor quase como de galinha. (cap. V do Tratado Segundo)

Jean de Léry, no capítulo XIII de sua *Viagem à Terra do Brasil* (1972), assim descreveu o abacaxi:

Em primeiro lugar vou assinalar a planta que produz o fruto chamado ananá. Assemelha-se à espadana, tendo as folhas um pouco côncavas, estriadas nos bordos e muito parecidas com as de aloés. Cresce em touceiras, como grandes cordas, e o fruto, do tamanho de um melão mediano e do feitio da pinha, sai da planta como as alcachofras, sem pender para os lados. Ao amadurecer torna-se amarelo-azulado e rescende tão ativamente a framboesa que de longe o sentíamos nas matas onde cresce; é muito doce e o reputo o fruto mais saboroso da América. Quando aí estive espremi um ananás que deu cerca de um copo de suco e este me pareceu saudável.

Muitas vezes, as comparações, embora vigorosas argumentativamente, pela aparência de rigor, aproximam apenas aspectos acidentais dos objetos, deixando de lado diferenças fundamentais entre eles, como, por exemplo, o contexto histórico, quando se trata de aproximar acontecimentos. Um exemplo é a afirmação da identidade do nazismo e do comunismo, porque ambos eram regimes totalitários e causaram a morte de milhões de pessoas (*Veja*, 26/2/2014: 86-7). Não é pelo fato de terem alguns traços semelhantes que eles são idênticos. Variam pela finalidade, pelas forças sociais que os sustentam, pelo gênero de sociedade em que se desenvolveram, etc. Seu discurso também era diverso. Enquanto o do comunismo era voltado para o futuro, para a construção de uma sociedade igualitária e de um homem novo, o do nazismo era voltado para o passado, para os mitos indo-europeístas, que justificariam a supremacia da raça ariana. É do mesmo teor o argumento de que os extremos se tocam, o que permite identificar a extrema-direita e a extrema-esquerda

As comparações têm um papel pedagógico forte, pois dão concretude àquilo que é uma abstração. Nem sempre as pessoas imaginam o tamanho de uma unidade territorial, quando se diz que ela tem um determinado número de quilômetros quadrados. Por isso, comparar com outras unidades territoriais é sempre um argumento forte, mesmo quando, nos exemplos abaixo (os que não têm indicação da fonte foram colhidos na internet), não haja precisão total nos valores comparados:

> Com seus 8.500.000 km² de superfície, o Brasil é 97 vezes maior que Portugal, 15 vezes maior do que a França, 8 vezes a Colômbia, 3 vezes a Argentina. Somente a Ilha de Marajó, por exemplo, é tão extensa quanto a Suíça e bem maior que a Bélgica e a Holanda.

> A área desmatada da Floresta Amazônica brasileira equivale a um país como a França.

> O Brasil é quatro vezes maior que a zona do Euro, mas tem um único governo e fala uma única língua.

> O município de Altamira no Pará é quase duas vezes maior do que Portugal.

A mente doentia de Josef Stalin e Adolf Hitler desenhava a Ucrânia como um fazendão. Dono de um solo fértil, ideal para o cultivo de trigo e outros grãos essenciais, o país constituiria um latifúndio de 600.000 quilômetros quadrados (mais ou menos o tamanho de Minas Gerais), destinado exclusivamente a fornecer alimento aos comunistas de um e aos nazistas de outro. (*Veja*, 26/2/2014: 87)

A mesma coisa acontece com grandes valores e medidas:

O caso Pasadena parecia perdido entre camadas de outros desgovernos que, embora mais destrutivos, eram mais fáceis de explicar e, portanto, mais difíceis de ser explorados eleitoralmente pela oposição. Fala-se aqui do rombo de centenas de bilhões de reais cavados no setor energético pela tentação populista de Dilma de obrigar as empresas a fornecer eletricidade a um preço abaixo do custo de produção e a Petrobras a importar gasolina cara e a vendê-la mais barata aos distribuidores. Perto do prejuízo produzido pela política desastrosa de segurar artificialmente o preço da luz e da gasolina, empalidece a perda com a compra da refinaria no Texas. Na Petrobras viraram pó mais de oitenta Pasadenas em valor de mercado e trinta Pasadenas em prejuízo financeiro pelo subsídio à gasolina e ao diesel. Na Eletrobras queimaram-se quase sete Pasadenas em valor de mercado. (*Veja*, 2/4/2014, 62)

O contra-argumento é, em geral, mostrar que a comparação não tem sentido. Por exemplo, alguém diz que é melhor ir de São Paulo a Ribeirão Preto de avião, porque, nesse caso, a viagem leva cerca de 40 minutos e a de carro, mais ou menos 4 horas. O contra-argumento pode ser o de que, se se computar o deslocamento de casa para o aeroporto, a chegada com antecedência mínima de 1 hora, a ida do aeroporto ao ponto de destino, a vantagem do tempo não existe.

A reciprocidade

O argumento da reciprocidade está baseado numa identidade mútua, num princípio de simetria, numa equivalência: *a* está para *b* assim como *b* está para *a* (cf. Perelman e Tyteca, 2005: 250-57). Nesta passagem do Evangelho de Mateus, opera-se com o argumento da reciprocidade: "Assim tudo o que desejardes que os outros façam para vós, fazei também para eles: nisso se resumem a Lei e os Profetas" (7, 12). Esse é um ensinamento que se encontra em muitos autores antigos e modernos, seja na forma positiva, como aparece em Mateus, seja na forma negativa: "Quod tibi fieri nolueris alteri ne feceris" (= Não faças a outrem o que não queres que te façam). Quintiliano exemplifica esse argumento com este enunciado: "Quod discere honestum, et docere" (= O que não é vergonhoso aprender também não é vergonhoso ensinar) (v, x, 78).

A lei do talião está também fundada no princípio da reciprocidade. Ela é exposta, por exemplo, nos capítulos 21 e 22 do Êxodo (veja-se, por exemplo, Ex. 21, 23-25: "tu darás vida por vida, olho por olho, dente por dente, mão por mão, pé por pé, queimadura por queimadura, contusão por contusão, ferida por ferida").

Também os argumentos que proclamam a identidade entre duas situações se estribam nesse princípio: Trabalho igual, salário igual. Também os que indicam equivalência: X é meu amigo: mexeu com ele, mexeu comigo.

Todos os argumentos que pedem ao interlocutor para colocar-se no lugar de alguém dizem respeito ao princípio da reciprocidade, pois o que se pretende é mostrar que, se o enunciatário estivesse no lugar de outro (do enunciador ou de uma terceira pessoa) não agiria diferentemente. É, por exemplo, um dos argumentos dos que desejam a diminuição da maioridade penal: queria ver se você tivesse um filho morto por um menor.

As histórias de amor com final feliz estão construídas sobre um princípio de reciprocidade. O que Drummond faz em seu poema "Quadrilha" é destruir a reciprocidade sobre a qual se funda um imaginário cevado por narrativas amorosas tradicionais:

> João amava Teresa que amava Raimundo
> que amava Maria que amava Joaquim que amava Lili
> que não amava ninguém.
> João foi para os Estados Unidos, Teresa para o convento,
> Raimundo morreu de desastre, Maria ficou para tia,
> Joaquim suicidou-se e Lili casou com J. Pinto Fernandes
> que não tinha entrado na história.

A transitividade

O argumento da transitividade se baseia na relação matemática transitiva: se a é igual a b e b é igual a c, então a é igual a c. Nesse caso, temos uma consequência necessária. No entanto, na argumentação, o que se tem é um argumento quase lógico, porque a consequência não é necessária, mas provável. Tome-se o argumento que segue: No futebol, o Brasil é melhor que a Espanha, porque ganhou dela na Copa das Confederações; a Espanha é melhor do que todas as demais seleções da Europa, porque ganhou a última Eurocopa; portanto, o Brasil é melhor do que qualquer seleção europeia e vai vencer a Copa do Mundo de 2014. Não é lógica a conclusão de que o Brasil tem a melhor seleção do mundo e de que vai ganhar a Copa de 2014 como, aliás, a realidade encarregou-se de demonstrar. Isso, à vista do raciocínio apresentado, é provável, é plausível, mas a conclusão não decorre necessariamente das premissas. Outro exemplo: Se o Clio é mais econômico do que o Volkswagen Up e este é mais econômico do que o Nissan March, então o Clio é mais econômico do que o Nissan. Essa conclusão é apenas provável, porque nela não se leva em conta a potência do motor, a presença ou não de ar-condicionado, as condições de tráfego, etc. É esse tipo de argumento que expõe Clóvis Rossi, num artigo intitulado "Putin, parceiro inconveniente":

> Tudo somado, há motivos suficientes para que o governo brasileiro não caia na tentação de aproximar-se demais de Putin.
> Explico a tentação: uma parte da esquerda, no Brasil e no mundo, tem a obtusa mentalidade de achar que o inimigo do meu inimigo é meu amigo. Como parte da esquerda sempre foi antinorte-americana, quando surge alguém, como Putin, tentando criar embaraços para os EUA, passa a tratá-lo quase como herói. (*Folha de S.Paulo*, 3/8/2014)

Ou ainda:

> Será que já começo a odiá-lo? Creio que não sei olhar a vida desapaixonadamente. Os inimigos de meus amigos são meus inimigos. (Érico Veríssimo. *Saga*, cap. 3 da III parte)
> A batalha entre o Irã e o Isis não transforma o Irã em um amigo dos Estados Unidos. Quando se trata de Irã e Isis, o inimigo do seu inimigo é seu inimigo. (*Veja*, 11/3/2015: 74)

A inclusão e a divisão

Neste poema que segue, Gregório de Matos fala sobre as relações entre parte e todo:

> O todo sem a parte não é todo,
> A parte sem o todo não é parte;
> Mas se a parte o faz todo, sendo parte,
> Não se diga que é parte, sendo o todo,
>
> Em todo o Sacramento está Deus todo,
> E todo assiste inteiro em qualquer parte,
> E feito em partes todo em qualquer parte,
> Em qualquer parte sempre fica todo.
>
> O braço de Jesus não seja parte,
> Pois que feito Jesus em partes todo,
> Assiste cada parte em sua parte.
>
> Não se sabendo parte deste todo,
> Um braço que lhe acharam sendo parte,
> Nos diz as partes todas deste todo.

Esse soneto estrutura-se sobre uma antítese (*parte* vs. *todo*), que, ao longo do poema, desfaz-se, já que nele se afirma que a parte é o todo. Nesse poema, expõe-se uma interessante concepção medieval acerca das relações entre a parte e o todo, presente na doutrina católica sobre a eucaristia. A parte não é fração de um conjunto, mas símbolo dele, ou ainda, mais precisamente, é equivalente ao todo, representa-o. Assim, quando se divide a hóstia, nela não está presente um pedaço do corpo de Cristo, mas está o corpo inteiro. O que se parte é apenas a expressão (a hóstia) de um conteúdo incomensurável e indivisível (o corpo de Cristo). O poema mostra que a antítese existe no nível da expressão, enquanto, no do conteúdo (corpo de Cristo), a parte contém o todo, é o todo. Essa concepção da relação entre parte e todo conduzia a outra interessante noção. Nessa época, não existia o conceito de individualidade. A pessoa, enquanto tal, não tinha nenhum valor pessoal nem direitos individuais. O que lhe dava valor, direitos e privilégios era o grupo social a que pertencia. Quanto mais alto o valor do grupo, maior o da pessoa. Por outro lado, o homem representava todo o grupo a que pertencia. Se ele cometia um erro, se praticava um crime, maculava, desonrava toda a corporação.

Na argumentação, podem-se transferir propriedades do todo para as partes e das partes para o todo. Essa transferência pode criar argumentos válidos chamados de divisão, quando se atribui uma propriedade de uma ou de cada parte ao todo, o que vale para as partes vale para o todo (*As peças dessa máquina são de aço; logo, essa máquina é de aço*), ou de inclusão, quando se considera que uma parte tem as mesmas características do todo, ou seja, o que vale para o todo vale para as partes (*O corpo é um organismo vivo; ora, o coração faz parte desse organismo; portanto, o coração é vivo*). Este argumento é aquele que pensa que o indivíduo não escapa à regra: ele deixa tudo para a última hora; é brasileiro. Aquele é o que pretende que uma parte contamine o todo: *Existem políticos corruptos; logo, a política não presta*. Trata-se, em ambos os casos, de uma identidade entre parte e todo.

Esses argumentos são quase lógicos, porque os argumentos de inclusão ou de divisão manifestam muitas vezes as concepções de uma dada época, seus juízos de valor, até seus preconceitos, como ocorre no exemplo que segue:

> Não se julgou radicalmente amada; mas viu as labaredas do vulcão repentino, embora superficial, que queimava por dentro o mancebo. Bem sabia ela que não era este o primeiro triunfo seu! Tinha visto assim abrasarem-se muitos vesúvios em redor do gelo da sua alma, que só Leopoldo Saavedra soubera derreter, não diremos se com o fogo das suas palavras, se com o metal candente de oitenta mil francos. Fosse o que fosse. Por esses tempos, Teófilo Gautier escrevia o seguinte: "A mulher que resiste a cem mil francos, cederá a duzentos mil... Todas são corruptíveis... a cifra é que varia..." Mas a nossa questão não é esta. (Camilo Castelo Branco, *Mistérios de Lisboa*, cap. XVI do Livro Quarto)

Ou ainda:

[Joaquim Barbosa] Quer figurões petistas na cadeia, não porque sejam ou tenham sido de esquerda, mas porque se recusa a aceitar que na cadeia só fiquem os pobres, os pardos, os negros. (Marcelo Coelho, "As tentações de Joaquim Barbosa", *Folha de S.Paulo online*, 5/3/2014)

Apesar de ser um argumento quase lógico, os lógicos sempre tentaram explicar, quando essa transferência é possível:

O sódio e o cloro são tóxicos.
Portanto, o cloreto de sódio é tóxico.

O argumento construído é inválido, porque o cloreto de sódio (o sal de cozinha) não é tóxico. Nesse caso, o todo não tem a mesma propriedade de suas partes.

Você estuda num colégio rico. Logo, você é rico.

Esse argumento também é inválido, pois a riqueza é medida, de maneira diferente, para as instituições e os indivíduos. O fato de o colégio ser rico não implica que cada um dos que nele estuda seja rico. Nesse caso, as partes não têm a mesma característica do todo.

A questão que se coloca para nós é saber quando se podem transferir propriedades do todo para as partes e vice-versa. Isso está sujeito a dois fatores: a) a natureza da característica a ser atribuída às partes ou ao todo; b) o tipo de relação entre partes e todo (cf. Eemeren e Grootendorst, 1996: 195-204).

Quanto a sua natureza, as propriedades podem ser absolutas ou relativas. Estas são os atributos em que sempre há uma comparação explícita ou implícita com algum outro elemento. Quando se diz *Esta formiga é grande*, o que se pretende asseverar é que ela é grande em relação ao tamanho das formigas em geral; quando se afirma *Esta mala é pesada*, isso significa que ela é pesada em relação a um padrão implícito aplicável às malas, ou seja, aquela que uma pessoa pode carregar. As propriedades absolutas são aquelas em que não se estabelece nenhum padrão de comparação com outro elemento: *O céu é azul*.

O todo pode ser estruturado e não estruturado. Este é uma coleção de elementos, que, em conjunto, constitui o todo, que é a soma das partes: a humanidade é a soma dos seres humanos. O todo estruturado é aquele que é mais do que a soma das partes, pois há uma diferença qualitativa entre as partes e o todo: um romance é mais do que a soma de períodos, porque nem toda coleção de períodos forma um romance.

Há propriedades dependentes da estrutura (ou coletivas) e aquelas que são independentes (ou distributivas). As primeiras são aquelas que se aplicam ao todo, mas não necessariamente às partes. Quando se diz que um time de futebol é excelente, não se quer dizer que cada um dos jogadores o seja; é o conjunto que é excepcional. Já as independentes da estrutura são aquelas que se aplicam a partes, mas não ao todo. Quando se diz que a perna da mesa é redonda, não se deseja afirmar que a mesa seja redonda.

Só se pode transferir uma propriedade do todo para as partes e vice-versa, quando ela for absoluta e, além disso, independente da estrutura. Por exemplo, a mesa é de madeira; logo, a perna da mesa é de madeira.

Os contra-argumentos podem ser construídos de duas maneiras. A primeira mostrando que se aplicou incorreta ou inadequadamente uma propriedade de um todo às partes. Por exemplo: *A água é um líquido que se pode beber; ora, ela é formada de hidrogênio e oxigênio; logo, hidrogênio e oxigênio são líquidos que podem ser bebidos*. Nesse caso, há uma propriedade absoluta, mas dependente da estrutura e, por isso, não pode ser transferida do todo para as partes. Pode-se demonstrar também que a divisão é fruto do preconceito, do desconhecimento.

A segunda consiste na demonstração de que se atribui erroneamente uma propriedade das partes a um todo: *um carro polui menos que um ônibus; portanto, os carros fazem menos mal ao meio ambiente do que os ônibus*. A propriedade de ser poluente é relativa e não dependente da estrutura, o que quer dizer que, individualmente, um ônibus pode ser mais poluente do que um carro, mas, como há mais carros que ônibus, coletivamente os ônibus não podem ser considerados mais poluentes do que os carros.

Ainda sobre o todo e as partes

Os lógicos, muitas vezes, pensam a questão da utilização das formas lógicas de argumentação sem levar em conta as complexidades pragmáticas e semânticas da linguagem. Assim, na questão da transferência das propriedades do todo para as partes e vice-versa, analisam a natureza da característica a ser deslocada e o tipo de relação entre partes e todo e determinam que tipo de propriedade pode ser transportada de um para outras. Assim, consideram que podemos realizar essa operação com propriedades absolutas, isto é, aquelas em que não se estabelece nenhum padrão de comparação com outro elemento, e as independentes da forma como se estrutura o todo, ou seja, quando o todo é igual à soma das partes. Isso significa que, para haver a transferência, é preciso que, ao mesmo tempo, a propriedade seja absoluta e independente da estrutura. No entanto, há alguns casos que desafiam essa proposição (cf. Eemeren e Grootendorst, 1996: 195-204).

Tomemos, no entanto, o exemplo que segue:

1. a) Esta cama é escura.
   b) Portanto, as pernas da cama são escuras.
2. a) As pernas da cama são escuras.
   b) Portanto, a cama é escura.

"Escura", nesse caso, é uma propriedade absoluta, porque opomos as camas feitas com, por exemplo, madeira escura àquelas construídas com madeira clara e não as mais escuras às menos. Além disso, é independente da estrutura. Portanto, ela poderia transferir-se do todo para as partes e vice-versa. No entanto, não é essa a impressão que temos: 1 parece um raciocínio correto, mas 2 não. O primeiro parece adequado, porque deixa implícitas duas ideias:

1. a) Esta cama é escura.
      (Portanto, todas as partes da cama são escuras)
      (As pernas são partes da cama)
   b) Portanto, as pernas da cama são escuras.

No entanto, isso não parece funcionar na direção oposta, ou seja, o que é verdadeiro para as pernas não é, pelo nosso conhecimento de mundo, válido para todas as partes da cama (estrado, cabeceira, etc.), o que explica a assimetria entre 1 e 2.

Uma propriedade relativa sempre produz argumentos inválidos, quando é transferida do todo para as partes e vice-versa. No entanto, há casos em que o deslocamento para as partes aparece como mais problemática do que a mesma operação em sentido inverso. Em outros casos, é o contrário.

3. a) O carro é caro. Portanto, todas as peças do carro são caras.
   b) Todas as peças do carro são caras. Portanto, o carro é caro.
4. a) O carro é barato. Portanto, todas as peças do carro são baratas.
   b) Todas as peças do carro são baratas. Portanto, o carro é barato.

O argumento 3a parece mais despropositado do que 3b, pois, pragmaticamente, entendemos que, se um todo é caro, isso não significa que alguma parte não possa ser barata. No entanto, se todas as partes são caras parece impossível que o todo não seja caro. Em 4, ocorre exatamente o contrário: se o todo é barato, parece implausível que ele tenha alguma parte cara. Entretanto, todas as partes podem ser baratas, mas a soma delas pode levar a que um objeto seja caro.

Muitas vezes, corre-se o risco de não levar em conta diferenças semânticas, com implicações pragmáticas. Observe-se o exemplo:

5. a) Uma capivara causa mais estrago às plantações do que um gafanhoto.
   b) Portanto, as capivaras causam mais estragos às plantações do que os gafanhotos.

Ora, no primeiro caso, estamos falando de uma ação individual; no segundo, de uma ação coletiva. O que é preciso, pois, levar em conta em b é o número total de capivaras e gafanhotos.

Ademais, quando se transfere uma propriedade do todo para as partes, ela tem que manter o mesmo sentido. É errado argumentar assim:

6. a) Todos os alunos deste colégio são grandes.
   b) Portanto, este colégio é grande.

Em a, o sentido de grande é "alto"; em b, o adjetivo refere-se à dimensão do edifício ou ao número de alunos que o compõem. O primeiro significado não serve para a conclusão e o segundo, para a premissa.

A contra-argumentação nesses casos é feita mostrando que não se podem transferir as características da parte para o todo ou vice-versa, como faz Ferreira Gullar, em artigo publicado na *Folha de S.Paulo* de 16/3/2014:

> A polícia não goza de muito prestígio na opinião pública brasileira. E as razões são muitas, sendo uma delas a venalidade de muitos policiais – e não apenas de soldados rasos e cabos – que se valem da autoridade que o Estado lhes atribui para chantagear e tirar vantagens. Eles se vendem, para falar claro.
> Sucede que isso não ocorre só com os policiais. Outro dia mesmo, a imprensa noticiava a falcatrua que funcionários da prefeitura paulistana faziam, valendo-se do fato de terem a função de fiscalizar o pagamento do ISS. E há o mensalão, há o mensalinho, etc. etc.
> Mas voltemos à polícia. Do mesmo modo que a existência de corruptos numa instituição não significa que todos ali sejam corruptos, também há nas corporações policiais muita gente correta, e essa gente é a maioria. Fora isso, devemos lembrar que a polícia é uma instituição imprescindível à sociedade e, se é ruim com ela, impossível sem ela.

Argumentum a pari

O *argumentum a pari* ou *a simili* (argumento por semelhança), também chamado regra de justiça, é aquele que postula que casos semelhantes têm que ter um tratamento semelhante, é aquele que recusa a lógica dos "dois pesos e duas medidas". É um argumento fundado no princípio de identidade, porque opera com a identificação de situações. No exemplo que segue, acusa-se o Supremo Tribunal Federal de agir diferentemente em casos semelhantes:

> De acordo com Dirceu, a diferença de tratamento entre os dois casos deve ser esclarecida pela Procuradoria-Geral da República (PGR) e pelo STF. O tratamento diferenciado dado ao mensalão tucano é acintoso e contraditório em relação à Ação Penal nº 470. No nosso caso, o Supremo decidiu não desmembrar, disse Dirceu. No caso do mensalão do PSDB, que é mais antigo e era operado pelo mesmo Marcos Valério, o mesmo Supremo decidiu corretamente pelo desmembramento. Como explicar os dois pesos e as duas medidas? Para ele, quando for a julgamento, a ação não durará tantos meses e nem terá a mesma atenção da imprensa quanto a do mensalão, ajudando a preservar a imagem do PSDB.
> (Blog Jus Brasil, "Para Dirceu, Supremo Tribunal Federal tem dois pesos e duas medidas")

No poema "Os dois vigários", de Drummond, o narrador mostra dois padres em tudo diferente na vida, mas que se identificam na morte. O texto mostra como as categorias da vida não se aplicam à morte, onde o que se imagina seja o bem e o mal perde sentido:

> Há cinquenta anos passados,
> Padre Olímpio bendizia,
> Padre Júlio fornicava.
> E Padre Olímpio advertia
> e Padre Júlio triscava.
> Padre Júlio excomungava
> quem se erguesse a censurá-lo
> e Padre Olímpio em seu canto
> antes de cantar o galo
> pedia a Deus pelo homem. [...]
>
> Dois raios, na mesma noite,
> os dois padres fulminaram.
> Padre Olímpio, Padre Júlio
> iguaizinhos se tornaram:
> onde o vício, onde a virtude,
> ninguém mais o demarcava.
> Enterrados lado a lado
> irmanados confundidos,
> dos dois padres consumidos
> juliolímpio em terra neutra
> uma flor nasce monótona
> que não se sabe até hoje
> (cinquenta anos se passaram)
> se é de compaixão divina
> ou divina indiferença.

No exemplo que segue, que é parte de um texto de Luiz Felipe Pondé intitulado "Dois pesos e duas medidas", publicado na *Folha S.Paulo* de 20/1/2014, o autor toma uma distinção que, para ele, não se justifica e propõe, no final, que se faça piada de tudo e de todos.

> Mas me pergunto uma coisa: por que alguns acham politicamente incorreto fazer piadas com negros, índios, gays e nordestinos (e julgam justificados processos legais contra quem faz tal tipo de piada), mas julgam correto fazer piada com os ícones do cristianismo?
> Claro, quem pratica esse tipo de critério, com dois pesos e duas medidas, é gente boazinha e com opiniões corretas. Defendem a própria liberdade, mas negam imediatamente a liberdade de quem os aborrece. O nome disso é incoerência. A democracia só vale para quem nos irrita, mas os bonzinhos não pensam assim. [...]
> Proposta: que tal tirar sarro das pautas dos bonzinhos? Tipo fazer piada com as "jornadas de junho". Ou da moçadinha que quer salvar o Ártico. Ou de gente que vive falando mal da polícia, mas treme de medo e chama a polícia logo que sente sua propriedade privada em risco. Ou do movimento estudantil. Ou de intelectual que glamoriza os "rolezinhos". Ou das feministas. Ou de ateus militantes. Ou do exército da salvação PSOL e PSTU. Ou de quem diz que bandidos são vítimas sociais.

A regra de justiça em direito preconiza que a mesma regra se aplica a todos aqueles que se encontram na mesma situação. O artigo 5º da Constituição Federal em vigência estabelece: "Todos são iguais perante a lei, sem distinção de qualquer natureza, garantindo-se aos brasileiros e aos estrangeiros residentes no País a inviolabilidade do direito à vida, à liberdade, à igualdade, à segurança e à propriedade." A regra de justiça é contrária à lógica do privilégio. É o caso deste editorial de *O Estado de S. Paulo*, que argumenta no sentido da manutenção da isonomia de todos os prisioneiros da Papuda:

> A Vara de Execuções Penais (VEP) do Distrito Federal (DF), em decisão subscrita por três de seus integrantes, determinou que os 11 condenados no processo do mensalão que cumprem pena na penitenciária da Papuda, em Brasília, recebam o mesmo tratamento dispensado a todos os mais de 9 mil encarcerados no local – feito para abrigar cerca de 5 mil. A Papuda é um dos piores exemplos dos descalabros do superlotado sistema prisional brasileiro. Mas nem isso poderia justificar os afrontosos privilégios desfrutados pelos mensaleiros nos seus primeiros dias de cadeia. Tampouco se poderia admitir que fossem ressarcidos, desse modo, por suas atribulações na transferência para Brasília e subsequente admissão na Papuda.
> Os juízes da VEP basearam-se em duas ordens de consideração – uma, de fato; outra, de direito. A primeira focaliza os efeitos da diferença de tratamento para a sempre frágil normalidade no interior do presídio. Uma inspeção realizada na segunda e na terça-feira passadas pelo Ministério Público do DF constatou que se formara um "clima de instabilidade e insatisfação" entre os detentos. Eles ficaram sabendo que, enquanto os seus familiares eram obrigados a chegar na madrugada dos dias de visita para não perder a viagem, tamanha a fila que engrossariam, as portas do presídio podiam se abrir a qualquer hora para dar passagem a levas de políticos – entre eles o governador do DF, Agnelo

Queiroz – desejosos aparentemente de levar a sua seletiva solidariedade aos autodenominados "presos políticos" petistas, José Dirceu, José Genoino e Delúbio Soares. [...]
"É justamente a crença dos presos na postura isonômica por parte da Justiça do Distrito Federal", argumentam os magistrados da VEP, "que mantém a estabilidade do precário sistema carcerário local". Daí a exigência de que as autoridades observem estritamente as normas prisionais, "especialmente no que se refere ao tratamento igualitário a ser dispensado". A essa fundamentada linha de raciocínio, eles agregaram a questão de direito a que se fez referência no início deste comentário. Trata-se do princípio da igualdade jurídica entre as pessoas. O então presidente Lula se permitiu a enormidade de atacar os críticos das transgressões éticas cometidas pelo aliado José Sarney na presidência do Senado, alegando que ele não poderia ser tratado como se fosse "uma pessoa comum". Mas, em liberdade ou no cárcere, é o que todos devem ser perante a lei.
A condição de político preso não dá a ninguém o gozo de regalias inacessíveis aos outros. A menos, ironizam os juízes, que se consagre a existência de dois grupos de condenados: um, "digno de sofrer e passar por todas as agruras do cárcere" e outro, "o qual deve ser preservado de tais efeitos negativos". ("Sem regalias na Papuda", 30/11/2013: A3)

Nem sempre é fácil mostrar a semelhança das situações, pois sempre há diferenças a considerar. Machado de Assis, em crônica de 1º de maio de 1892, publicada em *A semana*, ironiza a identificação de situações semelhantes apenas na aparência:

Só o acionista ficou, – o acionista moderno, entenda-se, o que não paga as ações. Tinham-lhe dito: – aqui tem um papel que vale duzentos, o senhor dá apenas vinte, e não falemos mais nisso. [...]
Desta noção recente tivemos, há dias, um exemplo claro e brilhante. Uma assembleia, tomando contas do ano, deu com três mil contos de despesas de incorporação. Nada mais justo. Entretanto, um acionista propôs que se reduzissem aquelas despesas; outro, percebendo que a medida não era simpática, lembrou que ficasse a diretoria autorizada a entender-se com os incorporadores para dar um corte na soma. A assembleia levantou-se como um só homem. Que reduzir? que entender-se? E, por cerca de cinco mil votos contra dez ou onze, aprovou os três mil contos de réis. A razão adivinha-se. A assembleia compreendeu que a incorporação, como a ação, devia ter sido paga pelo décimo, e conseguintemente que os incorporadores teriam recebido, no máximo, trezentos contos. Pedir-lhes redução da redução seria econômico, mas não era razoável, e instituiria uma justiça de dois pesos e duas medidas. Votou os três mil contos, votaria trinta mil, votaria trinta milhões.

O *argumentum a pari*, dependendo das circunstâncias e da maneira como é utilizado, pode ser um argumento conservador ou um argumento no sentido de propugnar a igualdade. Observem-se como são diferentes os dois argumentos que seguem:

Se um maior de 16 anos e menor de 18 pode votar, então pode responder penalmente, como qualquer outro eleitor, por delitos que venha a praticar.
Como todos os cidadãos, os deputados e senadores devem pagar as despesas de aluguel com seu salário.

Regra do precedente

Nesse argumento, também se supõe a identidade de duas situações. A diferença é que uma precede a outra. Então, argumenta-se no sentido de que a segunda deve, por isonomia, ser tratada como foi a primeira. A regra do precedente é a base do *common law*, o direito vigente nos países de língua inglesa, pois o que o fundamenta são decisões judiciais anteriores (os precedentes) tomadas em casos semelhantes. Nesses casos, o que se tem é uma generalização a partir dos casos particulares.

A jurisprudência é a codificação dos precedentes, pois a decisão num caso de uma dada espécie servirá para fundamentar decisões ulteriores. A emenda constitucional nº 45, de 2004, introduziu na Constituição Federal a chamada súmula vinculante, destinada a evitar que casos semelhantes sejam julgados diversamente:

> Art. 103-A. O Supremo Tribunal Federal poderá, de ofício ou por provocação, mediante decisão de dois terços dos seus membros, após reiteradas decisões sobre matéria constitucional, aprovar súmula que, a partir de sua publicação na imprensa oficial, terá efeito vinculante em relação aos demais órgãos do Poder Judiciário e à administração pública direta e indireta, nas esferas federal, estadual e municipal, bem como proceder à sua revisão ou cancelamento, na forma estabelecida em lei.
>
> § 1º A súmula terá por objetivo a validade, a interpretação e a eficácia de normas determinadas, acerca das quais haja controvérsia atual entre órgãos judiciários ou entre esses e a administração pública que acarrete grave insegurança jurídica e relevante multiplicação de processos sobre questão idêntica.

O argumento do precedente pode também ser usado em outros tipos de discurso:

> Não é dúvida para ninguém que as atividades antropogênicas têm influenciado o clima do planeta e que isso pode se tornar um grande problema mais adiante [...]. No entanto, temos que considerar que o nosso planeta já passou por isso durante as glaciações e os períodos interglaciais bem antes da existência dos seres humanos, e possivelmente estamos num novo ciclo, e o homem está dando uma mãozinha para acelerar o processo. Logo, não é justo colocar toda a culpa na raça humana sobre os problemas ambientais, pois a natureza tem também sua parcela de contribuição. (Marte Ferreira da Silva, Atibaia. Carta ao leitor, *Revista Pesquisa Fapesp*, fev. 2014: 6)

Argumentum a contrario

O *argumentum a contrario* (= argumento pela oposição) é o inverso do *argumentum a pari*, o que significa que ele apela para o fato de que, se uma situação é vista de determinada maneira, a situação oposta deve ser considerada de maneira diversa.

No exemplo que segue, o jornalista Francisco Bosco, em artigo intitulado também "Dois pesos e duas medidas", publicado em *O Globo*, respondeu ao articulista Luiz Felipe Pondé, que, em texto mencionado anteriormente, quando se tratou do *argumentum a pari*, propõe que o humor atinja a todos os grupos sociais. Francisco Bosco, com um *argumentum a contrario*, mostra por que não são semelhantes os grupos identificados na argumentação de Pondé:

> Na semana passada foi noticiado que a Delegacia de Crimes Raciais e Delitos de Intolerância vai investigar o vídeo "Especial de Natal", do Porta dos Fundos, a partir de uma representação feita pelo deputado Marco Feliciano. Nela, Feliciano argumenta que o filmete possui "conteúdo altamente pejorativo [...] e de forma infame atacou os dogmas cristãos e a fé de milhares de brasileiros que comungam deles, ferindo dialeticamente o direito fundamente [sic] à liberdade religiosa". Por si só, a notícia é soporífera (embora lamentável, como sempre). Mas dias depois, sem citar diretamente esse episódio, o colunista da "Folha" Luiz Felipe Pondé publicou uma coluna levantando questões sobre as relações entre humor, preconceito e liberdades, entre outras. A discussão é oportuna.
>
> Pondé se pergunta: "por que alguns acham politicamente incorreto fazer piadas com negros, índios, gays e nordestinos (e julgam justificados processos legais contra quem faz tal tipo de piada), mas julgam correto fazer piada com os ícones do cristianismo?" O trecho entre parênteses me parece conter um problema mais difícil, mas a pergunta é tão fácil de responder que causa espanto sua formulação por uma pessoa inteligente. Negros, índios, gays e nordestinos são minorias, identidades que sofrem preconceitos, respectivamente, de "raça", etnia, sexualidade e região. Já os cristãos formam o maior grupo religioso do planeta, com cerca de 33% da população mundial (seguidos pelos muçulmanos, com 22%). No Brasil, segundo o censo de 2000, quase 90% da população brasileira é de cristãos.
>
> A diferença quantitativa ainda não é, entretanto, a resposta à pergunta de Pondé, mas ajuda a chegar até ela. Minorias são discriminadas e sofrem consequências reais por causa de preconceitos que têm em mentalidades como as dos monoteísmos uma fonte privilegiada de formação. Não estou dizendo que é a única, nem que, empiricamente, todo cristão é preconceituoso (pois há outros fatores em jogo), mas sim que há uma relação estrutural, fulcral, entre a crença em um princípio positivo do mundo (Deus) e os preconceitos contra tudo o que os dogmas ligados a esse princípio condenam. Monoteísmos são mundos fechados. Mundos fechados tendem a odiar tudo aquilo que contraria seus dogmas, pois a diferença coloca em questão esses dogmas. É um problema esclarecido pela psicanálise: o centro do eu, do imaginário de um monoteísta, corre sempre risco de desabar diante da diferença. Ora, a agressividade está diretamente ligada aos abalos no imaginário (que sustenta o eu dos sujeitos).
>
> A diferença entre fazer piada com minorias e maiorias não está portanto na diferença quantitativa entre seus grupos, mas sim no fato de que as maiorias em questão são estruturas mentais fechadas, que – apenas elas – atentam contra o pleno direito à existência das minorias (que por isso, e não pela dimensão quantitativa do grupo, são chamadas de minorias). Fazer piadas com minorias reforça o preconceito e o

atentado a esses direitos. Fazer piadas com maiorias é uma tentativa de esvaziar esse preconceito, ridicularizando a mentalidade fechada que quer oprimir. Por isso os "dois pesos e duas medidas" que Pondé denuncia são, ao contrário, justos: uma vez que o mundo tem pesos e medidas diferentes, fazer justiça está em adequar-se a essas diferenças, para repará-las. (5/3/2014)

É também um *argumentum a contrario* o que foi usado por Lula para defender Sarney de denúncias sobre a condução administrativa do Senado:

> A defesa de Sarney foi feita no início da tarde, horário local – final da madrugada no Brasil. "Eu sempre fico preocupado quando começa no Brasil esse processo de denúncias, porque ele não tem fim, e depois não acontece nada", justificou, criticando a reação da imprensa e da opinião pública contra o presidente da casa. "O Sarney tem história no Brasil suficiente para que não seja tratado como se fosse uma pessoa comum.". (*Estadão on-line*, 17/6/2009)

Neste passo, critica-se o uso de um *argumentum a contrario* em lugar de um *argumentum a pari*:

> Até que Dilma condene a repressão venezuelana, portanto, fica estabelecido que, para ela, torturar e matar são atos de ditadura apenas quando o regime é de direita. Se o carrasco é de esquerda, tudo bem. (*Veja*, 19/3/2014: 13)

Argumento dos inseparáveis

É o argumento em que se faz uma associação indissociável entre duas situações, porque se considera que uma está inextricavelmente ligada à outra. É esse argumento que funda o anexim: *Não se faz omelete sem quebrar os ovos*. É o argumento que diz que só podemos criar empregos para todos pagando um preço ambiental; só podemos assegurar o fornecimento de energia indispensável ao desenvolvimento admitindo algum sacrifício ambiental, como construir hidrelétricas com grandes reservatórios e não a fio d'água, como pregam os ecologistas.

São desse tipo argumentos como: *Se alguém é evangélico, então é contra o casamento de pessoas do mesmo sexo* ou *Se é alguém é a favor do controle das contas públicas, então é neoliberal*. Esses argumentos constituem um amálgama, que consiste numa associação indevida de duas proposições, sendo que uma delas expressa um valor negativo. Essa tática argumentativa é destinada a deixar o adversário sem margem de manobra, a menos que ele consiga mostrar a falácia da indissociabilidade dos dois elementos.

ARGUMENTOS FUNDADOS NO PRINCÍPIO DA NÃO CONTRADIÇÃO

O princípio da não contradição diz que alguma coisa não pode ser e não ser ao mesmo tempo. Perelman e Tyteca distinguem entre contradição e incompatibilidade (2005: 221-23). Aquela é a oposição de uma ideia e de sua negação, bem como a atribuição de dois atributos contraditórios. Assim, por exemplo, esse líquido é água e não é água; essa água é insípida e tem um gostoso sabor. Já a incompatibilidade refere-se a duas proposições que não podem coexistir no mesmo sistema, sem negar-se logicamente. Essa questão de conviver no mesmo sistema é extremamente importante. No sistema do conhecimento biológico básico não se pode dizer que uma virgem teve um filho. No entanto, no sistema mítico, quando se narra a história de um Deus feito homem, sempre ele nasce de uma virgem, porque, se viesse ao mundo pelos meios pelos quais todos passamos a existir, ele não seria Deus:

> Eis que uma Virgem conceberá e dará à luz um filho que receberá o nome de Emanuel, que significa "Deus conosco". (Mateus, 1, 23-24).

A questão da incompatibilidade é quase lógica, porque ela se aplica a objetos definidos a partir de suas qualificações e, como vimos, a definição não é unívoca como se pretende. Alguns provérbios mostram a impossibilidade de convivência dos termos incompatíveis: *Não se pode ser juiz e parte no mesmo processo. Não se pode servir a dois senhores.*

Todos os argumentos que se baseiam no conflito de interesse estão fundados no princípio de não contradição.

Também há incompatibilidade entre as proposições, quando elas não têm relação entre si: *Ele fez uma operação de redução do estômago. Então, ficou ciumento.*

No discurso político, esse argumento que se vale da incompatibilidade é poderoso, pois serve para definir posições muito claramente. Emir Sader, em artigo intitulado "Antirracismo, o comunismo do século XXI", publicado no blog do Emir (*Carta Maior*), em 28/12/2005, escreve:

> Não se pode ser de esquerda sem priorizar a luta contra a direita e a extrema-direita, em todas as suas expressões: imperialismo, guerra, capital financeiro, superexploração do trabalho, racismo, repressão, tortura, discriminação.

Pode-se contra-argumentar mostrando que certas incompatibilidades apresentadas não têm nenhum sentido ou ainda que elas podem ser desfeitas. No caso que segue, a incompatibilidade entre gigante e anão é desfeita pelo adjetivo que qualifica cada substantivo, mostrando que cada um deles pertence a um sistema valorativo distinto:

> "Ele (Gustavo Dudamel) é um gigante musical e um anão moral", disse, com duplo exagero, Ricardo Hausmann, ex-ministro do Planejamento da Venezuela e professor de economia de Harvard. (*Veja*, 26/2/2014: 90)

No *Sermão do Terceiro Domingo do Advento*, já mencionado anteriormente, Vieira parte do episódio bíblico (João, 1, 19-34), que narra a ida a João Batista de uma embaixada de sacerdotes e levitas de Jerusalém, para perguntar-lhe quem era, e sua resposta de que era a voz que clama no deserto. Na oitava parte do sermão, afirma:

> O Batista, perguntado se era Elias, respondeu que não era Elias: *Non sum*. E Cristo no capítulo onze de S. Mateus disse que o Batista era Elias: *Joannes Baptista ipse est Elias* (= João Batista é Elias). Pois se Cristo diz que o Batista era Elias, como diz o mesmo Batista que não era Elias? Nem o Batista podia enganar, nem Cristo podia enganar-se: como se hão de concordar logo estes textos? Muito facilmente. O Batista era Elias, e não era Elias; não era Elias, porque as pessoas de Elias e do Batista eram diversas; era Elias, porque as ações de Elias e do Batista eram as mesmas. A modéstia do Batista disse que não era Elias, pela diversidade das pessoas; a verdade de Cristo afirmou que era Elias, pela uniformidade das ações. Era Elias, porque fazia ações de Elias. Quem faz ações de Elias é Elias; quem fizer ações de Batista será Batista; e quem as fizer de Judas será Judas.

Observe-se que Vieira explica a existência de duas premissas não só incompatíveis, mas contraditórias: João Batista era Elias e não era Elias. Quando ele distingue o sentido da expressão "ser Elias" como sendo ora a diversidade de pessoas, ora a uniformidade das ações, a contradição é desfeita e o argumento se torna poderosamente persuasivo.

Por outro lado, pode-se usar a incompatibilidade, com valor irônico, para efeitos argumentativos: "Não acredito em bruxas, mas que elas existem, existem"; "Sarney segue as regras da impessoalidade no serviço público. Ele só apadrinha seus parentes e agregados". Não pode ser verdadeiro ou falso, ao mesmo tempo, seguir as regras da impessoalidade no serviço público e apadrinhar parentes; não acreditar em bruxas e afirmar sua existência. No entanto, a ironia da afirmação permite o uso argumentativo da incompatibilidade e mesmo da contradição.

No entanto, quando não se conciliam, de alguma forma, as contraditoriedades ou as incompatibilidades, comete-se grave defeito argumentativo apresentá-las numa discussão, como apontou José Marcelo da Silva em carta do leitor, ao comentar uma entrevista de André Mendonça, ministro da Justiça:

É inacreditável o senhor André Mendonça ("Com a Bíblia na mão", entrevista de Página Amarelas, 15 de julho), ministro da Justiça, dizer que as manifestações pedindo a intervenção militar não devem ser vistas como um "ato antidemocrático, mas como uma reivindicação por uma melhor democracia". Como falar em "melhor democracia" com a implantação de uma ditadura? A contradição lógica é evidente.
(*Veja*, 22/7/2020: 16)

Autofagia e retorsão

A autofagia é a incompatibilidade de uma proposição com suas condições de enunciação, com suas consequências ou suas condições de aplicação. A palavra autofagia quer dizer "que se devora a si mesma", ou seja, que ela se autodestrói, porque faz surgir uma incoerência num argumento.

Um exemplo de autofagia é o chamado paradoxo de Epimênides, que aparece citado até na Epístola de São Paulo a Tito (I, 12). Um cretense disse que todos os cretenses são mentirosos. Se os cretenses sempre são mentirosos, quando um cretense diz que os cretenses são sempre mentirosos, então essa afirmação não é verdadeira.

Outro caso de autofagia é a exploração de todas as consequências de determinadas proposições. Um exemplo é o diálogo final entre o promotor e o advogado de defesa, que aparece no filme *O vento será tua herança* (1960), de Stanley Kramer. Nessa película, narra-se o denominado "julgamento do macaco", em que um professor de Biologia foi levado aos tribunais por ter ensinado a teoria da evolução a seus alunos:

> Promotor: O bispo Ussher, estudioso da Bíblia, determinou dia e hora exatos da criação. Deus iniciou a criação em 23 de outubro de 4004 a.C., às 9 horas.
> Advogado de defesa: No horário da costa leste ou no das Montanhas Rochosas? Não era horário de verão, já que Deus não criou o sol antes do quarto dia, certo?
> Promotor: Certo.
> Advogado de defesa: Quanto tempo o senhor acha que durou esse primeiro dia? Vinte e quatro horas?
> Promotor: A Bíblia diz que foi um dia.
> Advogado de defesa: Não havia sol. Como o senhor sabe quanto tempo durou? É possível que tenha durado 25 horas, já que não há um método para saber?
> Promotor: É possível.
> (*Veja*, 26/2/2014: 76)

No artigo "É difícil compreender o argumento pacifista", Jack Straw usa a autofagia para mostrar como, de seu ponto de vista, não se sustentam os argumentos dos que eram contra a invasão do Iraque. Eis um passo do texto:

O terceiro argumento contra a ação militar aceita que o Iraque talvez ainda possua armas de destruição em massa, mas sugere que a simples presença de inspetores significa que Saddam pode ser contido de maneira permanente. Os inspetores terão mais tempo, e Hans Blix deve apresentar outro relatório ao Conselho de Segurança em breve. Mas os inspetores não são uma agência de detetives encarregados de procurar as armas de Saddam. Não foi a isso que se referia a resolução 1441 do CS. De fato, a ideia de que 300 inspetores, ou mesmo 3.000, possam atravessar um país do tamanho da França e localizar substâncias capazes de ser produzidas numa sala de estar comum é absurda.

Os inspetores estão lá para verificar a entrega das armas pelos iraquianos e sua destruição e, para cumprir sua tarefa, eles precisam da cooperação plena e ativa do Iraque, semelhante à que foi oferecida pela África do Sul quando esse país abandonou seu programa de armas nucleares, ao final do apartheid. E, apesar da "ajuda" que Saddam está oferecendo, a contragosto, com relação a detalhes relativamente triviais do processo, não há provas significativas que indiquem que ele finalmente decidiu aceitar as obrigações legais impostas pela ONU. (*Folha de S.Paulo*, 4/3/2003)

Em seu texto intitulado "Reflexões sobre Ghandi", George Orwell expõe os limites da resistência pacífica defendida por Ghandi, ao mostrar o absurdo de sua proposta de que os judeus praticassem a resistência pacífica contra os nazistas.

Frequentemente, dá-se a entender que se está aplicando o princípio da consistência lógica, quando se infere que, se se pensa uma coisa, então é lógico que se deva pensar o contrário. Por exemplo: *Se não se é contrário a que as pessoas não fumem em lugares fechados, então elas não deveriam opor-se a que se fume nesses lugares*. Nesse caso, o que se faz é considerar da mesma natureza as proposições negativa e positiva: não fumar em lugares fechados e fumar em lugares fechados, sem atentar para as consequências dos atos.

A retorsão (ou retorção), palavra relacionada ao verbo *retorquir*, que significa "replicar, objetar, contrapor", é colocar em evidência uma autofagia, fazendo o argumento voltar-se contra aquele que o enunciou. É o caso da crítica que se faz ao governo por impedir o aumento do preço da gasolina para segurar a inflação, para não fragilizar a economia brasileira, e com isso descapitalizar a Petrobras, que não pode investir no aumento da produção de gasolina no Brasil e, por isso, precisa importar mais gasolina, o que leva a um aumento do déficit externo do país, o que torna mais frágil a situação da economia brasileira (cf., por exemplo, o artigo "Entregaram a Petrobras", de Vinicius Torres Freire, publicado na *Folha On-line*, em 27/2/2014). Ou ainda:

> Entre amigos e interlocutores de Lula, há uma avaliação, correta, já transmitida inclusive à presidente Dilma, de que ela lançou excelentes ideias e programas, mas errou na sua execução [...]. A redução da elevada taxa de juros. Ela comprou uma briga

com o mercado financeiro, algo que seu antecessor não teve coragem de fazer. Só que errou ao não ancorar sua acertada decisão. Com descontrole nos gastos públicos, a inflação subiu e, com ela, os juros também. (Valdo Cruz, "Reflexões no Carnaval", *Folha de S.Paulo*, 3/3/2014)

Barroso deu a entender que a corte exagerou para evitar a prescrição. É que quando as penas são baixas demais, e muito longo o tempo transcorrido entre o crime e a condenação, o Estado perde o direito de punir o criminoso.

A suposição de Barroso era razoável. Dito isso – o que aliás punha sob suspeita toda a decisão do plenário – ele foi adiante. Calculou numa hipótese teórica, a pena "real" que os acusados deviam receber, caso o tribunal não tivesse exagerado na dose. Concluiu então que o caso da quadrilha estava prescrito.

Veio o acréscimo espantoso: de todo modo, os réus não tinham cometido esse crime! Joaquim Barbosa esbravejava. Barroso mantinha a fleugma.

Foi Cármen Lúcia quem apontou a incoerência de Barroso. Como calcular uma pena mais branda para o réu, se ao mesmo tempo se está absolvendo o mesmo réu? Se ele não cometeu nenhum crime, por que imaginar que sua pena deveria ser, em "tese", de tantos anos a mais ou a menos? (Blog do Marcelo Coelho, "Questões de ordem: fora da curva", *Folha de S.Paulo*, 27/2/2014)

Pode-se criar uma retorsão, mesmo quando a autofagia é mais imaginária do que real:

> O Brasil é um país de idiossincrasias. Como diz o vulgo, aqui traficante cheira, cafetão tem ciúme e prostituta goza. Nas últimas semanas somou-se mais uma excentricidade à lista: artistas que defendem a censura. A proposição de Caetano Veloso e cia., apoiando a autorização prévia de um biografado para a publicação de sua biografia, é tão absurda que bastam dois exemplos de suas próprias experiências para demonstrar a incongruência. Vejamos.
>
> Na página 308 do livro *Verdade Tropical*, em que Caetano faz o seu relato sobre o tropicalismo, ele escreve o seguinte: "Castelo (*Branco, presidente entre 1964 e 1967*), que, em retrospecto, parece sensato e produtivo, era então a encarnação do mal: ainda não conhecíamos (*Emílio*) Garrastazu Médici (*presidente entre 1969 e 1974*)". Caetano identifica Médici e Castelo Branco como "o mal", um aparente, o outro verdadeiro. É, sem dúvida, uma violação à "honra, boa fama ou respeitabilidade" dos finados ditadores, como prevê o artigo 20 do Código Civil. Se os descendentes de Médici e Castelo Branco se juntassem ao Procure Saber e quisessem confiscar a obra, ou exigir que o trecho fosse suprimido, imagino que o conseguiriam, na Justiça. Teríamos então a infame situação em que um ex-perseguido político dependeria da boa vontade dos descendentes dos ditadores que o exilaram para publicar seu relato daquele período negro de nossa história. (Gustavo Ioschpe, *Veja*, 14/11/2013: 112)

Reductio ad absurdum

A *reductio ad absurdum* (= redução ao absurdo) ou *reductio ad impossibilem* (= redução ao impossível) é também chamada argumento apagógico, que vem do grego *apagogé*, que quer dizer "ação de desviar-se do caminho certo". Em lógica, a redução ao absurdo consiste no raciocínio, em que se deriva uma contradição de uma premissa, mostrando que ela é falsa. Por exemplo, alguém afirma que não há regra sem exceção. Nesse caso, outra pessoa pode replicar:

> Você acabou de enunciar uma regra. Portanto, ela deve admitir exceções, visto que todas as regras as apresentam. Nesse caso, sua regra é falsa.

O argumento apagógico consiste em tomar uma proposição como verdade, para dela tirar conclusões absurdas, e, assim, mostrar sua falsidade: a) Fumar não pode ser um mal. Hitler não fumava. b) O trânsito é um mal, porque muitas pessoas perdem a vida em acidentes. Se não houver trânsito não haverá mortes. Então, vamos proibir a circulação para salvar vidas.

No conto "O alienista", de Machado de Assis, o narrador vai mostrando a falácia da organização social, pela redução ao absurdo, ao colocar todas as pessoas no manicômio.

No conto "O sistema do Dr. Abreu e do Prof. Pena", de Edgar Allan Poe, há um interessante exemplo do que é a *reductio ad absurdum*:

> Posso definir o sistema, então, em termos gerais, como um sistema em que os pacientes eram dirigidos pela satisfação de seus desejos. Não contrariávamos as fantasias que entravam no cérebro do louco. Ao contrário, não só as permitíamos como as estimulávamos; e muitas de nossas curas permanentes foram efetuadas assim. Não há argumento que tanto atinja a razão fraca do alienado do que o da *reductio ad absurdum*. Tivemos, por exemplo, homens que se consideravam pintos. A cura consistia em insistir sobre isso como um fato, em acusar o paciente de estupidez por não perceber, suficientemente, que isso era um fato, e, desse modo, em recusar-lhe durante uma semana, outro regime alimentar que não o próprio de um pinto. Desse modo, um pouco de grão e de areia chegava a obter maravilhas.

Outro exemplo:

> [...] neste ano, São Paulo superou a média brasileira e também a do Rio em crimes de morte? Não. No pior dia da atual onda de violência, houve 22 assassinatos em São Paulo. Um absurdo, sim, para o estado, mas não para o Brasil. Só para pensar, anualizo esse número, multiplicando-o por 365 (o que é um exercício de *reductio ad absurdum*, pois é impossível que qualquer cidade do mundo, muito menos São Paulo,

possa ter todos os dias do ano iguais ao seu pior dia). Mas vamos seguir adiante. Por esse cálculo, seriam, então, no fim do ano, computados 8 030 crimes de morte. Considerando a mesma população levada em conta pelo Anuário, São Paulo atingiria a assustadora taxa de 19,2 mortos por 100.000 habitantes. Repito, se São Paulo atingisse todos os dias do ano a sua pior marca diária, a sua taxa de homicídios ainda seria cerca de 26% menor do que as efetivamente atingidas pelo Rio de Janeiro ou 42% menor do que as taxas da Bahia, por exemplo. (Reinaldo Azevedo, *Veja*, 21/11/2012: 90)

Argumento probabilístico

Esse argumento está fundado numa lógica quantitativa, fazendo apelo à maioria, seja ela numérica, seja ela veiculada por sintagmas do tipo "clamor popular", ou ao *bom senso*, considerado um atributo da maioria. Esse raciocínio considera a proposição sustentada pela maioria como a verdade, como o que é mais adequado, em contradição com o que é defendido pela minoria, que é avaliado como falsidade, como menos acertado, conforme mostram os exemplos que seguem, retirados do Fórum dos leitores de *O Estado de S. Paulo* de 21/2/2014:

> Mais uma vez fomos traídos pelo Congresso, que atua com a sensibilidade de um rinoceronte. Quase 90% da população brasileira clamou pelo rebaixamento da maioridade penal e os surdos do Senado, com seu notório descaso, votaram contra e nós, o povo, perdemos por 11 a 8. E – pasmem – sob aplauso!

> Clamor popular
> Em primeiro lugar, é de indagar se somos uma democracia, porque os nossos representantes desconsideram o clamor popular que exige essa mudança. Seria bom avisar aos srs. senadores que é o povo que manda. Somos ou deveríamos ser um governo do povo pelo povo. Tenho a certeza de que, se a nobre presidenta mudar de ideia e apoiar a redução da maioridade penal, no dia seguinte o projeto será rapidamente aprovado. Afinal, nossos políticos só aspiram a cargos e ministérios.

O exemplo que segue faz apelo ao bom senso para fundar a verdade da proposição, identificando o que é pautado pelo bom senso com os interesses dos cidadãos fluminenses:

> O saudoso cantor Tim Maia já cantava em seus versos "vale tudo, só não vale dançar homem com homem, nem mulher com mulher". Está valendo tudo mesmo quando se trata de conquistar votos para "ad aeternum" do poder (sic). O governo de Sérgio Cabral, capengando nas pesquisas eleitorais, resolve na contramão do bom senso indultar em 50% o IPVA de 2014 dos ônibus estaduais e interestaduais do Estado, que, recentemente, aumentaram as suas tarifas. Essa medida em nada beneficia o cidadão

fluminense, mas, sim, os ricos empresários que recebem um incentivo para participar da caixinha de custeio das próximas eleições. (Jair Gomes Coelho, *O Estado de S. Paulo*, 26/1/2014: A2)

É fundado no argumento probabilístico o discurso que prega retirar do poder as elites, consideradas corruptas e distantes dos verdadeiros interesses do povo.

ARGUMENTOS FUNDADOS NO PRINCÍPIO DO TERCEIRO EXCLUÍDO

O princípio do terceiro excluído é aquele que admite apenas a verdade ou a falsidade de uma proposição, não acolhendo uma terceira posição.

Argumento do terceiro excluído

O argumento do terceiro excluído é aquele que apresenta duas posições como as únicas possibilidades existentes, não admitindo nenhuma posição intermediária entre os dois polos considerados incompatíveis e considerando impossível não aceitar uma das duas posições. Talvez o mais célebre argumento do terceiro excluído seja a chamada aposta de Pascal. Nos *Pensamentos* (nº 233), o filósofo francês mostra que não se pode saber, com certeza, se Deus existe ou não existe. Ele então formula assim seu argumento para propor que se deve acreditar em Deus:

> Se você acredita em Deus e estiver certo, você terá um ganho infinito;
> se você acredita em Deus e estiver errado, você terá uma perda finita;
> se você não acredita em Deus e estiver certo, você terá um ganho finito;
> se você não acredita em Deus e estiver errado, você terá uma perda infinita.

Esse argumento é muito usado nos discursos políticos, para exigir uma tomada de posição numa clivagem, muitas vezes destituída de qualquer fundamento. Esse argumento não admite posições intermediárias nem escapatórias. O presidente da Venezuela, Nicolás Maduro, ao enfrentar, em fevereiro de 2014, manifestos de rua contrários a seu governo, tacha os oposicionistas de fascistas. Assim, estabelece-se uma clivagem entre bolivarianos e fascistas e o argumento do terceiro excluído é utilizado à saciedade. Esse é o argumento do quem não está conosco está contra nós.

É esse argumento que está na base do *slogan* "Brasil, ame-o ou deixe-o", utilizado pela propaganda oficial do período da ditadura de 1964. É também ele que fundamenta o fato de que o discurso da ditadura considerava os oposicionistas inimigos internos, o que justificaria toda a repressão exercida contra eles.

Pode-se contra-argumentar mostrando que a oposição exposta não é exatamente como se apresenta, como faz Rodrigo Ratier:

"Ou se dá o peixe ou se ensina a pescar."
Isso é uma falsa oposição. Não se opõe curto e longo prazo necessariamente. Uma ação não invalida a outra. Elas podem ser, inclusive, subsequentes ou coordenadas.
(Blog do Sakamoto, 13/10/2010)

O dilema

O colunista Sérgio Augusto escreveu, no caderno Aliás do *Estadão* de 24/9/2006, sobre o presidente Lula, o seguinte: "ou sabia de todas as falcatruas cometidas pelos delinquentes do PT ou é o chefe de Estado mais trouxa de todos os tempos".

Seu juízo sobre o presidente foi apresentado sob a forma de um dilema, que é um raciocínio com dupla premissa, cujo desdobramento leva a uma conclusão idêntica, necessária e única. O raciocínio do jornalista poderia ser exposto integralmente da seguinte forma: Ou o presidente Lula sabia das falcatruas cometidas pelos delinquentes do PT ou não sabia. Se sabia, é conivente com elas; se não sabia, é o chefe de Estado mais trouxa de todos os tempos. Então, não é um bom governante.

Como se observa, enuncia-se uma disjunção tal que, escolhido qualquer um de seus membros, resulta sempre na mesma conclusão. Um dilema apresenta: 1) uma disjunção entre duas teses; 2) um desdobramento que remete a cada uma delas; 3) idêntica conclusão seja qual for a alternativa escolhida.

Para que haja um dilema, é necessário, em primeiro lugar, que a disjunção seja completa, ou seja, que não haja alternativa, além das apresentadas. Em outras palavras, elas devem ser contraditórias e complementares, não deve haver uma terceira possibilidade entre elas. Elas devem recobrir todas as possibilidades ou deve-se, ao menos, aceitar que isso ocorre. No exemplo acima, quando se diz que o presidente Lula sabia ou não sabia das falcatruas cometidas pelos delinquentes do PT, não há uma terceira possibilidade, além das duas enunciadas. No entanto, quando se diz, como faz a Lógica de Port-Royal, "Se você se casar, desposará uma mulher bonita ou uma feia. Se ela for bonita, você será atormentado pelo ciúme. Se ela for feia, você não a suportará. Então, não se deve casar", há, evidentemente, uma terceira alternativa, uma esposa nem bonita nem feia (Arnauld e Nicole, 1992, cap. XVI).

Em segundo lugar, só há dilema, quando o que se deduz de cada uma das alternativas for derivado legitimamente ou pelo menos aceito como tal com base numa experiência partilhada. No exemplo do presidente Lula, o dilema se mantém se se consideram conclusões legítimas que é conivente o que sabe de irregularidades e, tendo poder, não toma nenhuma providência e que é trouxa quem não sabe o que ocorre a sua volta. No entanto, se alguém diz que não é possível saber tudo o que os auxiliares fazem, não se aceita a dedução da segunda alternativa e, nesse caso, o dilema não subsiste. Também não se mantém o dilema do casamento, quando não se aceita que o homem casado com uma mulher bonita seja necessariamente atormentado pelo ciúme ou que um que desposa uma mulher feia, obrigatoriamente, não suporte a feiura.

Em terceiro lugar, é preciso que a conclusão comum que se infere dos dois membros da disjunção seja idêntica, necessária e única. No raciocínio apresentado por Sérgio Augusto, a conclusão de que Lula não é um bom governante é obtida tanto de um quanto de outro dos membros da disjunção (sabia ou não sabia) e, por conseguinte, é idêntica. Além disso, é necessária e única, porque se considera que um bom governante não pode ser conivente com irregularidades nem enganado pelos auxiliares próximos. No entanto, se a conclusão não for única, pode-se inverter o raciocínio, derrubando o dilema, como nos raciocínios conversíveis. Aulo Gélio (*Noctes Atticae*, v, 10) diz que Protágoras levou a juízo seu discípulo Evatlos, com quem fizera o trato de que ele pagaria as lições quando vencesse sua primeira causa. Protágoras dizia que ele deveria pagar necessariamente as lições que recebera: se vencesse, por causa do acordo entre eles; se perdesse, em virtude da decisão dos juízes, que o obrigaria a pagar. Evatlos respondeu-lhe que não pagaria em nenhum caso: se perdesse, em consequência do pacto; se ganhasse, em razão da sentença. A mesma história, como já mostramos, é contada a respeito de Córax e de Tísias.

Os argumentos que seguem são dilemáticos:

> De duas, uma, portanto. Ou ela (Dilma Rousseff) deixou de fazer o que lhe competia e que estava ao seu alcance ou o fez e ainda assim deixou a aquisição se consumar. Na primeira hipótese, ela foi omissa, podendo ser acusada de ter cometido, mais do que uma irresponsabilidade, um ato de desídia. Na segunda – equivalente a uma explosão nuclear para a estabilidade política de seu governo –, ela mentiu ao negar que conhecesse as cláusulas lesivas à Petrobras, omitidas no resumo a que atribui o seu voto. De todo modo, em poucas horas ela aglutinou contra si uma tácita e improvável coligação. (*O Estado de S. Paulo*, 21/3/2014: A3)

> O problema maior é que, desta vez, a propalada competência da presidente Dilma se encontra em jogo. Como os papéis referentes ao negócio passaram por suas mãos, de duas, uma: ou ela não entendeu o que leu ou não dedicou aos documentos a merecida atenção. Seja qual for o caso, a sua propalada competência fica posta em dúvida. (João Mellão Neto, *O Estado de S. Paulo*, 4/4/2104: A2)

Para ganhar a eleição Haddad prometeu o Paraíso na Terra. Depois de eleito, decide enterrar sua principal promessa de campanha, algo chamado Arco do Futuro. Vejamos então: 1) se ele não sabia que não haveria dinheiro para executar o projeto, é incompetente e não deveria ter sido eleito; 2) se sabia, é mentiroso e não deveria ter sido eleito. Conclusão: ele não deveria ter sido eleito... (Fórum dos leitores. João Carlos Andrade. *O Estado de S. Paulo*, 20/8/2013: A2)

O dilema não é um raciocínio disjuntivo. Neste caso, um dos elementos da disjunção é falso e outro, verdadeiro: *Os que pegaram em armas contra um governo ilegítimo são bandidos ou amantes da liberdade*; *Ora, não são bandidos*; *Logo, são amantes da liberdade*. No dilema, a conclusão deriva de cada um dos membros da disjunção. No raciocínio disjuntivo, ao contrário, um dos membros da disjunção é excluído.

Muitos lógicos consideravam dilemas os raciocínios conversíveis, como no exemplo acima sobre Protágoras, ou os raciocínios insolúveis. Um exemplo clássico é o chamado dilema do crocodilo: um crocodilo rapta um menino e promete ao pai restituí-lo se este adivinhar se devolverá ou não o menino; se o pai responder que ele não vai restituí-lo, o crocodilo estará diante de um raciocínio insolúvel; se não o devolver, a resposta será verdadeira e, então, de acordo com o pacto deve restituí-lo; mas se devolvê-lo, a resposta do pai estará errada e este perde o direito à restituição. Nos dois casos, talvez não fosse exato falar em dilema. Esse termo deve ser aplicado somente aos casos em que, enunciada uma disjunção, haverá sempre a mesma conclusão qualquer que seja o membro escolhido.

O dilema é um poderoso argumento, pois ele prende o adversário num círculo vicioso. A saída é não se deixar enredar no jogo do dilema.

Argumentos fundamentados na estrutura da realidade

Os argumentos fundamentados na estrutura da realidade (Perelman e Tyteca, 2005: 297-393) são aqueles baseados em relações que nosso sistema de significação considera existentes no mundo objetivo: causalidade, sucessão, coexistência e hierarquização.

IMPLICAÇÃO E CONCESSÃO

Na quarta parte do *Sermão do Mandato*, pregado na Capela Real em 1645, Vieira discute a definição do amor:

> Definindo S. Bernardo o amor fino, diz assim: *Amor non quaerit causam, nec fructum* (= O amor não busca causa nem fruto). O amor fino não busca causa nem fruto. Se amo, porque me amam, tem o amor causa; se amo, para que me amem, tem fruto: e amor fino não há de ter porquê, nem para quê. Se amo, porque me amam, é obrigação, faço o que devo; se amo, para que me amem, é negociação, busco o que desejo. Pois como há de amar o amor para ser fino? *Amo, quia amo, amo, ut amem*: amo, porque amo, e amo para amar. Quem ama porque o amam, é agradecido, quem ama, para que o amem, é interesseiro: quem ama, não porque o amam, nem para que o amem, esse só é fino. E tal foi a fineza de Cristo, em respeito a Judas, fundada na ciência que tinha dele e dos demais discípulos.

Um esquema argumentativo são relações entre premissas. A argumentação por causalidade opera com dois grandes tipos de esquemas: a implicação (se *a*, então *b*) e a concessão (*a*, embora *b*). Como diz Claude Zilberberg, a lógica implicativa é a de fazer o que se pode (fez, porque é possível; não fez, porque não é possível); a concessiva é a da impossibilidade (fez, apesar de não ser possível; não fez, apesar de ser possível). A implicação fala das regularidades, a concessão rompe as expectativas e dá acesso à descontinuidade do que é marcante na vida (2006: 196-97).

Depois da nomeação do ministro Carlos Alberto Direito para o Supremo Tribunal Federal, discutiram-se nos jornais suas convicções religiosas e suas posições acerca da moral e dos costumes. Um dos fatos lembrados foi o de que ele se bateu pela instalação de um crucifixo no plenário do Superior Tribunal de Justiça. O juiz Roberto Lorea, em artigo na *Folha de S.Paulo*, de 24/9/2005, escreveu o seguinte:

> A ostentação de um crucifixo no plenário do STJ é inconstitucional porque viola a separação entre o Estado e a igreja, ferindo o direito à inviolabilidade de crença religiosa que é assegurado a todos os brasileiros. (p. A3)

Esse argumento segue a lógica implicativa: se o Estado e a Igreja são separados no Brasil, então é inconstitucional instalar um crucifixo no plenário do STJ, isto é, não se faz porque não se pode. Gilberto de Mello Kujawski, em artigo intitulado "O crucifixo no tribunal", por seu turno, afirma: "O Estado é laico, mas o Brasil é majoritariamente católico" (*O Estado de S. Paulo*, 13/9/2007: A2). Esse argumento segue a lógica concessiva: põe-se o crucifixo no plenário do tribunal, apesar da separação do Estado e da Igreja, porque o Brasil é majoritariamente católico; faz-se apesar de não ser possível.

Observe-se a maneira como Vieira define o amor. Começa por dizer o que não é esse sentimento: "se me amam, então amo; se existe causa, não é amor; se amo, então sou amado; se existe fim, não é amor; se existir causa, então não é amor, é obrigação; se houver finalidade, não é amor, é negociação: se alguém ama porque o amam, então é agradecido, não tem amor; se alguém ama para que o amem, então é interesseiro, não tem amor". Esse sentimento é então definido implicativamente fora da lógica implicativa: se alguém ama sem causa nem finalidade, então tem um verdadeiro amor. Para Vieira, o único amor "fino" é o de Cristo.

Os tipos de argumentos são definidos em função da natureza das proposições. A maioria dos tipos argumentativos baseados na estrutura da realidade obedece à lógica implicativa. Isso ocorre, por exemplo, com os argumentos fundados na causalidade, ou seja, na relação de causa e efeito, que é o vínculo que correlaciona fenômenos diferentes fazendo que um deles apareça como condição da existência de outro (por exemplo, "Devido à retração do comércio mundial, as exportações brasileiras diminuíram", ou seja, se o comércio mundial se retraiu, então as exportações brasileiras diminuíram). Os argumentos por analogia são também de ordem implicativa. Na sexta parte do *Sermão da Sexagésima*, Vieira vai dizer que o sermão deve ter uma só matéria:

> Se o lavrador semeara primeiro trigo, e sobre o trigo semeara centeio, e sobre o centeio semeara milho grosso e miúdo, e sobre o milho semeara cevada, que havia de

nascer? Uma mata brava, uma confusão verde. Eis aqui o que acontece aos sermões deste gênero. Como semeiam tanta variedade, não podem colher cousa certa. Quem semeia misturas, mal pode colher trigo. Se uma nau fizesse um bordo para o norte, outro para o sul, outro para leste, outro para oeste, como poderia ser a viagem? Por isso nos púlpitos se trabalha tanto, e se navega tão pouco. Um assunto vai para um vento, outro assunto vai para outro vento, que se há de colher senão vento?

Vieira argumenta com duas analogias, que seguem a lógica implicativa: por exemplo, se o lavrador semeia as sementes de uma planta sobre as de outras e isso produz uma confusão verde, então pregar várias matérias no sermão só pode produzir uma mistura sem sentido.

Também o argumento de autoridade está fundado na implicação. Esse argumento é aquele em que se considera aceitável uma proposição, porque uma pessoa autorizada a enunciou. Marx afirma no *Manifesto comunista*: "A história de toda sociedade existente até hoje tem sido a história das lutas de classes" (se Marx disse X, então é verdade).

CAUSALIDADE

Uma das formas de argumentar é expor a causa dos fenômenos. O conceito de causa foi uma das questões mais debatidas na história da filosofia. A causalidade supõe um encadeamento dos fatos, em que um acontecimento antecedente produz um dado efeito.

A causa imediata é razão próxima pela qual um dado efeito é produzido. Assim, quando se diz que a seca no Sudeste se deve a uma massa de ar seco que impede a entrada das frentes frias, o que se faz é determinar o motivo mais imediato da seca. No entanto, pode-se dizer que a seca do Sudeste se deve ao aquecimento global, que é uma causa mais longínqua, que supõe um encadeamento dos fatos, em que a persistência de uma massa de ar seco durante longo tempo sobre o Sudeste é efeito de outra causa mais profunda. No texto que segue, intitulado "Pode ser a gota d'água", Celso Ming discute a apresentação de causas imediatas para, de certa forma, não expor as causas mediatas, que seriam inconvenientes:

> Quem afirma que o atual repuxo da inflação está sendo causado pela seca está pinçando só um pedacinho de verdade. É o mesmo que sustentar que os megaengarrafamentos de trânsito em São Paulo são produzidos ou por acidentes que envolvem motoqueiros, ou por eventual toró que despenca numa tarde qualquer, ou, ainda, por obras da Prefeitura.

Esses e outros fatores dão lá sua contribuição para o emperramento geral, é verdade. Mas o fato mais relevante é que há muito o trânsito nas grandes cidades virou o caos que é porque há carro demais e porque o transporte público é precário.

Assim, também, é a inflação. É uma corda tão esticada que basta um período de seca ou mesmo chuvoso demais para que surjam novas convulsões.

Há anos não se via uma prévia tão explosiva do IGP-M (Índice Geral de Preços do Mercado) como a divulgada nesta quarta-feira: alta de 1,41% na segunda prévia de março. Só para comparar, em fevereiro, foi de 0,24%. Por trás desse número está a disparada dos preços dos alimentos, em consequência da seca.

Mas, como nos congestionamentos, os problemas são mais profundos. A seca provocou estragos nas plantações de tomate e esses estragos foram transferidos aos preços. Mas os preços estão sendo sancionados pela forte demanda.

Ainda nesta quarta ficou claro que os postos de combustíveis estão elevando os preços da gasolina e do óleo diesel sem que tenham sido recompostos os preços nas refinarias. É que a demanda firme está sancionando a alta. O consumidor paga, com alguma ou nenhuma chiadeira.

A cavalgada do IGP-M aponta para mais dois problemas. O primeiro é o que alguns economistas já chamaram de gravidez de inflação. A alta por enquanto está concentrada nos preços no atacado (no IGP-M, os preços no atacado entram com 60% do peso). Mas tende a ser transferida para o varejo (custo de vida).

O segundo problema é a turbinagem produzida pelas correções automáticas. O IGP-M é o índice mais utilizado nas correções dos aluguéis e dos financiamentos. Ou seja, a alta do tomate desemboca no preço da moradia e nos contratos de crédito. (*O Estado de S. Paulo,* 20/3/2014: B2)

Um mesmo fenômeno apresenta uma multiplicidade de causas e o enunciador escolhe aquela ou aquelas que interessam para os propósitos argumentativos. A possibilidade de haver um racionamento de água em São Paulo deve-se: a) à longa estiagem; b) ao uso irracional da água; c) à não conservação dos mananciais; d) à imprevidência do governo que não planejou um sistema de captação de água que operasse com uma margem de segurança para ser usada em situações de falta de chuvas. Evidentemente, o governo tem interesse em argumentar que não pode ser culpado da falta d'água, porque as chuvas ficaram muito abaixo das médias históricas; já a oposição prefere argumentar com a imprevidência governamental. Enquanto o governo baseia seu discurso na causa imediata, a oposição apoia seu discurso nas causas mediatas.

No conto "Narcolepsia", de Thiago Barbalho (*Revista Pesquisa Fapesp*, mar. 2014, 90-1), o narrador vai discutir as causas de sua narcolepsia que o leva a "adormecer diante de conversas, durante uma reunião do departamento ou num vernissage": "defeito neurológico", "reação do subconsciente", "desejo de não responder aos estímulos mundanos, mormente enfadonhos", "desejo de atenção", etc. Essa discussão das causas do fenômeno serve para distinguir as causas que são da ordem da necessidade e as que são do domínio do desejo, para, em seguida, analisar se os dois tipos de causalidade são na verdade um só. Isso conduz o que narra a estabelecer uma comparação entre ele e o homem que, sozinho, tentou parar os tanques na praça da Paz Celestial:

> Foi ainda durante a juventude, ouvindo histórias sobre revoluções sociais, que cheguei à conclusão de que o meu desejo (de escapar de algo e, para isso, adormecer) se igualava à minha necessidade (o corpo em queda urgente). Pensei: a necessidade não passa de uma vontade contundente, pois ambas manifestam uma imposição sobre o sujeito – seja a vontade-necessidade algo como uma ideia, seja um processo notadamente corpóreo. Foi aí que virei fã daquela imagem icônica do sujeito em protesto na Praça da Paz Celestial, diante de uma fileira de tanques de guerra, impedindo-a de avançar: de algum modo aquele indivíduo determinado em conter a repressão do governo chinês se igualava a mim no meu hábito de adormecer diante das arbitrariedades mundanas.

A causa final não é o antecedente necessário para produzir um dado fenômeno, mas é o desígnio buscado. Nesse caso, o fenômeno é um meio para atingir um determinado fim. O discurso criacionista moderno, em oposição à teoria evolucionista, desenvolveu a concepção do "desenho inteligente". Diz ele que a complexidade da vida nada tem de aleatório, mas requer a existência de um planejamento inteligente, já que os sistemas irredutivelmente complexos, isto é, aqueles que não poderiam funcionar caso faltasse um dos seus elementos, como o olho ou o sistema de coagulação do sangue, não podem ser fruto de mudanças aleatórias, evoluindo à maneira proposta por Darwin, porque a seleção natural opera na forma de pequenas mutações. Na verdade, existe um propósito e uma intenção na criação. A complexidade dos seres vivos sugere a existência de um desenho inteligente. Tudo segue o princípio antrópico: o homem não é produto do acaso; ao contrário, o universo e as leis da física foram desenhados para sua existência. O princípio antrópico é a causa final da existência dos fenômenos do mundo físico e de suas leis.

Uma análise política da crise na relação entre o PMDB e o governo mostra que ela deve ser entendida pela causa final, que é obter mais espaço no governo federal:

> A gênese da "crise política" de agora é idêntica às anteriores. Sob a inspiração do deputado Eduardo Cunha, craque imbatível na permuta de cargos por favores e de favores por cargo, o PMDB criou o Blocão com oito partidos nanicos e coisa de 250 votos para chantagear o governo. [...] seu [do PMDB] negócio é e seu negócio será ocupar cargos federais de primeiro a terceiro escalão. (*Veja*, 12/3/2014: 63)

Pode-se derrubar um argumento causal, mostrando que a causa apontada não é real, porque é uma racionalização ou um pretexto. A racionalização é o argumento que busca atribuir aos outros a responsabilidade que o enunciador não quer assumir. É o argumento do bode expiatório. É o caso de um governo que considera que as dificuldades econômicas do país se devem à enxurrada de dólares ocasionada pela compra de títulos do governo estadunidense. Depois, quando o Banco Central Americano reduz a compra de títulos, é o enxugamento de dólares no mercado que é responsável pelas dificuldades. A racionalização é um arranjo *a posteriori* da realidade. No exemplo que segue, explicita-se o argumento do bode expiatório:

> Agora [o automóvel] chega ao século XXI como o bode expiatório das metrópoles – culpado não só pelos tormentos dos engarrafamentos, mas pela poluição do ar, pela poluição sonora, pelo aquecimento global e até pela obesidade das populações. De herói virou vilão. (*Veja*, 9/4/2014: 98)

O pretexto é o argumento pelo qual se apresenta um falso motivo para justificar dada ação ou determinada atitude. Por exemplo, alguns ecologistas dizem que um suposto risco de apagão leva o governo a defender a construção de hidrelétricas com grandes reservatórios. Ao considerar inexistente o risco da falta de energia elétrica, consideram o argumento do governo pretextual.

Pode-se combater um argumento causal, mostrando que se tomam as consequências como causa. Muitas vezes, joga-se com esses dois fenômenos, deixando indefinido qual é a causa e qual é a consequência. É o caso da publicidade dos biscoitos Tostines: "Tostines vende mais porque é fresquinho ou é fresquinho porque vende mais?" Clovis Rossi, em artigo intitulado "Cavalaria não resolve" (*Folha de S.Paulo*, 20/5/2000: A2), mostra que, no caso que analisa, o argumento Tostines não se sustenta, porque causas e consequências estão bem definidas:

> Se se pretende oferecer serviço público de qualidade ao menos média, algum dia o governo terá que oferecer salários mais dignos. Não adianta vir com o argumento "Tostines", ou seja, discutir se o salário é baixo porque o serviço é ruim ou se, ao contrário, o serviço é ruim porque o salário é baixo.
> Admitamos que os funcionários sejam, todos, imprestáveis. Admitamos que fosse possível matar todos eles, exatamente por imprestáveis. Ainda assim, seria preciso contratar outros, claro que melhores. O que, por sua vez, só será possível com melhores salários.

A mesma coisa poderia ser dita a respeito deste argumento: "O equilíbrio de gêneros em altos cargos (na área de Tecnologia) esbarra no fraco interesse feminino por cursos de engenharia, computação e ciências exatas" (*Veja*, 12/3/2014: 98). Poder-se-ia afirmar que o fraco interesse feminino por engenharia, computação e ciências exatas não pode ser tomado como causa, pois é uma imagem do papel social das mulheres que conduz a esse desinteresse.

Kosta Vergopoulos, jornalista de *Le Monde Diplomatique*, relata uma polêmica em torno de uma afirmação feita por Lawrence Summers, secretário de Finanças dos Estados Unidos no segundo governo Clinton:

> "E se o capitalismo não puder ser reformado e estiver preso na armadilha de uma estagnação secular? [...] As bolhas talvez tenham se tornado o preço inevitável a pagar para evitar os riscos mais graves de deflação e desemprego estrutural em massa". [...]
> A direita neoliberal acusou-o de inverter a cadeia de causalidade: "as bolhas financeiras não teriam estimulado o crescimento, mas conduzido ao impasse; o resultado econômico pífio dos países ocidentais não explicaria seu superendividamento, mas decorreria dele. O ex-membro do conselho do Banco Central Europeu (BCE) Lorenzo Bini Smaghi assim avalia: 'Não é a austeridade que enfraquece o crescimento, mas o inverso: é o crescimento fraco que torna a austeridade necessária'". (n. 81, abr. 2014, 12-3)

Outro caminho para derrubar um argumento causal é mostrar que se toma o meio como a causa final. Esses são os argumentos usados por partidos políticos para a obtenção do poder. Dizem que o poder é meio para construir uma sociedade igualitária, para realizar ideais de justiça, para elevar o nível de vida da população, quando, na verdade, a lógica de sua ação é a conquista e a manutenção do poder. A mesma lógica é dos que buscam a glória, a fama, o dinheiro, sob a justificativa de altos objetivos.

Outro meio de contra-argumentar, quando o enunciador se vale de um argumento causal, é pôr em dúvida a procedência das causas ou considerá-las inconsistentes. O ministro da Fazenda vale-se desse argumento para tentar derrubar as causas em que se baseia a Standard & Poor's para rebaixar a nota de crédito do Brasil:

> Uma das principais agências de *rating* do mundo, a Standard & Poor's (S&P) reduziu ontem a nota de crédito do Brasil para BBB-, a menor possível para os países do grupo considerado seguro por investidores e pelo mercado financeiro. Em um duro comunicado, a S&P apontou para a deterioração da política fiscal, o baixo crescimento da economia, o uso dos bancos públicos para sustentar os programas de governo, o adiamento do reajuste da energia e o abatimento das desonerações tributárias para o cumprimento da meta do superávit primário. [...] O Ministério da Fazenda classificou de inconsistente a decisão da agência em relação às condições da economia brasileira. (*O Estado de S. Paulo*, 25/3/2014: A1)

As ciências modernas determinam as causas estatisticamente. No entanto, há certos estudos que estabelecem correlações estatísticas entre fenômenos que não têm qualquer relação de causa e efeito. Pode-se contra-argumentar, mostrando que se trata não de relações de causalidade, mas de relações estatísticas sem qualquer significação. Com isso, criam-se determinações arbitrárias. Por exemplo: *12% dos brasileiros de olhos azuis nasceram em outubro; 8%, em novembro. Portanto, nascer em outubro aumenta em 50% a possibilidade de uma criança nascer com olhos azuis.* Ora, o que se sabe é que os olhos azuis resultam de determinação genética e não do mês do nascimento.

CAUSAS NECESSÁRIAS E SUFICIENTES

Todos conhecem o provérbio *Não há rosas sem espinhos*, que quer dizer "não há alegria sem dor", "não há beleza sem imperfeição". Esse provérbio é uma premissa do tipo condicional: se... então (se há rosas, então há espinhos). Poderíamos explicitar o raciocínio da seguinte forma:

Se há rosas, então há espinhos.
Há rosas.
Portanto, há espinhos.

A presença de rosa é garantia da existência de espinhos, o que significa que ela é condição suficiente para que haja espinhos. Uma condição suficiente para ser X garante que tudo o que satisfaz essa condição é X, mas não assegura que tudo o que é X satisfaz essa condição (não é uma condição necessária). Por exemplo, ser pernambucano é uma condição suficiente para ser brasileiro, mas não é uma condição necessária, já que se pode ser brasileiro, sem ser pernambucano. Numa condicional, a condição suficiente é manifestada pelo antecedente: por exemplo, *se alguém é pernambucano*, então é brasileiro.

Poderíamos agora raciocinar negativamente.

Se há rosas, então há espinhos.
Não há espinhos.
Portanto, não há rosas.

A ausência de espinhos implica a inexistência de rosas, o que quer dizer que o espinho é condição necessária para a existência da rosa. Uma condição necessária para ser X assegura que tudo o que for X satisfaz essa condição, mas não garante que tudo o que satisfaz essa condição seja X (não é uma condição suficiente). Por exemplo, ser brasileiro é uma condição necessária para ser pernambucano, mas não é uma condição suficiente, já que se pode ser brasileiro sem ser pernambucano. Uma condição necessária é expressa pelo consequente de uma condicional; por exemplo: se alguém é pernambucano, *então é brasileiro*.

Esses dois raciocínios são válidos. No entanto, a confusão entre condições necessárias e suficientes produz argumentos inválidos.

> Se há rosas, então há espinhos.
> Há espinhos.
> Então, há rosas.

Esse argumento está errado, porque a condição necessária para a existência de rosas foi tratada como condição suficiente, não se levando em conta que há outras plantas, além das rosas, que têm espinhos.

> Se há rosas, então há espinhos.
> Não há rosas.
> Logo, não há espinhos.

A condição suficiente para a presença de espinhos não ocorreu (não há rosas) e daí se deduz que não há espinhos. Nesse caso, a condição suficiente foi erroneamente tratada como condição necessária e não se leva em conta o fato de que é possível haver espinhos, apesar de não existirem rosas.

Esses dois raciocínios inválidos constituem a inversão de duas formas válidas de silogismo hipotético, conhecidas pelos termos latinos *modus ponens* (posto o antecedente, põe-se o consequente: se *a* é, *a* é; ora, *a* é; portanto, *b* é) e *modus tollens* (retirado (negado) o consequente, retira-se o antecedente: se *a* é, então *b* é; ora, *b* não é; portanto, *a* não é).

Os dois raciocínios inválidos chamam-se: a) afirmar o consequente, que é o *modus ponens* invertido, em que a confirmação do antecedente é inferida a partir da afirmação do consequente; b) negar o antecedente, que é o *modus tollens* invertido, em que a negação do consequente se conclui a partir da negação do antecedente.

Vejamos mais um exemplo. Pode-se inferir da afirmação de que fazer sexo pode resultar em gravidez que *se você está grávida, então fez sexo* (cabe lembrar que a inseminação artificial relativiza, pragmaticamente, essa conclusão). No entanto, dizer *se você não está grávida, então não fez sexo* é um raciocínio errôneo, porque significa tomar a condição suficiente por uma condição necessária.

Da asseveração de que os alimentos contaminados podem fazê-lo ficar doente não se pode deduzir que *se você está doente, então consumiu alimentos contaminados*, porque o consumo de alimentos contaminados não é condição suficiente para ficar doente, já que há doenças que resultam de outros fatores, inclusive de uma gravidez. Não se pode, porém, inferir que fazer sexo pode fazer que alguém fique doente, já que é a gravidez e não fazer sexo o antecedente.

As condicionais que contêm razões suficientes e necessárias são aquelas que têm valor de verdade, não aquelas em que o consequente indica compromisso, promessa, etc. Se disser *Se fizer sol amanhã, vou à praia*, a intenção de ir à praia não é razão para fazer sol, pois "vou à praia" não tem valor de verdade. Quando assumo um compromisso, ele está assumido, mesmo que eu não tenha intuito de cumpri-lo. Assim, ele não é verdadeiro nem falso, esse ato de fala foi simplesmente realizado. Uma condicional na qual o antecedente ou o consequente não constitui uma asserção é uma condicional sem valor de verdade.

Com frequência, nas discussões fazem-se orações condicionais para simular que o consequente é uma condição necessária do antecedente, quando, na realidade, não há relação necessária entre eles. Durante a ditadura, considerava-se que quem fosse de oposição era um traidor da pátria: se você é oposicionista, então é traidor da pátria. Ora, a oposição faz-se ao governo e somente se se confundir governo com nação se pode dizer que o oposicionista é traidor da pátria.

CAUSALIDADE E SUCESSÃO

Na peça *Chantecler*, do teatrólogo francês Edmond Rostand, conta-se que um galo acreditava que seu canto é que fazia o sol nascer todos os dias (2º ato, cena 3). Suas ilusões desmoronam, quando a faisã dourada, que amava Chantecler e tinha ciúmes da aurora, leva-o uma noite ao concerto do rouxinol e ele fascinado esquece-se de cantar, mas, mesmo assim, o sol nasce (4º ato, cena 7).

Essa peça leva-nos a refletir sobre a forma como se organiza o pensamento mágico. Uma das grandes aquisições da humanidade em sua marcha civilizatória foi o pensamento causal: X, porque Y. A causa de X é Y. São Paulo tem muitas inundações, porque o solo está todo impermeabilizado e a água da chuva não pode ser absorvida.

Foi o pensamento causal que permitiu o desenvolvimento da ciência e, por conseguinte, o conhecimento do mundo natural e do mundo social. No entanto, há um raciocínio que tem apenas a aparência de pensamento causal. É aquele que considera que o que vem antes, numa sucessão, é a causa do que ocorre depois. Por exemplo, alguém passou embaixo de uma escada e, logo em seguida, caiu-lhe um vaso na cabeça. Ele então considera que a causa da queda do vaso foi ter passado debaixo da escada. A partir daí se formula um princípio: passar sob uma escada dá azar. Essa é a base da construção do pensamento mágico, presente nas crendices e superstições. Existe até uma formulação latina para esse princípio: *post hoc, ergo propter hoc* (depois disso; portanto, por causa disso). Observe-se que esse é o raciocínio do galo: porque ele canta antes do nascer do sol, seu canto é a causa desse nascimento.

São exemplos afirmações como: quebrar espelho traz sete anos de infortúnio; abrir guarda-chuva dentro de casa dá azar; bater na madeira afasta um mau acontecimento; cruzar com um gato preto é sinal de azar; 13 pessoas à mesa trazem azar.

Muitos políticos raciocinam dessa forma: suas ações são a causa de tudo o que acontece depois que eles assumiram o governo. Evidentemente, só as coisas positivas é que são causadas por seu agir: meu governo conseguiu um aumento nunca visto nas exportações; meu governo obteve a menor taxa de risco país. Quando se ouve esses políticos falarem, imagina-se que tudo acontece no mundo por causa da vontade política e que os acontecimentos não sejam causados por uma complexa rede de fatores, muitos deles demorando longos anos para acontecer.

Nesse tipo de argumento, tomam-se fatos que se relacionam temporalmente (antecedente e consequente) e atribui-se a eles uma relação causal. Esse argumento é bastante forte, porque, em princípio, a causa antecede o efeito e, por isso, um antecedente é apresentado facilmente como causa de um consequente.

Pode-se contra-argumentar, explicitando que o que é tomado como uma causa deve ser visto como antecedente:

> Wladimir Safatle, possível candidato do PSOL ao governo de São Paulo, surpreendeu os leitores deste jornal ao acusar, em sua coluna de terça, a polícia de ser responsável pela morte de quatro manifestantes: Cleonice Vieira de Moraes, Douglas Henrique de Oliveira, Luiz Felipe Aniceto de Almeida e Valdinete Rodrigues Pereira. Seriam, asseverou, apenas algumas das vítimas das PMs. A palavra delicada para definir a afirmação é "mentira". As polícias, felizmente, não mataram ninguém nos tais protestos. Cleonice, uma gari, morreu em Belém de infarto. Varria rua quando houve um confronto entre manifestantes e a PM. Inalou alguma quantidade de gás lacrimogêneo e teve infarto depois disso, mas não por causa disso. O filósofo deve conhecer a falácia lógica já apontada pelos escolásticos: *"post hoc ergo propter hoc"* – "depois disso, logo por causa disso". Nem tudo o que vem antes é causa do que vem depois. É como no filme "Os Pássaros", de Hitchcock. Tudo se dá depois da chegada da loura, mas a loura é inocente, Wladimir!
> ("Assim não dá, Wladimir", Reinaldo Azevedo, *Folha de S.Paulo*, 21/2/2014)

OS FATOS

Em português, há um provérbio que diz *Contra fatos não há argumentos*. Esse anexim contrapõe os fatos aos argumentos, mostrando que aqueles são objetivos, neutros, incontestes e verdadeiros, enquanto estes são subjetivos, parciais, contestáveis e fictícios. No entanto, não é bem assim. No conto "O espelho", presente em *Primeiras estórias*, de Guimarães Rosa, aparece a seguinte afirmação: Tudo, aliás, é a ponta de um mistério. Inclusive os fatos. Na epígrafe ao livro *Viva o povo brasileiro*, João Ubaldo Ribeiro escreve: "O segredo da Verdade é o seguinte: não existem fatos, só existem histórias."

Certos fatos, os menos significativos, são, realmente, incontestáveis: *Ontem choveu granizo no meu bairro das 17h às 17h30*. Outros, aqueles que se referem a realidades mais complexas, são sujeitos à interpretação e, portanto, são contestáveis. Os números dão uma aparência de objetividade à argumentação. No entanto, as cifras podem ser utilizadas segundo as necessidades da estratégia argumentativa empregada pelo enunciador. Paulo Henrique Amorim, em seu blog Conversa Afiada, diz, em 20/1/2014:

> Apesar de todo o terrorismo feito com a inflação em 2013, o índice oficial fechou dentro da meta, como o ex-ministro José Dirceu previu aqui tantas vezes. Ficou em 5,91%.
> E mais: o índice consolida a diferença entre a inflação no governo do PT e no do PSDB.
> O UOL tabulou os números. E mostrou que a inflação durante os três anos do governo Dilma Rousseff é semelhante à média verificada no governo Lula. E bem abaixo da gestão FHC.
> Levando em conta 2011, 2012 e 2013, a média anual do IPCA, que é o índice oficial, foi de 6,1%. Nos oito anos do governo Lula (2003 a 2010), foi de 5,8%. E no governo FHC (1995 a 2002), foi de 9,1%.
> Portanto, qual o motivo da gritaria e o alarde em torno da inflação em 2013? Pura campanha política. E os tucanos, logo eles, são os que lideram essa gritaria. Deixaram uma inflação bem mais alta do que é hoje e agora tentam posar de guardiões dos preços.

O que parece tão objetivo, a manutenção da inflação dentro da meta, foi contestado por Celso Ming, em seu blog, em 17/2/2014, discutindo as bases do cálculo da taxa de inflação de 2013. Para ele, a inflação só se manteve na meta, porque os preços administrados foram mantidos artificialmente baixos, para que a inflação não estourasse o limite fixado pelo Banco Central:

> Para não ir muito atrás, no ano passado, a inflação dos preços livres saltou para 7,27%. Enquanto isso, a evolução dos preços administrados, correspondentes a 25% da cesta de consumo, não passou de 1,52%. [...]
> A contenção artificial dos preços administrados produz o efeito cocaína. O governo segura os preços para evitar inflação achando que um pouquinho só não faz mal e, depois, o pouquinho é seguido por outros pouquinhos que, somados, se transformam em poucão e aí a economia já está viciada e exige doses maiores de represamento para não criar nova crise.

Da mesma forma, podem-se discutir as taxas de desemprego. De um lado, afirma-se que as taxas de desemprego nunca foram tão baixas; de outro, diz-se que as taxas de desemprego são baixas não por causa do aumento de empregos, mas porque o número de pessoas que buscam trabalho está diminuindo. É o que faz o jornalista Sílvio Guedes Crespo, no blog Achados Econômicos (30/1/2014):

> A taxa de desemprego é outro indicador de que o mercado de trabalho continua aquecido. Ela ficou em 5,4% em 2013, segundo o IBGE, sendo o menor valor desde o início da série histórica da Pesquisa Mensal de Emprego, em 2002.
> O Dieese, que usa outra metodologia, apontou que o desemprego foi de 10,4% em São Paulo no ano passado, o menor desde 1990.
> Uma observação a ser feita é que, nos últimos meses, o desemprego tem caído não por causa do aumento do emprego, mas porque o número de pessoas que procuram trabalho está diminuindo.
> Segundo o IBGE, em março de 2002, 76% da população que estava fora do mercado dizia não ter interesse em trabalhar. Hoje, 91% afirmam não querer emprego. Não se trata necessariamente de preguiça. Entre essas pessoas, há aposentados e menores de 18 anos, além de donas de casa.
> Uma hipótese é de que o envelhecimento da população e o desejo cada vez maior dos jovens de estender os estudos podem ter contribuído para o aumento da população que não deseja trabalhar. De qualquer maneira, se elas não querem um emprego, não podem ser chamadas de desempregadas.

No texto que segue, discute-se também a objetividade e a neutralidade do que é apresentado como um fato: os táxis diminuem em 20% a velocidade dos ônibus nos corredores:

> O promotor Maurício Ribeiro Lopes, da Promotoria de Habitação e Urbanismo, pediu um estudo à Prefeitura para esclarecer se os táxis prejudicam – e em que medida – o desempenho dos ônibus nos corredores. A conclusão foi de que os ônibus seriam 20% mais velozes, se os táxis saíssem dos corredores.
> É preciso divulgar esse estudo – não apenas sua conclusão – para que a população saiba se suas bases são realmente sólidas. Ela tem o direito de conhecê-lo, porque contraria o bom senso mais elementar que os táxis possam atrapalhar tanto os ônibus. Como, se eles são mais velozes e ágeis? (*O Estado de S. Paulo*, 21/3/2014: A3)

Pode-se contra-argumentar, mostrando que certos dados enviesam as conclusões, como faz Roberto Leal Lobo e Silva Filho, presidente do Instituto Lobo Mogi das Cruzes:

> Gustavo Ioschpe insiste, com razão, que o problema da educação no Brasil não reside unicamente no financiamento ("Dados novos, problema antigo", 10 de julho). No entanto, o argumento de que gastamos até mais que os outros países da OCDE

pode ser questionado, com base no mesmo documento publicado recentemente pela OCDE citado pelo articulista. Falo do fato de o gasto porcentual em relação ao PIB per capita ser uma medida, mas, quando este é baixo (como no Brasil), o indicador pode mascarar um grave viés. O investimento público por aluno na educação no Brasil é de menos de 3100 dólares (em geral, incluindo o ensino superior, no qual gastamos muito por aluno!), enquanto a média da OCDE é de 9300 dólares. Além disso, países como a Coreia, que pretende ser internacionalmente competitiva (como nós também queremos ser), gastam 33% do PIB per capita por aluno do ensino médio (talvez o maior gargalo brasileiro), o que corresponde a 9500 dólares. O Brasil, em comparação, gasta somente 2150 dólares. A média de gastos nesse nível de ensino nos países citados no documento da OCDE é de 9150 dólares por aluno. Quando os países têm um PIB *per capita* baixo, mas priorizam o investimento em educação como condição necessária para alavancar o desenvolvimento, eles são forçados a aumentar os gastos da educação por estudante, mesmo à custa de reduzir outras prioridades, para romper o círculo vicioso e aumentar a produtividade. (*Veja*, 17/7/2013: 29)

Além disso, é preciso ver se os fatos têm, realmente, valor causal. Os seres humanos têm dificuldade de admitir o acaso, pois ele escapa a qualquer determinação, é aquilo que não tem sentido. As pessoas na sua busca por sentido atribuem o que é do domínio da casualidade a, por exemplo, instâncias transcendentes, como a vontade divina. Para muitas pessoas, há um destinador providencial, que dá uma intencionalidade aos acontecimentos, por mais absurdos que eles pareçam. É o que afirma o provérbio: *O homem põe e Deus dispõe*.

Muitas vezes, os fatos são bastante eloquentes para servir de argumento. Por exemplo, se se quer argumentar contra a tortura basta narrá-la em toda a sua brutalidade. O ideal, para produzir maior impacto, é que a narração seja feita em terceira pessoa, pois, nesse modo de contar uma história, o narrador oculta-se e os fatos parecem narrarem-se a si mesmos. É o que faz Renato Tapajós, em seu livro *Em câmera lenta*:

> Cercaram-na e caíram sobre ela, acertando socos em seu rosto, pontapés em suas costas, tentando segurá-la. Ela se debateu com violência, mas uma forte coronhada em sua nuca a fez tontear. Um policial segurou-a firmemente, enquanto outro fechava as algemas em seus pulsos delicados. Puxaram-na pelas algemas: ela caiu ao chão e foi arrastada, rasgando a roupa e a pele macia de encontro às pedras do terreno. Levaram-na até a perua, que estacionou perto com os freios rangendo pela brusca parada. Jogaram-na no banco traseiro e dois policiais sentaram-se, um de cada lado dela; enquanto a perua arrancava em velocidade, a sirena aberta lançando seu gemido de terror pelas ruas sonolentas. Enquanto a perua rompia o silêncio da madrugada, intimidando os que a viam passar, os policiais em seu interior espancavam a prisioneira, gritando-lhe as obscenidades mais sujas de que se conseguiam lembrar. Enquanto um dava-lhe uma cotovelada nos rins, o outro a atingia com um cassetete no rosto.

Um terceiro, debruçando-se do banco da frente para trás, batia com a coronha do revólver nas mãos atadas pelas algemas. Os dedos estalaram, os ossos se rompendo com o impacto. No rosto, o sangue começava a brotar do nariz e do canto dos lábios. Mas ela não gritou, nem mesmo gemeu. Apenas levantou a cabeça, os olhos abertos, os maxilares apertados numa expressão muda de decisão e de dor. A perua entrou, por fim, em um portão e freou em seguida. Os policiais retiraram a prisioneira e empurraram-na para a entrada de um pequeno prédio. Ela cambaleava e continuava a ser espancada a cada passo. Seus olhos já se toldavam com o sangue que começava a escorrer de um ferimento na testa. Um empurrão mais violento a lançou dentro de uma sala intensamente iluminada, onde havia um cavalete de madeira e uma cadeira de espaldar reto e onde outros policiais já a esperavam. Ela ficou de pé no meio dos policiais: um deles retirou-lhe as algemas, enquanto outro perguntava seu nome. Ela nada disse. Olhava para ele com um olhar duro e feroz. Mandaram-na tirar a roupa e ela não se moveu. Dois policiais pularam sobre ela, agarrando-lhe a blusa, mas ela se contorceu, escapando. Um deles acertou um soco em sua boca, os outros fecharam o círculo, batendo e rasgando-lhe a roupa. Ela tentava se defender, atingindo um ou outro agressor, mas eles a lançaram no chão, já nua e com o corpo coberto de marcas e respingos de sangue. O canto de seus lábios estava rasgado e o ferimento ia até o queixo. Eles a seguravam no chão pelos braços e pernas, um deles pisava em seu estômago e outro em seu pescoço sufocando-a. O que a pisava no estômago perguntou-lhe novamente o nome. O outro retirou o pé do pescoço para que ela pudesse responder, mas ela nada falou. Nem gemeu. Apenas seus olhos brilharam de ódio e desafio. O policial apertou-lhe o estômago com o pé, enquanto outro chutou-lhe a cabeça, atingindo-a na têmpora. Sua cabeça balançou, mas quando ela voltou a olhar para cima, seu olhar não havia mudado. O policial enfurecido sacou o revólver e apontou para ela, ameaçando atirar se continuasse calada. Ela continuou e ele atirou em seu braço. Ela estremeceu quando a bala rompeu o osso pouco abaixo do cotovelo. Com um esforço, continuava calada. Eles puxaram-na pelo braço quebrado, obrigando-a a sentar-se. Amarraram-lhe os pulsos e os tornozelos, espancando-a e obrigando-a a encolher as pernas. Passaram a vara cilíndrica do pau de arara entre seus braços e a curva interna dos joelhos e a levantaram, para pendurá-la no cavalete. Quando a levantaram e o peso do corpo distendeu o braço quebrado, ela deu um grito de dor, um urro animal, prolongado, gutural, desmedidamente forte. Foi o único som que emitiu durante todo o tempo. Procurava contrair o braço sadio, para evitar que o peso repousasse sobre o outro, enquanto eles amarravam os terminais de vários magnetos em suas mãos, pés, seios, vagina e no ferimento do braço. Os choques incessantes faziam seu corpo tremer e se contrair, atravessavam-na como milhares de punhais e a dor era tanta que ela só tinha uma consciência muito tênue do que acontecia. Os policiais continuavam a bater-lhe no rosto, no estômago, no pescoço e nas costas, gritando palavrões entremeados por perguntas e ela já não poderia responder nada mesmo que quisesse. E não queria: o último lampejo de vontade que ainda havia nela era a decisão de não falar, de não emitir nenhum som. Os choques aumentaram de intensidade, a pele já se queimava onde os terminais estavam presos. Sua cabeça caiu para trás e ela perdeu a consciência. Nem os sacolejões provocados pelas descargas no corpo inanimado fizeram-na abrir os olhos. Furiosos, os policiais tiraram-na do pau de arara, jogaram-na ao chão. Um deles enfiou na cabeça dela a coroa de cristo: um anel de metal com parafusos que o faziam diminuir de diâmetro. Eles esperaram que ela voltasse a si e disseram-lhe que se não começasse a falar, iria morrer lentamente. Ela nada disse e seus olhos já estavam baços. O policial começou a apertar os parafusos e a dor atravessou, uma dor que dominou tudo, apagou tudo e latejou sozinha em todo o universo como uma imensa bola de fogo. Ele continuou a apertar os parafusos e um dos olhos dela saltou para fora da órbita devido à pressão no crânio. Quando os ossos do crânio estalaram e afundaram, ela já havia perdido a consciência, deslizando para a morte com o cérebro esmagado lentamente. (1977: 169-72)

A descrição também serve aos propósitos argumentativos, pois também pode apresentar fatos em toda sua crueza. Assim, o relatório da CPI do Sistema Carcerário, cujo relator foi o deputado Domingos Dutra, descreve a carceragem do 2º Distrito Policial de Contagem:

> Projetada para no máximo 25 presos, estava lotada com 125 em 03 celas. Homens seminus se espremem e se acotovelam em celas lotadas. Homens pálidos pela ausência de banho de sol; presos que se revezam para dormir (muitos dormem em cima da privada); vários presos doentes com HIV, tuberculose e doenças de pele, misturados com dezenas de outros presos aparentemente sadios. Na cela 02 um preso misturado com outros 47 tinha o corpo totalmente coberto de feridas.
> As celas têm 1.80 de altura (sem janelas), são quentes e escuras, lembrando um calabouço. Ao meio-dia a temperatura ultrapassa os 40 graus. O mau cheiro denuncia a sujeira: urina apodrecida misturada com fezes, restos de comida azeda e suor de homens sem banho por dias exalando um cheiro horrível.
> Os presos realizam suas necessidades fisiológicas na frente dos outros detentos e de pessoas que circulam pelo corredor. À noite estas pessoas flageladas se amontoam uma nas costas das outras, em cima de pedaços de colchões envelhecidos e fedorentos. (Biblioteca Digital da Câmara dos Deputados)

ARGUMENTO DO SACRIFÍCIO

Um argumento causal muito frequente é o que Perelman e Tyteca chamam argumento pelo sacrifício (2005: 281-90). Considerado por esses autores um argumento quase lógico por se aproximar da comparação (2005: 281), é aquele que busca comprovar a veracidade de uma tese pelo sacrifício de alguém que tem seja uma convicção absoluta nela ou uma grande pureza de propósito. O sacrifício serve para provar as qualidades morais de uma pessoa ou de um ato. Um argumento comum de militantes socialistas é que o socialismo é moralmente superior ao capitalismo, pois naquele as pessoas passam privações com vista a construir o sonho de uma sociedade igualitária, enquanto neste só se levam em conta os interesses individuais. Eusébio de Matos, na prática I, intitulada *Dos espinhos*, que faz parte do livro *Ecce Homo*, argumenta que a verdade do perdão de Deus e de seu amor pelos homens é dada pelo sacrifício da cruz:

> Pois se tão amoroso temos a Cristo, quando coroado de espinhos, quem duvida que nos concederá facilmente o perdão de nossas culpas? Antes imagino eu que, assim coroado de espinhos, toma sobre si o castigo de nossas culpas, para que seu Eterno Padre nos conceda facilmente o perdão. São os espinhos o castigo de nossas culpas: *Spinas, et tribulos germinabis tibi* (= Produzirás para ti espinhos e abrolhos); e, se estes espinhos tem Cristo sobre sua cabeça, claro está que, para escusar-nos do castigo a nós, tem sobre si o castigo: notável força de amor! Que tome Cristo sobre si o castigo, para que nós consigamos o perdão! Levou Abraão da espada para degolar a seu filho Isaac e, ao traçar do golpe, viu a um Cordeiro a cabeça cingida de espinhos: *Inter vepres haerentem cornibus* (= Preso pelos chifres entre os espinhos); tomou logo o Cordeiro, fez dele o sacrifício, e Isaac, que estava destinado à morte, ficou gozando da vida. Grave concurso de mistérios! Isaac destinado à morte representa ao gênero humano; Abraão ameaçando o golpe representa ao Eterno Padre resoluto a dar o castigo; o Cordeiro representa a Cristo; e, para que Isaac não sinta o golpe, o Cordeiro se expõe ao sacrifício; para que nós não padeçamos o castigo, Cristo é o que sente o golpe, mas com esta advertência, que o Cordeiro estava coroado de espinhos: *Inter vepres haerentem* (= Preso entre os espinhos); Cristo coroado de espinhos é o que toma sobre si a morte, para que nós logremos a vida; toma sobre si o castigo, para que nós consigamos o perdão; há mais ardente fineza?! Há mais extremado amor?!

O general Mourão vale-se desse argumento para avaliar a participação do então governador de Minas Gerais, Magalhães Pinto, na conspiração que levou ao golpe de 1964:

> Note o que esse homem tem a perder: o governo, a fortuna, e numa idade ótima. Não podemos nos comparar com ele, pois somos velhos e pobres, com uma missão terminada na terra. (*Veja*, 26/3/2014: 77)

Ao mesmo tempo, considera-se imoral tirar vantagens pessoais:

> Este é um momento em que silenciar ou se manter neutro para preservar os próprios interesses configura uma irresponsabilidade. A música não pode estar acima do dever cívico ou da denúncia de um Estado que se tem provado criminoso. Os responsáveis pelo Sistema deveriam pensar no país como um todo, e não apenas em seu programa educacional. (Entrevista de Gabriela Montero. *Veja*, 26/3/2014: 20)

Uma negação do argumento do sacrifício é mostrar que o abandono de certas coisas é da ordem do privilégio, pois só o faz quem tem o que renunciar:

> Guilherme Boulos, um dos comandantes do MTST e colunista desta *Folha*, traz consigo o charme irresistível da renúncia. Oriundo da classe média-alta, com formação intelectual, prefere dedicar-se à categoria dos "Sem" – até dos "Sem-Sinal" de telefonia. Lembro-me do fascínio que tive ao ler, aos 15 anos, "Minha Vida", a autobiografia de Trótski. Largou as benesses do pai abastado para morar no quintal do jardineiro Shvigovski, o revolucionário "do pomar". Um encanto!
> A coisa meio chata para mim é que eu lia o livro com um fio de lâmpada sobre a cabeça, na cozinha de modestíssimos dois cômodos, à beira de um córrego fétido. Não demorei a entender que certa renúncia é um privilégio de classe, não uma superioridade moral. Dispensar a riqueza abre a vereda para a terra da santidade. A trajetória contrária é coisa de um *parvenu*. (Reinaldo Azevedo, *Folha de S.Paulo*, 18/7/2014)

ARGUMENTUM AD CONSEQUENTIAM

No caso dos argumentos pragmáticos ou por consequência (*argumentum ad consequentiam*), defende-se uma dada ação, levando em conta os efeitos que ela produz. Nele, os fins justificam os meios. As proposições utilizadas na argumentação têm natureza diversa. Existem, por exemplo, as descritivas, que apresentam um fato ou aquilo que se considera como tal ("O livro *Anjos e demônios*, de Dan Brown, contém erros factuais"); avaliativas, as que fazem uma apreciação sobre um dado elemento ("O racismo é intolerável"); incitativas, as que convocam a realizar uma ação ou a evitar que algo se produza ("É necessário combater a violência nas relações pessoais"). Quando se usam proposições incitativas, argumenta-se, em geral, com as possíveis consequências positivas ou negativas de uma dada ação. Os que são contrários à implantação de cotas raciais dizem que a adoção dessa política criará uma racialização no Brasil (consequência negativa); os favoráveis afirmam que ela corrigirá distorções históricas, fazendo justiça àqueles que sempre foram discriminados (consequência positiva). No entanto, não é possível pôr a prova uma proposição descritiva, fazendo notar seus efeitos desejáveis ou indesejáveis. A argumentação deve mostrar se ela é verdadeira ou falsa. Quando alguém diz, como fez Lawrence Summers, ex-reitor de Harvard, "As mulheres têm menos talento inato para a matemática e a ciência do que os homens" (*Folha de S.Paulo,* 21/1/2005), deve-se mostrar a falsidade dessa proposição e não argumentar por consequência, dizendo, por exemplo, "Não se pode considerar que as mulheres têm menos talento inato para a matemática e a ciência do que os homens, porque isso dará a estes vantagens no mercado de trabalho". O fato de a consequência ser indesejada não transforma em falsa uma dada afirmação.

Outro erro no argumento por consequência é refutar uma linha de ação com base no fato de que teria um efeito negativo que se demonstre falso: "Não se pode ser tolerante com a homossexualidade, porque isso fará as crianças e jovens se tornarem homossexuais".

O *argumentum ad consequentiam* deve ser utilizado com cuidado, porque, quando é levado ao extremo, sem que seja balizado por valores, a especulação sobre as consequências, pode-se justificar tudo, mesmo as ações mais repulsivas: por exemplo, "O turismo sexual deve ser incentivado, porque cria postos de trabalho"; "Deveríamos matar os velhos, porque isso resolveria o problema do déficit da Previdência Social". Hélio Schwartsman, que é um defensor do consequencialismo, diz:

> Não nego que o consequencialismo padeça de problemas graves. Eu mesmo já levantei vários deles ao longo de duas décadas de colunas. Para rememorar apenas o mais célebre, numa lógica puramente consequencialista, o médico estaria autorizado a matar um sujeito saudável para, com seus órgãos, salvar as vidas de cinco pacientes que aguardam transplantes. (*Folha de S.Paulo* online, 11/7/2020)

O filósofo Joshua Greene mostra que pesar as consequências é a maneira correta de adotar esta ou aquela política pública:

> Como resolver problemas nos casos em que todos estão seguros de estar do lado certo? Acredito que o único meio é focar as consequências. Se há uma opção entre a política pública A e B, perguntemos qual vai melhorar a vida das pessoas. Temos de olhar para todos os fatos para responder a essa pergunta, em vez de selecionar apenas aqueles que amparam a solução que é mais simpática a nossos próprios sentimentos. (*Veja*, 19/3/2014: 18)

Maílson da Nóbrega mostra quando o Estado deve intervir na economia, com base exatamente nas consequências:

> O sistema de preços constitui elemento fundamental da prosperidade das nações. [...]. A crescente complexidade da economia mostrou que há situações em que o sistema de preços não funciona. Monopólios e oligopólios podem dominar mercados e ditar preços em detrimento do consumidor. O sistema de preços pode não emitir os sinais necessários, como na poluição dos automóveis. Nenhum proprietário tem incentivo individual para instalar equipamentos antipoluição, que são caros. Nesses dois casos, cabe ao Estado intervir para estimular a competição e para obrigar as fábricas a instalar tais equipamentos. (*Veja*, 9/3/2014: 22)

Rodrigo Constantino discute a política de aumento dos gastos públicos com base no que ele considera suas consequências aparentes e reais:

> Em um país com tanta pobreza, deixar o governo gastar à vontade parece ser a coisa certa a fazer – e, no campo das boas intenções, é mesmo. Como condenar um modelo de bem-estar social quando tantas crianças ainda passam fome? Como criticar maiores gastos com saúde e educação em um país com população tão carente?
> O problema é que as leis econômicas não distinguem as boas das más intenções. O resultado é que criamos um monstrengo estatal, inchado, corrupto e incompetente, incapaz de resolver as questões sociais apesar de já arrecadar 40% do PIB em impostos. [...]
> Os sinais sérios do distúrbio brasileiro estão em todo lugar. Praticamente metade do orçamento federal é comprometida com o pagamento dos benefícios sociais. Para adicionar insulto à injúria, boa parte desses benefícios está indexada ao salário mínimo, que vem sendo aumentado sistematicamente acima da inflação. Os gastos com benefícios sociais têm se elevado cerca de 13% ao ano, mesmo com crescimento econômico medíocre. O superávit fiscal primário vem desaparecendo aos poucos. Tudo isso pressiona a inflação, o que obriga o Comitê de Política Monetária do Banco Central a manter a taxa de juros em patamar muito elevado. [...]
> Governos populistas hipotecam o futuro, plantam as sementes de tragédias e focam apenas o aqui e agora das pesquisas de opinião. Pensam nas próximas eleições, e as próximas gerações que se lixem. Alimentam o monstro que vai nos devorar amanhã. Sacrificam o destino de nossos filhos e netos para garantir sua permanência no poder. Como agravante, nem sequer conseguem aliviar o quadro social no presente. A má gestão é tanta e o desvio de recursos é tal que, mesmo com as transferências de renda, a miséria resiste, a educação continua péssima e o sistema de saúde permanece em frangalhos [...]. (*Veja*, 9/3/2014: 29)

Evidentemente, a contra-argumentação, no caso acima, discutirá se as consequências apontadas são verdadeiras. Outra forma de contra-argumentação é mostrar que as consequências esperadas não ocorreram ou foram contrárias às previstas:

> Em 2012, o Ministério da Fazenda anunciou a nova matriz macroeconômica. Completava-se a reação, iniciada em 2009, à política econômica adotada por Lula em 2003, a mesma que ele havia recebido de FHC. No terceiro ano da novidade, o fracasso é inequívoco. [...]
> O ministro da Fazenda se vangloriou da guinada e adotou políticas de estímulo ao consumo na expectativa de despertar o instinto animal dos empresários, que investiriam para aumentar a oferta. Câmbio desvalorizado e juros baixos ampliariam a disposição de investir. A redução voluntarista das tarifas de energia elétrica elevaria a competitividade e o investimento. Nada disso funcionou. O investimento depende do ambiente de negócios e de previsibilidade, que foram prejudicados pelo intervencionismo excessivo. A "matriz" colheu resultados distintos do imaginado. O investimento caiu de 19,5% do PIB, em 2010, para 18,4%, em 2013. A meta da inflação, de 4,5%, nunca foi alcançada. A média de crescimento do período Dilma será de apenas 2%. A classificação de risco foi rebaixada. (Maílson da Nóbrega. *Veja*, 16/4/2014: 26)

ARGUMENTOS FUNDADOS NAS RELAÇÕES DE SUCESSÃO

Perelman e Tyteca apontam três argumentos muito frequentes baseados na relação de sucessão: o do desperdício, o da direção e o da ultrapassagem ou da superação (2005: 317-33).

O argumento do desperdício

Esse argumento é voltado para o passado. Nele, propõe-se a continuidade de alguma coisa para que não sejam desperdiçados os esforços já feitos. O argumento é que, como já se investiu muito na consecução de um determinado objetivo, não se pode parar. Nele, incita-se a alcançar os objetivos, a não perder a motivação, argumentando-se que não se deve jogar fora o que já se fez. É o caso do estudante universitário que, na metade de um curso de quatro anos, descobre que não gosta dele. Vai dizer a seu pai, que responde: Você deve formar-se para não perder o que já fez e depois você se dedica a outra coisa.

No site da revista *Veja*, aparece, em 22/12/2012, uma notícia sobre a renúncia de Mário Monti, primeiro-ministro italiano, em que ele propõe a continuidade das políticas de austeridade, exatamente em nome dos sacrifícios que já foram feitos:

> Monti deverá permanecer no governo até fevereiro, mês em que ocorrerão as próximas eleições em Roma. Apesar do risco representado pela volta de Berlusconi, Monti deu uma indicação de que não deverá se afastar da política. Ele ainda pediu aos italianos que não joguem fora os resultados alcançados por seu governo. "Seria irresponsável desperdiçar os muitos sacrifícios que os italianos fizeram", afirmou.

Paulo Reina, em seu blog de Estudos Bíblicos, diz que devemos levar uma vida de acordo com os ensinamentos de Cristo, pois a perdição seria um desperdício do sacrifício da Cruz:

> Não posso imaginar outra tragédia pior do que alguém desperdiçar o sacrifício incalculável de Jesus para escolher perder-se. As alternativas que temos diante de nós são bastante claras: destruição eterna: ser excluído eternamente da presença de Deus, ou uma amizade eterna com Cristo que supre nossos anseios mais profundos. Qual será a sua escolha? Por que não descobrir o destino que Deus tem para você agora mesmo?

No site da *Gazeta Esportiva*, noticia-se o apelo do técnico do Paraná Clube, para que empresários ajudem o time, para que não seja desperdiçado um trabalho que está dando frutos:

> O que seria uma noite de alegria após a vitória do Paraná Clube sobre o Boa Esporte, por 3 a 1, pela Série B do Campeonato Brasileiro, virou um momento de desabafo. O técnico Dado Cavalcanti, em entrevista coletiva após a partida, expôs a situação financeira do clube e apelou a empresários que ajudem o time neste momento difícil para não desperdiçar um trabalho que tem gerado frutos. (gazetaesportiva.net, 14/8/2013)

O argumento da direção

O argumento da direção, também denominado argumento da "rampa fatal", está, ao contrário do argumento do desperdício, voltado para o futuro. Consiste em rejeitar alguma coisa, porque ela desencadeará uma reação em cadeia, uma perda de controle, uma consequência indesejada. É caso dos que se colocam contra a renegociação das dívidas tributárias, alegando que ela premia os maus pagadores e, por conseguinte, incentiva a sonegação; também dos que dizem que não se pode negociar com sequestradores, pois isso estimula o crime. O provérbio "dá a mão, quer o braço" é, de certa forma, a figurativização desse argumento. Falando sobre as manifestações de junho de 2013, Alberto Carlos Almeida escreveu:

> Isso é resultado das melhorias ocorridas nos últimos anos. O aumento da escolarização, a redução da pobreza e da desigualdade, a redução do desemprego e outras melhorias levaram o brasileiro médio a se tornar mais exigente. É o velho ditado em funcionamento: "Dá a mão, quer o braço". A população obteve a mão nos últimos anos, agora quer que os políticos deem o braço. Uma melhoria puxa a outra. Quando as pessoas são pobres por muitos anos e gerações, passam a acreditar que a pobreza é inevitável. Quando deixam de ser pobres, querem, logo em seguida, obter novos ganhos. As manifestações que presenciamos não ocorrem quando as coisas pioram, mas somente quando elas melhoram. É o que estamos vendo. (site da revista *Época*, 17/7/2013)

Esse argumento é, na maior parte das vezes, conservador: "Não se pode dar a mão a essa gente, logo eles querem o braço".

O argumento da ultrapassagem

O argumento da ultrapassagem também é voltado para o futuro. É aquele que considera que o se conseguiu é uma etapa: cada conquista é um trampolim para alcançar um estágio superior; é um meio para atingir um estado mais perfeito. É o caso do técnico que, após o clube sagrar-se campeão da taça Libertadores da América, diz que não é hora de comemoração, pois vem pela frente o Campeonato Mundial de Clubes. Os que lutaram pela construção do socialismo sempre usaram esse argumento para justificar dificuldades, fossem elas teóricas, fossem práticas. No capítulo intitulado "II. O Kominform por dentro" do livro *O retrato*, de Osvaldo Peralva, aparece uma justificativa para um problema teórico, a manutenção de mecanismos capitalistas depois da Revolução Russa:

> Em realidade, esse caminho chinês chegara a ser tentado nos primeiros tempos do Governo bolchevista. Com muita insistência, Lênin enaltecera as vantagens do capitalismo de Estado, para a situação da Rússia, após a Revolução de Outubro, isto é, uma colaboração do pequeno e médio capital com o Estado Soviético a fim de soerguer a economia nacional. Seria uma etapa na construção do socialismo. Mas essa tese fracassou, no caso concreto da Rússia, e seu Governo teve de seguir por outro caminho.

Raquel Caldeira Vilela, em artigo denominado "Cunhal não foi Carrillo? Estratégia e táctica do Partido Comunista Português durante a crise revolucionária de 1975", publicado no volume LXXII da revista *Hispania* (set./dez. 2012), também mostra que o Partido Comunista Português defende as nacionalizações com o argumento da ultrapassagem:

> O PCP defenderá as nacionalizações – sem controlo efectivo da produção e da distribuição pelos trabalhadores e submetidas à "batalha da produção" –, sob a fundamentação teórica de que se tratava de uma medida que seria parte de uma etapa na construção do socialismo, uma vez que o Estado não era capitalista, antes estava em transição para o socialismo.

ARGUMENTOS DE COEXISTÊNCIA

Os argumentos de coexistência são aqueles que relacionam um atributo com a essência ou de um ato com a pessoa. A essência e o ato permitem explicar ou prever fatos que são considerados sua manifestação. Os argumentos de coexistência são o *argumentum ad hominem*, o *argumentum tu quoque*, o argumento de autoridade ou o *argumentum ad verecundiam*, o *argumentum ad ignorantiam* e os argumentos *a fortiori*.

Argumentum ad hominem

Cláudio Fonteles, autor da ação de inconstitucionalidade da lei que regula a utilização de células-tronco embrionárias na pesquisa, questionado sobre o conflito de interesses de seu engajamento cristão com o mérito da ação, rebateu, dizendo: "A doutora Mayana Zatz, que é o principal elemento de quem pensa diferentemente da gente, tem também uma ótica religiosa, na medida em que ela é judia e não nega o fato" (*Folha de S.Paulo*, 21/4/2007).

Nesse caso, quem questionou o procurador, em vez de discutir os argumentos que ele propusera na ação, desqualificou-o, pondo em dúvida suas motivações. Em sua resposta, o procurador, em lugar de responder ao ataque, preferiu pôr em dúvida a credibilidade da pessoa que liderava a corrente contrária a seu ponto de vista.

Esse argumento, em que não se discutem os méritos intrínsecos do ponto de vista ou da dúvida do oponente, mas se desqualifica o adversário como interlocutor sério, apresentando-o com alguém incompetente, não confiável ou inconsequente, recebe o nome latino de *argumentum ad hominem* (= argumento dirigido à pessoa). Essa forma de resposta dirige-se à audiência e não ao oponente. Ela busca silenciá-lo, ao pôr em dúvida sua confiabilidade. Nesse argumento, confrontam-se a pessoa com seus discursos ou atos.

Há autores que opõem o *argumentum ad hominem* ao *argumentum ad rem* (= argumento endereçado à coisa). Schopenhauer, por exemplo, diz que há dois modos de refutar uma tese: o modo *ad rem* e o modo *ad hominem*. O primeiro é o que se opõe diretamente a tese em debate, sendo relativo à coisa. Nele procura-se demonstrar que "a tese não está de acordo com a natureza das coisas, com a verdade objetiva". A argumentação *ad hominem* mostra que uma dada tese não é concorde com outras afirmações do oponente, "com a verdade subjetiva" (1997: 119). A ideia da argumentação *ad rem* supõe uma correspondência entre a linguagem e a realidade, o que todos os teóricos da linguagem mostraram que não existe.

Os argumentos *ad hominem* apresentam três variantes: a) o ataque pessoal direto; b) o ataque pessoal indireto; c) a apresentação de contradições entre posições do oponente ou entre suas palavras e suas ações.

O ataque pessoal direto dirige-se a qualquer aspecto da pessoa do argumentador: seu caráter, sua competência, sua honorabilidade. O que se pretende é atingir a ética do oponente, considerando-o desonesto, não íntegro, não digno de confiança. O que se busca é mostrar que alguém incapaz ou insincero não pode sustentar posições corretas ou manifestar dúvidas justificadas. Quando se diz que o adversário é desequilibrado, visa-se a indicar que ele não tem capacidade de argumentar racionalmente e, por conseguinte, seu argumento não merece atenção. No ataque pessoal direto, sempre se apresenta uma característica negativa do debatedor.

O ataque pessoal indireto é aquele em que se coloca sob suspeita a imparcialidade do argumentador. Nesse caso, apresenta-se uma característica do oponente, que, em princípio, não seria negativa: filiação política, crença religiosa, etnia, alianças de qualquer natureza. No entanto, ressaltar esse atributo destina-se a mostrar o argumentador como alguém tendencioso, que defende uma pauta oculta, que tem motivações pessoais para lutar em favor de uma dada posição, que pode estar motivado por preconceitos ou por uma visão parcial. Quando se diz que alguém que critica as cotas para negros no ensino superior é branco ou que alguém que recrimina alguma atitude de um governo de esquerda é de direita, o que se está fazendo é deixar subentendido que eles têm um motivo oculto para patrocinar uma determinada causa, é questionar sua equidade. Uma forma de ataque pessoal indireto é deixar implícito que o outro nada tem a dizer sobre um dado assunto, porque não teve experiência pessoal sobre ele. É o argumento frequente para rebater os pontos de vista da Igreja Católica sobre sexualidade ou sobre matrimônio: os padres são celibatários.

A terceira variante consiste em apontar contradições entre a posição atual do oponente e pontos de vista sobre o mesmo tema no passado ou entre suas palavras e suas ações. Essa variante está muito presente no debate político, porque os homens públicos têm o hábito de ter posições divergentes, quando estão no governo ou na oposição. Assim, quando um político acusa o governo de infligir prejuízo à Petrobras, ao segurar os preços dos derivados de petróleo, para não alimentar a inflação, pode-se rebater sua posição, expondo que ele advogava esse ponto de vista, quando estava no governo. O texto que segue mostra a contradição de posições sobre a atuação das agências de classificação de risco:

> Sobre as agências de classificação de risco, o governo tem uma postura ambígua. Quando a nota do Brasil foi elevada, as autoridades deste e do governo anterior festejaram e apontaram o sucedido como prova de confiança na política econômica. Quando ocorreu o contrário, essas agências não passam de paus-mandados dos rentistas, do capitalismo financeiro global e da agiotagem institucionalizada, que desconhecem o País. (Celso Ming, Fazer acontecer, *O Estado de S. Paulo*, 27/3/2014: B2)

A apodioxe (do grego *apodióxis*, "expulsão, exclusão") nega enfaticamente a validade de um argumento por ser ele evidentemente falso, inválido, impertinente, imoral, irrelevante, absurdo, etc. Por exemplo, "Eu não sei, homens de Atenas, como os meus acusadores vos influenciaram; quanto a mim, quase me esqueci de quem sou, de tão persuasivo o modo como falaram. E, todavia, dificilmente alguma coisa do que disseram é verdadeira" (Platão, *Apologia de Sócrates*). É uma recusa ao debate. A apodioxe pode ser uma forma de *argumentum ad hominem*, pois ataca o interlocutor para rejeitar qualquer debate: Não reconheço em você nenhuma autoridade moral para criticar-me. Você não pode dar-me lições de moral. Quem é você para recriminar minha conduta?

A dialética considera o argumento *ad hominem* uma falácia, dado que os atributos do argumentador não fazem suas proposições falsas ou incorretas. No entanto, ele é eficaz na discussão, quando não se tem provas consistentes para sustentar um argumento ou elas são muito fracas. Quando um governo não tem, por exemplo, como defender um ato governamental, reage a um pedido de CPI pela oposição, dizendo que se trata de manobra eleiçoeira. É o argumento ideal diante de perguntas incômodas ou capciosas, porque, nesse caso, questiona-se a pergunta ao invés de respondê-la. Suponhamos que um ex-presidente do Banco Central do governo FHC perguntasse a Henrique Meirelles se ele poderia garantir que não haveria aumento dos juros numa próxima reunião do Comitê de Política Monetária. Ele poderia responder que, vindo de um ex-presidente do Banco Central de um período em que os juros chegaram a patamares elevadíssimos, a pergunta carece de sentido. Foi o que fez o procurador Cláudio Fonteles no exemplo mencionado acima. Esse tipo de argumento é forte, ainda, para replicar um argumento *ad hominem* usado pelo outro. Quando se diz a um homem que apresenta uma objeção à descriminalização do aborto que só as mulheres têm direito a discutir a questão, pois o homem apresentaria, pela própria condição masculina, uma parcialidade inevitável, pode-se inverter o argumento, dizendo que as mulheres, por ter um interesse pessoal no tema, não seriam as pessoas que poderiam debatê-lo com racionalidade. Por isso, o argumento *ad hominem* é uma estratégia de discussão que livra o debatedor de rebater um argumento, muitas vezes procedente. No geral, usa-se esse argumento, quando se está acuado num debate, quando não se tem como responder ao oponente.

Schopenhauer distingue o *argumentum ad hominem* do *argumentum ad personam*. Aquele não discute o argumento propriamente dito, mas mostra incoerências do adversário em relação ao que disse ou admitiu. Este deixa completamente de lado o argumento, para atacar a pessoa do adversário. Seria um exemplo de *argumentum ad hominem* perguntar a alguém que defende o suicídio por que ele não se suicida ou dizer a um estrangeiro que afirma que o Brasil é um país muito desorganizado por que ele não vai embora do país. Um *argumentum ad personam* seria dizer a alguém que ele está falando do que não conhece. Segundo o filósofo, o *argumentum ad personam* tem sempre um caráter grosseiro e pejorativo, o que nem sempre acontece com o *argumentum ad hominem* (1997: 148-49; 180-85).

Muitos autores dizem que o *argumentum ad hominem* pode ser chamado *argumentum ex concessis* (= a partir das concessões). No entanto, o *argumentum ex concessis* deve ser usado, quando o enunciador concede que a tese do adversário é verdadeira, para apresentar sua própria visão dos fatos. Dar razão à tese contrária é o ponto de partida para limitá-la, sustentando, assim, outro ponto de vista: *Furtou sim comida no supermercado, mas foi para matar a fome*; *É verdade que ele matou seu vizinho, mas foi em legítima defesa.*

No texto que segue, acolhe-se a tese de que os problemas na Petrobras não começaram no atual governo, para apresentar a tese de que a atual presidente é responsável por eles:

> Com dívida bem maior e produção parada, além do preço do combustível congelado pelo governo, o resultado é que o lucro por ação e o valor de mercado caíram pela metade durante a gestão Dilma.
> É verdade que muitos desses problemas foram plantados na gestão de Sérgio Gabrielli, durante o governo Lula, mas Dilma já era presidente do conselho de administração da empresa nessa época, e decisões dela também ajudaram a agravar o quadro. (Rodrigo Constantino, "A destruição da Petrobras", *Veja*, 2/4/2014: 92)

Argumentum tu quoque

No final da primeira década deste século, o Brasil recebeu diversas críticas de organizações e países europeus por causa do desmatamento da Amazônia. O jornal inglês *The Independent*, em comentário à demissão de Marina Silva, então ministra do Meio Ambiente, sentenciou: "A Amazônia é importante demais para ser deixada aos brasileiros" (*Veja*, 4/6/2008: 198). Por outro lado, a Anistia Internacional, em seu relatório de 2008, afirma que o trabalho nas lavouras de cana-de-açúcar é feito em condições de escravidão. O presidente Lula respondeu a essas acusações, dizendo: "A União Europeia só tem 0,3% da sua mata original. Então, quando for falar com o Brasil, primeiro olhe o seu mapa. [...] Todo mundo sabe que o trabalho na cana é duro. Mas não é mais duro do que o trabalho em uma mina de carvão, que foi a base de desenvolvimento da Europa. Pegue um facãozinho e passe o dia cortando cana e desça numa mina a noventa metros de profundidade para explodir dinamite para você ver o que é melhor" (*O Estado de S. Paulo*, 2/6/2008: A5).

O presidente usou o argumento chamado *tu quoque*, expressão latina que significa "você também". Essa estratégia de discussão consiste em rebater uma crítica com um ataque ao oponente. Esse argumento é a desqualificação do argumento do outro, por considerá-lo hipócrita, já que sua posição é incoerente ou suas práticas não sustentam o que ele condena. A frase do português que expressa com perfeição esse modo de rechaçar uma crítica é "Olhe só quem está falando!". É sem dúvida nenhuma uma variação do *argumentum ad hominem*.

Os lógicos costumam considerar esse tipo de argumento um erro, porque ele não tem relação necessária com a ideia que refuta. Com efeito, o fato de a Europa ter devastado suas florestas não implica logicamente que as críticas à queimada da floresta amazônica não sejam corretas. A correção ou incorreção de um ponto de vista não decorre necessariamente da inconsistência de quem enuncia um argumento. No entanto, essa estratégia de comunicação não deve ser analisada do ponto de vista lógico, pois é muito eficaz nas discussões: ela coloca o oponente na defensiva; ela desmoraliza-o, pois enfraquece sua credibilidade. O que se pretende é mostrar que alguém incoerente, que se coloca contra aquilo que sempre defendeu ou que se põe a favor daquilo que sempre rechaçou, não pode ter razão. Da mesma forma, não se pode dar ouvidos a quem diz uma coisa e faz outra.

No cenário político brasileiro, esse argumento é muito utilizado. O presidente Lula, falando sobre a CPMF, numa visita à África, disse: "Acho importante que todo mundo releia discursos de quatro ou oito anos atrás e mantenha a posição" (*Folha de S.Paulo*, 17/10/2007). No caso, porém, como mostrou André Petry, os aliados do presidente também deveriam reler discursos antigos. O jornalista elencou uma série de pronunciamentos de parlamentares defensores da CPMF que eram radicalmente contrários a essa contribuição: "Que imposto daninho esse!" (Paulo Paim, em julho de 1996); "Queremos alertar para o fato de que o Partido dos Trabalhadores votou contra a CPMF e não temos nenhum motivo para alterar sua opinião" (Arlindo Chinaglia, em maio de 1998); "Chega de mais impostos, chega dessa estrutura tributária deformada e burocrática!" (Aloizio Mercadante, em março de 1999); "A oposição coloca-se contrária à CPMF por razões globais, pela visão de um outro modelo econômico, diverso desse que o Presidente Fernando Henrique Cardoso adota" (José Genoíno, em março de 1999) (*Veja*, 24/10/2007: 71).

Eram tantos argumentos *tu quoque* utilizados contra seu governo que o presidente Lula se defendeu com os seguintes raciocínios: "Quando a gente é de oposição, pode fazer bravata porque não vai poder executar nada mesmo. Agora, quando você é governo, tem de fazer, e aí não cabe a bravata" (*Folha de S.Paulo*, 31/3/2003); "Quantas críticas injustas eu fiz. Prefiro ser considerado uma metamorfose ambulante; não tenho vergonha de mudar" (*Folha de S.Paulo*, 6/12/2007). O segundo argumento é a melhor estratégia de resposta ao argumento *tu quoque*: reconhecer que se mudou de opinião e, portanto, que se estava errado ao defender um dado ponto de vista. Isso mostra a sinceridade do debatedor e, portanto, restaura sua credibilidade. O primeiro argumento, por outro lado, não contribui para a credibilidade das instituições democráticas, pois considera que a oposição é guiada sempre pela inconsequência.

Muitas vezes, o argumento *tu quoque* é apresentado de maneira indireta, o que revela em geral muita perspicácia e sutileza. Conta-se que, quando um americano fez uma chacota sobre a conquista colonial inglesa no início do século XIX, um diplomata britânico respondeu: "Isso seria aproximadamente na época da guerra mexicana, não é?" (*O Estado de S.Paulo*, 21/08/2007: A35).

Apesar de ser um eficaz recurso para nocautear o oponente, esse tipo de argumento não examina a questão de fundo colocada em discussão e, por conseguinte, baixa o nível do debate, principalmente na arena política.

Argumento de autoridade ou *argumentum ad verecundiam*

Durante a crise do chamado mensalão, o presidente Lula, ao falar para uma plateia de funcionários da Refinaria de Duque de Caxias, discutindo as denúncias que se faziam, ressaltou sua honestidade, afirmando: "Neste país de 180 milhões de milhões de brasileiros, pode ter igual, mas não pensem que tem nem mulher nem homem, que tenha a coragem de me dar lição de ética, moral e honestidade. Neste país, está para nascer alguém que venha querer me dar lição de ética" (*Folha de S.Paulo*, 23/7/2005).

Um argumento é uma razão a favor ou contra um determinado ponto de vista. Por isso, ele deve ser pertinente ao tema que está em debate. Uma estratégia argumentativa que abandona a tese em discussão, não a justificando nem refutando, é a enumeração das próprias características. Nesse caso, quem argumenta introduz a si mesmo como prova no exame da questão, mencionando seus conhecimentos ou quaisquer outras qualidades. O objetivo é levar a plateia a aceitar um ponto de vista, baseando-se na autoridade de quem o enuncia, no seu conhecimento especializado, na sua credibilidade ou na sua integridade pessoal. É o que fez o presidente Lula, ao afirmar o caráter intrinsecamente honesto de seu governo, com base numa qualidade sua.

Esse tipo de argumento é o que é chamado, em retórica, argumento de autoridade ou *argumentum ad verecundiam*, isto é, argumento que apela para a modéstia, para o respeito, para a reverência. Foi o filósofo John Locke quem deu esse nome à estratégia de valer-se da chancela de uma autoridade respeitada ou de um especialista num dado assunto para sustentar um ponto de vista (1988: 202). Para Locke, tratava-se sempre da citação de um terceiro que tem um nome respeitado ou uma autoridade muito grande para um determinado auditório, em apoio a um ponto de vista de um debatedor: por exemplo, "O ensino de língua materna deve ser feito sempre com base nos gêneros do discurso, porque Bakhtin afirma que não aprendemos a língua nos dicionários e gramáticas, mas mediante enunciados concretos que ouvimos e reproduzimos e esses enunciados apresentam-se sempre por meio de um gênero do discurso". Locke denominou esse argumento de *argumentum ad verecundiam*, pois ele supõe um respeito, uma reverência em relação à autoridade invocada, porque ela é especialmente confiável e reconhecida como fonte de conhecimento num dado tema. Por outro lado, seria falta de modéstia, seria mesmo uma insolência, questioná-la.

Há dois tipos de autoridade a que se pode recorrer: a da ordem do saber (o perito ou especialista) e a do domínio do poder (aquele que exerce comando sobre outros). Em geral, a segunda categoria é vista com muito maior desconfiança, sendo alvo de ironias (por exemplo, o chefe tem sempre razão; o chefe não erra, quando muito se engana).

Nada há de errado em recorrer à opinião de um especialista. Isso ocorre no discurso científico, nos procedimentos judiciários e mesmo em nossa vida cotidiana. No entanto, é preciso ficar claro que o ponto de vista de uma autoridade, a menos que seja acompanhado de outras provas, é um argumento plausível, mas não necessariamente verdadeiro. Sabemos bem disso, porque, por exemplo, quando um médico diz que precisamos ser submetidos a uma cirurgia, procuramos uma segunda opinião. Por outro lado, os especialistas erram. Em 2007, discutiu-se muito o laudo de dois psiquiatras, que teria embasado a desinternação de um prisioneiro, que, uma vez solto, matou dois irmãos na serra da Cantareira (*Folha de S.Paulo*, 28/9/2007).

No caso do *argumentum ad verecundiam*, em que se apela para um especialista, é preciso que o perito seja confiável e bem qualificado. Se quisermos saber se um quadro é autêntico, recorremos a um grande especialista na obra do pintor da tela. No entanto, o argumento de autoridade é muito fraco, quando se apela a uma autoridade em questões alheias a sua especialidade, quando se invoca alguém que não é uma verdadeira autoridade no tema (por exemplo, quando se pergunta a uma celebridade sua opinião a respeito de todo e qualquer assunto; nesse caso, na verdade, não se apela à especialidade, mas à popularidade); quando se recorre, de maneira vaga, à autoridade (por exemplo, *Segundo especialistas, uma palmada traumatiza a criança*). Muitas vezes, os especialistas ouvidos pela imprensa nem sempre têm reconhecimento entre os especialistas de um dado domínio: por exemplo, o professor de Português que está sempre na mídia e, por isso, é considerado o grande especialista em questões de linguagem.

A publicidade testemunhal, aquela em que alguém que goza de credibilidade assegura que usa determinado produto, funda-se no argumento de autoridade. É o caso da peça publicitária da Friboi, em que Roberto Carlos diz, num restaurante, diante de um prato de carne, que voltou a comer esse alimento.

A autoridade pode ser um grupo humano ou uma época gloriosa da história. É o que se faz, quando se diz *Os países civilizados respeitam as minorias* ou *Precisamos de um novo Iluminismo para afastar o irracionalismo que permeia nossa visão de mundo*. O esquema argumentativo presente no *argumentum ad verecundiam* é:

B é especialista na área C;
B declara que A é reconhecidamente verdadeiro;
A está contido em C;
Logo, A é verdadeiro.

Diferentemente do que pensava Locke, o *argumentum ad verecundiam* não diz respeito apenas a uma terceira pessoa nem concerne somente a uma autoridade no domínio do conhecimento. Quando alguém enumera suas qualidades como prova de um ponto de vista, também está usando esse tipo de estratégia argumentativa: *Como mulher posso afirmar que os homens não mudaram nada, enquanto as mulheres deram passos gigantescos*.

O que argumenta pode valer-se, sem dúvida nenhuma, de sua autoridade. No entanto, o problema desse tipo de argumento é que o apelo à reverência ou ao respeito à autoridade, frequentemente, é usado para calar o oponente, para silenciar a oposição, para impedir a crítica e o questionamento.

Muitas vezes, o argumento de autoridade desqualifica o discurso. Por exemplo, quando a autoridade citada não serve de base para argumentar em favor da tese que se defende. É a crítica feita por teólogos às justificativas da PEC 171, que trata da redução da idade da maioridade penal.

> No campo "justificação", destinado a explicar os motivos da emenda, o texto faz três referências a diferentes personagens da Bíblia: Salomão, Davi e o profeta Ezequiel. Não há nenhuma referência no texto sobre dados estatísticos ou pesquisas para embasar a redução da maioridade penal na PEC 171.
> O texto argumenta que "o moço hoje entende perfeitamente o que faz e sabe o caminho que escolhe. Deve ser, portanto, responsabilizado por suas opções". Para justificar esse ponto de vista, o texto relembra o profeta Ezequiel, do Velho Testamento. "A uma certa altura, no Velho Testamento, o profeta Ezequiel nos dá a perfeita dimensão do que seja a responsabilidade pessoal: Não se cogita nem sequer de idade: 'A alma que pecar, essa morrerá'", diz o texto da PEC. Em outro trecho, a PEC cita o rei Davi, um dos fundadores do povo judeu. "Davi, jovem, moderno pastor de ovelhas acusa um potencial admirável com seu estro de poeta e cantor dedilhando a sua harpa, mas ao mesmo tempo, responsável suficiente para atacar o inimigo do seu rebanho", continua o texto. O terceiro personagem citado pela PEC é o rei Salomão. "Salomão, do alto de sua sabedoria, dizia: 'Ensina a criança no caminho em que deve andar, e ainda quando for velha não se desviará dele'", diz o trecho. (UOL online, 7/4/2015)

É também o que faz Rodrigo Ratier, ao analisar um argumento de autoridade:

"A camisinha não protege contra o vírus HIV. A epidemia de Aids cresceu justamente porque se confia nessa proteção", disse um bispo certa vez.
Desconfie dos argumentos de autoridade. Não é porque o Papa, o Patriarca de Istambul ou a Bispa Sônia disseram algo que você tem que acreditar, não é? O mesmo vale para o presidente da sua associação de moradores ou o diretor do seu sindicato. É preciso provar o que se diz. Exija confirmação dos fatos ou vá atrás dela. (Blog do Sakamoto, 13/10/2010)

Outras vezes, pode-se criticar um argumento de autoridade, mostrando que não se respeita sempre a autoridade invocada. É o que faz Alencar na segunda parte do *Pós-escrito à segunda edição de Iracema*:

O mais interessante, porém, é a maneira de argumentar dos puristas. Às vezes, quando se trata de uma nova palavra ou locução, repelem-na pela razão peremptória de não se encontrarem nos clássicos. Outras vezes, intrometem-se a criticar dos clássicos determinando o que se deve imitar e o que evitar. Manifesta contradição: ou prevalece a respeito do estilo a razão de autoridade, e neste caso eles são os mestres, respeitai-os, ou prevalece a autoridade da razão, e nesse caso a questão é de opinião: à vossa contraponho a minha.

Argumentum ad ignorantiam

O senador Aécio Neves, falando à imprensa sobre a construção, na cidade de Cláudio, em terras de um tio-avô, de um aeroporto, disse: "Já dei todos os esclarecimentos que julgava necessários" (*Folha de S.Paulo*, 27/7/2014). Há três táticas de terminar uma discussão, forçando a "vitória" de um argumento sobre o outro, que recebem o nome latino de *argumentum ad ignorantiam* (argumento que apela para a ignorância) (Locke, 1988: 202-3).

A primeira é considerar absoluto o êxito, a completude, a veracidade de uma explicação, da defesa de um determinado ponto de vista. Toma-se a alegação do enunciador como prova da verdade do que foi dito. Foi o que fez o senador, ao declarar que já dera todas as explicações que julgava necessárias sobre o tema da construção do aeroporto em Cláudio. Nesse caso, o que o protagonista faz é exigir que o antagonista reconheça sua posição como verdadeira e não a questione mais. Essa estratégia só pode prosperar, quando um dos debatedores tem tal poder sobre o outro que pode calá-lo. É também o que fez o governador de Brasília, Agnelo Queiroz quando disse: "Palavra de um governador de estado já é, por si, uma prova" (*Veja*, 23/11/2011: 70).

A outra é levar em conta que o fracasso da defesa de uma tese é absoluto, o que significa julgar que a não comprovação de um ponto de vista implica que seu contrário seja verdadeiro, isto é, que a negação de um argumento positivo supõe a afirmação da ideia oposta. Ora, nem sempre há apenas duas perspectivas em jogo: pode haver uma *a*, uma *b*, uma não *a* e não *b* e assim sucessivamente.

Nesse caso, toma-se a não comprovação de uma tese como evidência da veracidade de seu contrário. Observe-se o exemplo que segue:

a) A queima de combustíveis fósseis está produzindo um aquecimento global.
b) Isso não está provado. Há cientistas que negam a veracidade dessa tese. Portanto, não precisamos diminuir o consumo desse tipo de combustível.

Em *b*, construiu-se um *argumentum ad ignorantiam*, pois a não confirmação cabal de que a queima de combustíveis fósseis está produzindo um aquecimento climático não prova o ponto de vista contrário, uma vez que se pode ter um argumento que não seja nem *a* nem *b*: as pesquisas não foram ainda conclusivas sobre os malefícios do consumo de combustíveis fósseis para o planeta, mas podem vir a ser e aí será tarde demais para tomar alguma providência.

A terceira é exigir que o adversário aceite uma tese por falta de uma alternativa viável: como não existe alternativa viável para a produção de grandes quantidades de energia não poluente, os ecologistas devem aceitar que a construção de hidrelétricas com grandes reservatórios é a melhor solução para o Brasil. No blog da Abief (Associação Brasileira da Indústria da Embalagens Plásticas Flexíveis) aparece o seguinte texto:

> Apesar da crescente preocupação ambiental, que aponta a necessidade de substituição das sacolas plásticas por alternativas menos poluentes, o presidente do Sindicato das Indústrias de Material Plástico (Sinplast) no Estado do Rio Grande do Sul, Alfredo Schmitt, é categórico ao afirmar que não há uma alternativa mais sustentável que as tradicionais sacolinhas. Ele explica que as opções encontradas até o momento não são viáveis para a adoção em larga escala.
> "Não existe alternativa melhor ou que não cause ônus ao consumidor. A sacola biodegradável esbarra na falta de disponibilidade de matéria-prima, e a ecobag é importada do Vietnã, gera emprego lá e desemprego aqui. Já as caixas de papelão são inviáveis para o consumidor que carrega as compras a pé ou de ônibus", disse. Schmitt lembrou ainda que a tecnologia do plástico biodegradável usada na confecção de sacolinhas plásticas é patenteada pela Basf, que concentra a produção na Alemanha.
> Segundo o dirigente, o país europeu produz 84 mil toneladas de sacolinhas biodegradáveis por ano, das quais 1,2 mil são destinadas ao mercado brasileiro. Esse volume médio de 100 toneladas por mês corresponde ao consumo de dois dias apenas na cidade de São Paulo, o que inviabiliza a adoção da alternativa como solução nacional. "Por ser uma tecnologia patenteada, não há condições de ela ser adotada pela indústria brasileira", lamentou (jul. 2012).

Muitas vezes, o *argumentum ad ignorantiam* é usado em combinação com um *falso dilema*, em que duas proposições contrárias (aquelas que não podem ser ambas verdadeiras, mas podem ser ambas falsas) são apresentadas como contraditórias (aquelas que não podem ser ambas verdadeiras nem falsas). Nesse caso, mostram-se duas opções como se fossem as únicas e, ao mesmo tempo, considera-se que, se uma não pode ser demonstrada como correta, então é necessariamente incorreta e, por conseguinte, a outra é verdadeira.

> Ovo é um alimento mau para a saúde.
> Isso nunca foi provado.
> Nesse caso, podemos comer ovos sem qualquer preocupação.

Nesse exemplo, *bom* e *mau* são tratados como termos contraditórios, embora ambos não possam ser verdadeiros, mas possam ser falsos. Comer ovos pode não ter nenhum efeito absoluto, de modo que, em alguns casos, não seja, por exemplo, nem bom nem mau. De fato, *bom* e *mau* são os pontos extremos de uma escala, em que há toda a sorte de gradações intermediárias, que podem ser aplicadas a diferentes situações, de modos diversos. Raciocinar como se só existissem posições absolutas é negar a gama de possibilidades de sentido.

Outra maneira de pensar binariamente, além de absolutizar os termos que admitem gradação (por exemplo, *feio/bonito*; *forte/fraco*; *inteligente/burro*), é reduzir três ou mais possibilidades a duas: Esta panela não é de cobre; portanto, é de ferro. O raciocínio é redutor, porque ela pode ser de alumínio, de pedra, etc. A mesma coisa acontece com oposições como *doce/salgado*; *católico/protestante*.

A combinação de um *argumentum ad ignorantiam* com um falso dilema é um expediente argumentativo eficaz, principalmente, quando, nele, uma das alternativas já é apresentada como falsa ou indesejável:

> Coma tudo. Ou você quer continuar pequeninho e fraquinho?
> Melhor um covarde vivo do que um valente morto.
> Não se pode criticar o governo. Criticá-lo é levar água para o moinho dos inimigos.

Diz-se que o *argumentum ad ignorantiam* é erigido em fundamento de certas esferas de circulação dos discursos. É o que ocorre, por exemplo, no domínio judicial. A lei penal tem como base o princípio da presunção da inocência, ou seja, o de que uma pessoa é inocente até que se prove sua culpa. Um acusado é absolvido, quando não se puder comprovar indubitavelmente seu crime. No entanto, há uma diferença entre o princípio da presunção da inocência e o *argumentum ad ignorantiam*: o réu é isentado de penalidade por falta de prova, ou seja, não porque se considere que sua inocência tenha sido comprovada, mas porque sua culpa não é incontestavelmente estabelecida. Uma declaração de inocência em termos penais não significa que o júri ou o juiz creia que o acusado é inocente, quer dizer que não tem certeza de que tenha delinquido. A finalidade desse princípio é proteger o indiciado do erro judicial. Por isso, o denunciado não tem que provar que é inocente. Cabe à acusação demonstrar que é culpado, pois a não culpabilidade do que é processado tem o *status* de presunção.

Em ciência, há uma situação semelhante. Karl Popper mostra que o fracasso na tentativa de falsear uma hipótese é considerado um indício de sua correção. Para ele, não é possível verificar indutivamente as hipóteses enunciadas como proposições universais. Por isso, a única maneira de alcançar um conhecimento científico confiável é a realização sistemática de esforços de falseamento, com a apresentação de fatos ou a realização sistemática de experiências capazes de refutar a hipótese. Por exemplo, quando se diz que todos os cisnes são brancos, essa proposição não é verificável, porque, por mais que se apresentem cisnes dessa cor, sempre se poderá dizer que alguém vai encontrar um cisne negro. No entanto, a hipótese é falseável, quando se encontrar uma ave que a torne falsa. Também aqui há diferenças em relação ao *argumentum ad ignorantiam*: o fracasso do ensaio de falsear uma hipótese não é base para a conclusão de que ela seja verdadeira, mas de que não se conseguiu demonstrar que ela seja falsa. A diligência fracassada de refutá-la torna plausível a hipótese de que ela poderia ser correta. Quanto mais os esforços de refutação falharem, mais forte se torna a hipótese. Porém, por maior que seja a quantidade de tentativas de falsear a hipótese que tenham gorado, a conclusão não poderá ser nunca a de que sua verdade foi demonstrada, mas apenas de que é razoável supor que, até então, ela pode ser considerada verdadeira.

Não se deve confundir o falso dilema com um silogismo disjuntivo, aquele que apresenta, na premissa maior, uma disjunção, cujos membros não podem ser ambos falsos:

A ou B.
Não A (ou não B).
Portanto, B (ou A).
Ou as pessoas poupam água ou o mundo morrerá de sede.
As pessoas estão poupando água.
Logo, o mundo não morrerá de sede.

Argumentos *a fortiori*

Os argumentos *a fortiori* (= por causa de uma razão mais forte) dividem-se em *argumentum a minore ad maius* (= do menor para o maior) e *argumentum a maiore ad minus* (= do maior para o menor).

No primeiro caso, colocam-se, em paralelo, duas ordens de grandeza, dizendo que, se se admite a menor, com muito mais razão tem que se aceitar a maior: se um primata é capaz de reconhecer formas geométricas, com muito mais razão os homens apresentam essa capacidade. É o argumento de que se vale Cristo no conhecido texto do Evangelho sobre a confiança na Providência:

> Por isso vos digo: Não vos inquieteis quanto à vossa vida, com o que haveis de comer ou beber, nem quanto ao vosso corpo, com o que haveis de vestir. Porventura não é a vida mais do que o alimento, e o corpo mais do que o vestido? Olhai as aves do céu: não semeiam nem ceifam nem recolhem em celeiros; e o vosso Pai celeste alimenta-as. Não valeis vós mais do que elas? (Mateus, 6, 25-26)

Esse é um argumento típico do discurso jurídico, utilizado para fazer inferências a partir de prescrições negativas. É usado para fazer uma aplicação mais extensa da lei, englobando aqueles casos de que a norma jurídica não trata expressamente. Nesse caso, mostra-se que aquilo que é proibido numa situação menos significativa, com muito mais razão o será numa situação mais significativa: Se é proibido ter material com pornografia infantil, com muito mais razão é proibido veiculá-lo pela internet.

Nesta passagem do capítulo IV do Livro I da *História do Brasil*, de Frei Vicente do Salvador (2008), usa-se o argumento da *minore ad maius*:

> Opinião foi de Aristóteles, e de outros filósofos antigos de que a zona tórrida era inabitável, porque como o sol passa por ela cada ano duas vezes para os trópicos, parecia-lhes que com tanto calor não poderia alguém viver, e confirmavam sua opinião, porque o sol aquenta com os seus raios *uniformiter difformiter* (= uniformemente diformemente), mais ao perto que ao longe, e por essa causa no inverno aquenta pouco, porque anda distante, *sed sic est* (mas assim é), que na zona temperada onde nunca entra, só pelo acesso que faz no verão enfermam, e morrem os homens de calor, logo *a fortiori* em a zona tórrida donde nunca sai, há de ser mortífero.

Marcelo Miterhof discute, em artigo na *Folha de S.Paulo* de 10/7/2014, os limites da primarização da estrutura produtiva do Chile. Com um argumento *a minore ad maius* mostra que, se, num país pequeno como o Chile, esse modelo apresenta problemas, com muito mais razão isso ocorrerá num país como o Brasil:

Como o Brasil, o Chile conseguiu montar cadeias produtivas de *commodities* eficientes. Esse sucesso se torna mais perceptível porque sua população reduzida (um décimo da brasileira) faz com que o país esteja entre os de maiores dotação *per capita* de recursos naturais. Ainda assim, sua experiência parece mostrar os limites da primarização da estrutura produtiva. Se vale para lá, quanto mais para cá.

José Roberto Medonça de Barros, em artigo intitulado "Alavancando nossas vantagens", publicado em *O Estado de S. Paulo* (20/7/2014: B5), mostra que esse argumento não se sustenta com base no fato de que as diferenças entre o Brasil e o Chile são de tal monta que "o avanço do agronegócio induz uma intensa atividade industrial".

O argumento *a maiore ad minus* pode ser sintetizado pela expressão "quem pode o mais pode o menos". É também um argumento muito usado no discurso jurídico, em que se fazem ilações a partir de prescrições positivas: se a lei permite aquilo que é mais significativo, então, por inferência, pode-se concluir que ela permite o menos: se um brasileiro naturalizado pode ser ministro da Fazenda, então pode ser secretário estadual da mesma pasta. Nesse caso, o que é válido para o mais também o é para o menos.

Nesse argumento, o que é válido para o mais extenso, também o é para o menos extenso: *Se a Constituição garante o direito à privacidade, então não se podem divulgar fotos de momentos íntimos de outra pessoa na internet*; *se a lei brasileira não criminaliza a homossexualidade, um militar não pode ser punido por autoridade militar por causa de sua orientação sexual*. No blog do Ipea (revista *Desafios do desenvolvimento*), Adolfo Sachsida escreve:

> Estatizar bancos significa usar dinheiro dos contribuintes para a compra de um ativo que não é função do governo prover. Se o governo pode estatizar bancos o que o impedirá de estatizar supermercados? Por que não estatizar também parte das montadoras de veículos? (Edição 59, 7/6/2009)

Argumentos que fundamentam a estrutura do real

São aqueles argumentos que não são vistos como conformes à maneira como se estrutura a realidade, mas que são considerados modos de organização da realidade. São os argumentos indutivos ou analógicos, ou seja, aqueles em que se generaliza a partir de um caso particular ou aqueles em que se transpõe para outro domínio o que é aceito num campo particular. No primeiro caso, temos o argumento por exemplo, por ilustração ou por modelo e, no segundo, o *argumentum a simili* (por analogia) (Perelman e Tyteca, 2005: 399-465).

OS ARGUMENTOS INDUTIVOS

Os termos *ilustração* e *exemplo* são intercambiáveis na linguagem cotidiana. Na retórica, no entanto, eles indicam argumentos distintos.

O argumento pelo exemplo

Na *argumentação pelo exemplo*, formulamos um princípio geral a partir de casos particulares ou da probabilidade de repetição de casos idênticos. O caso particular serve, então, para comprovar uma tese. Temos esse tipo de argumentação, quando, por exemplo, depois de narrar que um fiscal de arrecadação foi preso em flagrante recebendo propina, concluímos que os fiscais são corruptos.

A proposição geral pode aparecer no início, no final ou no meio do texto. O que importa é que ela seja a generalização fundada numa "história de vida". O caso concreto pode ser narrado em poucas palavras ou ter um longo desenvolvimento.

O romance *O missionário*, de Inglês de Sousa, é construído para chegar à tese de que o ser humano não é livre na prática de seus atos, mas suas ações são determinadas pelo meio, pela hereditariedade e pelo momento. O trecho que segue, retirado do capítulo XII, mostra esse argumento pelo exemplo:

> Entregara-se, de corpo e alma, à sedução da linda rapariga que lhe ocupara o coração. A sua natureza ardente e apaixonada, extremamente sensual, mal contida até então pela disciplina do Seminário e pelo ascetismo que lhe dera a crença na sua predestinação, quisera saciar-se do gozo por muito tempo desejado, e sempre impedido. Não seria o filho de Pedro Ribeiro de Morais, o devasso fazendeiro de Igarapé-mirim, se o seu cérebro não fosse dominado por instintos egoísticos, que a privação de prazeres açulava e que uma educação superficial não soubera subjugar. E como os senhores Padres do Seminário haviam pretendido destruir ou, ao menos, regular e conter a ação determinante da hereditariedade psicofisiológica sobre o cérebro do Seminarista? Dando-lhe uma grande cultura do espírito, mas sob um ponto de vista acanhado e restrito, que lhe excitara o instinto da própria conservação, o interesse individual, pondo-lhe diante dos olhos, como supremo bem, a salvação da alma, e como meio único, o cuidado dessa mesma salvação. Que acontecera? No momento dado, impotente o freio moral para conter a rebelião dos apetites, o instinto mais forte, o menos nobre, assenhoreara-se daquele temperamento de matuto, disfarçado em Padre de S. Sulpício. Em outras circunstâncias, colocado em meio diverso, talvez que o Padre Antônio de Morais viesse a ser um santo, no sentido puramente católico da palavra, talvez que viesse a realizar a aspiração de sua mocidade, deslumbrando o mundo com o fulgor de suas virtudes ascéticas e dos seus sacrifícios inauditos. Mas nos sertões do Amazonas, numa sociedade quase rudimentar, sem moral, sem educação... vivendo no meio da mais completa liberdade de costumes, sem a coação da opinião pública, sem a disciplina duma autoridade moral fortemente constituída... sem estímulos e sem apoio..., devia cair na regra geral dos seus colegas de sacerdócio, sob a influência enervante do isolamento, e entregara-se ao vício e à depravação, perdendo o senso moral e rebaixando-se ao nível dos indivíduos que fora chamado a dirigir.

Como em todo romance de tese, a história do Pe. Antônio de Morais destina-se a concluir que o abandono do sacerdócio pelo padre, para viver com a bela índia Clarinha, é determinado biologicamente pela hereditariedade (herdara do pai um caráter extremamente sensual), historicamente pelo momento (estava profundamente insatisfeito com as tarefas rotineiras do sacerdócio), geograficamente pelo meio (vivia num meio em que imperava a mais completa liberdade de costumes).

A mesma coisa acontece em muitos contos de Edgar Allan Poe, em que um caso particular serve para expor uma tese. Em "O demônio da perversidade", pretende-se concluir que o ser humano age por perversidade:

> Ao examinar as faculdades e impulsos dos móveis primordiais da alma humana, deixaram os frenólogos de mencionar uma tendência que, embora claramente existente como um sentimento radical, primitivo, irredutível, tem sido igualmente

A fábula mostra que na vida as pessoas não devem se deixar tomar pelo orgulho, pois a vida dos simples é que é livre de ameaças.

No caso da argumentação pela ilustração e pelo exemplo, constitui defeito argumentativo dar à afirmação geral um alcance que o caso particular não permite. Por exemplo, não se pode dizer, a partir de um único caso de corrupção no serviço público, que todos os funcionários são corruptos. As generalizações indevidas, as afirmações gerais que nada têm a ver com os casos particulares relatados ou que são contrárias aos fatos narrados destroem a argumentação baseada em fatos singulares. Por exemplo, não tem nenhum valor argumentativo a afirmação de que o Congresso Nacional está dando todo o apoio ao Executivo, depois de relatar uma série de episódios de derrota fragorosa de proposições do presidente no Congresso.

Exemplo e ilustração são duas operações enunciativas distintas. Numa aula de Gramática, trabalha-se com o argumento do exemplo, quando se apresentam estas frases retiradas de *Os Lusíadas* e, a partir delas, constrói-se a generalização de que, no século XVI, a chamada voz passiva sintética admitia agente da passiva:

> Por ele o mar remoto navegamos/ Que só dos feios focas se navega. (I, 52)
> Olha essa terra toda que se habita/ Dessa gente sem lei quase infinita. (X, 92)
> Onde o cabo Arsinário o nome perde/ Chamando-se dos nossos Cabo Verde. (V, 7)
> ... se navega/ um braço do Sarmático Oceano/ Pelo Brúsio, Suécio e frio Dano. (III, 10)
> Dizem que por naus que em grandeza igualam/ As nossas o seu mar se corta e fende. (V, 77)
> Aqui se escreverão novas histórias/ por gentes estrangeiras que virão. (VII, 55)
> Do mal que se aparelha pelo imigo. (VIII, 48)
> O principal por quem se governavam/ as cidades do Samorim potente. (VIII, 81)
> O dano sem razão que se lhe ordena pela maligna gente Sarracena. (IX, 6)
> Com que Tomé não se ouça e morto seja. (X, 113)

No entanto, teremos ilustração se se enunciar o princípio geral de que, no século XVI, a voz passiva sintética aceitava agente da passiva e, depois, se apresentarem os casos particulares para dar concretude a essa tese.

O modelo e o antimodelo

Os casos particulares podem ser apresentados como modelos a seguir ou antimodelos a evitar. O modelo é uma personagem ou um grupo humano com quem se procura criar uma identificação, que merece ser imitado. Francisco Adolfo de

Varnhagen, em seu *Ensaio histórico sobre as letras no Brasil*, apresenta Cláudio Manoel da Costa como modelo de linguagem:

> Deixou-nos Cláudio mais de cem sonetos, vinte églogas, muitas epístolas, alguns epicédios e romances líricos e um heroico, além de cantatas e cançonetas em italiano; pulsou a lira, orçando pelo sublime na sua saudação à Arcádia Ultramarina, mas no poema *Vila Rica* não acertou bem com a embocadura da trombeta épica. Nos sonetos, faz, muita vez, recordar a Petrarca. As suas églogas parecem em tudo modeladas sobre as de Garcilasso. Era Cláudio, como este, exato na impressão e, como ele, amante da literatura italiana. Mais delicados e ternos que sublimes, um e outro eram como nascidos para églogas e elegia. As obras de Cláudio devem estudar-se como modelos de linguagem; e, porém, de temer que o gênero bucólico, em que mais abunda, venha a convidar poucos à sua leitura.

Maquiavel, no capítulo VI, de *O Príncipe*, mostra a funcionalidade desse argumento ao longo de sua obra:

> Não deve parecer estranho a quem quer que seja que eu cite longos exemplos frequentes vezes, a propósito dos príncipes e dos Estados, durante a exposição que faço dos principados absolutamente novos. Os homens percorrem quase sempre estradas já andadas. Um homem prudente deve, portanto, escolher os trilhos já percorridos pelos grandes homens e imitá-los; deste modo, ainda não sendo possível correr fielmente por esse caminho, nem atingir pela imitação inteiramente as virtudes dos grandes, sempre muita coisa é aproveitada. Deve agir como os seteiros prudentes que, desejando alcançar um ponto muito afastado e sabendo a capacidade do arco, fazem a pontaria em altura superior à do ponto que visam. Não o fazem certamente para que a flecha alcance aquele ponto: servem-se da mira elevada somente para acertar com segurança o local mais abaixo.

No discurso religioso católico, com muita frequência, a Virgem Maria e os santos são apresentados como modelos de virtude que todos os cristãos devem praticar em sua vida. No discurso político, muitas vezes, o chefe de governo ou de Estado é apresentado como um modelo de virtudes. Cria-se um mito de suas qualidades (sua inteligência, sua dedicação ao povo, seu desapego de qualquer benefício pessoal, etc.) e, assim, vai sendo construído o culto a sua personalidade. É o que aconteceu com Hitler, Mussolini, Stalin e tantos outros. Na publicidade, criam-se tipos alegóricos que condensam ideias como sofisticação, brasilidade, etc. É o que ocorre com o uso da figura da mulata sambista, que é apresentada como uma síntese das características nacionais, de sua arte de viver.

Os antimodelos contêm características que se devem evitar. Por isso, identificar alguém com um antimodelo é uma forte maneira de desqualificá-lo. Muitos chefes de Estado, como Hitler e Stalin, que foram, num dado tempo, considerados modelos e, por isso, foram objeto de grande culto à personalidade, passaram a ser vistos como antimodelos. Rodney Benson, no número 81 de *Le Monde Diplomatique* (abr. 2014), mostra como a identificação com um antimodelo é um argumento extremamente potente para desqualificar um oponente:

> Para desacreditar seu adversário, todos os golpes são permitidos. A referência ao nazismo é uma das mais apreciadas. No canal MSNBC, de tendência social-democrata e violentamente oposto à Fox News, Ed Schultz afirma que, "se você assistir ao [jornalista conservador Rush] Linbaugh, mas cortando o som, ele parece Adolf Hitler" (2 mar. 2009). Já o apresentador da Fox News Glen Beck considerou que a turnê de Al Gore para sensibilizar os alunos do país para a proteção do meio ambiente fazia o mundo voltar "ao tempo das juventudes hitleristas". (5 mar. 2010) (p. 10)

O romance *O homem que amava os cachorros*, de Leonardo Padura (São Paulo: Boitempo, 2013), é uma aguda análise das consequências perversas do culto à personalidade de Stalin para os caminhos da grande utopia do século XX, o socialismo.

ARGUMENTUM A SIMILI

O *argumentum a simili* ou argumento por analogia tem semelhança com o argumento por comparação. No entanto, ele não é um argumento quase lógico, porque não é fundado no princípio da identidade como a comparação, mas está baseado na experiência.

Na comparação, mostram-se as identidades ou diferenças entre dois seres. No *argumentum a simili* o que se compara são relações que levam em conta quatro termos: *a* está para *b*, assim como *c* está para *d*. Nele, passa-se de um domínio do significado para outro. Assim, faz-se admitir uma tese, transpondo-a de um espaço de sentido a outro. Esse argumento tem um forte poder persuasivo, pois, nele, utiliza-se o que é conhecido para entender o que não se conhece, transpõe-se o que é válido num domínio para outro.

Tito Lívio, em sua *História romana* (II, 32, 8-12), conta que, numa revolta dos plebeus, Menênio Agripa, tribuno da plebe, procurava pacificar os revoltosos, mostrando que a sociedade precisa ser solidária como os órgãos do corpo humano, pois o estômago precisa das mãos, da boca e dos dentes como estes precisam daquele. Esse argumento estabelece uma analogia entre a fisiologia do corpo humano e a ordem social, para naturalizá-la. Assim como os órgãos do corpo humano precisam executar a função para que foram criados senão o corpo se enfraquece, patrícios e plebeus dependem uns dos outros, precisam exercer o papel para que foram constituídos senão a sociedade perecerá.

> O Senado determinou, portanto, enviar Menênio Agripa como porta-voz, um homem eloquente e querido do povo, porque era de origem plebeia. Introduzido no campo, conta-se que Menênio, na linguagem inculta dessa época, o que fez foi narrar este apólogo: No tempo em que a harmonia ainda não reinava, como hoje, no corpo humano, mas cada membro tinha sua própria linguagem e sua própria opinião, todas as partes revoltaram-se porque o estômago obtinha tudo por meios de seus cuidados, seus trabalhos, seus serviços, enquanto ele ocioso só gozava dos prazeres que elas lhe proporcionavam. Elas então fizeram uma conspiração: as mãos recusaram-se a levar o alimento à boca, a boca, a recebê-lo, os dentes, a mastigá-lo. Enquanto, em seu ressentimento, queriam domar o estômago pela fome, os próprios membros e o corpo inteiro foram acometidos por um extremo esgotamento. Eles viram que o estômago não ficava ocioso e que, se era alimentado, ele, por sua vez, alimentava, devolvendo a todas as partes do corpo o sangue que dá vida e força e distribuindo-o igualmente entre todas as veias, depois de ter elaborado os nutrientes pela digestão dos alimentos. A comparação dessa sedição intestina do corpo com a cólera da plebe contra os patrícios, apaziguou, diz-se, os espíritos.

No caso que segue, temos também um *argumentum a simili*:

> Seis dos onze ministros (do STF) posicionaram-se a favor das doações de empresas a candidatos. Como na anedota do marido que pega a mulher traindo-o no sofá da sala e decide jogar fora a mobília, o Supremo achou por bem derrubar a casa toda, em vez de confrontar o problema. (*Veja*, 9/4/2014: 68)

Em "Língua", diz Caetano Veloso:

> E sei que a poesia está para a prosa
> Assim como o amor está para a amizade

Gilberto Gil, em "Pop wu wei", afirma:

> O movimento está para o repouso
> assim como o sofrimento está para o gozo
> o sofrimento está para o gozo
> assim como o movimento está para o repouso

Ernandes Amorim, quando era senador, apresentou uma emenda a um projeto de regulamentação dos *lobbies* que atuam no Congresso Nacional, autorizando os partidos e os congressistas a receber pagamento de empresas ou entidades beneficiadas pela aprovação de determinada lei. Dizia ele para justificar sua proposta:

O que ganho como senador é muito pouco. Se a Associação de Práticos da Marinha quer ver discutido um projeto sobre o uso dos portos, por que não aceitar a sugestão e pedir uma contribuição? Que mal há em cobrar? Se um padre pode cobrar [...] por uma missa, eu não posso cobrar por apoiar e votar uma proposta? (*O Estado de S. Paulo*, 16/5/2009: A8)

Para que esse raciocínio seja correto, é preciso que os dois elementos sejam comparáveis. Se entre eles existirem diferenças essenciais que não permitam a aproximação, faz-se uma falsa analogia. Foi o que fez Ernandes Amorim, pois não se pode estabelecer uma analogia entre a cobrança por apoiar ou aprovar uma proposta em benefício de uma empresa ou entidade e a arrecadação de uma espórtula por celebrar uma missa, pois, no primeiro caso, estão em jogo os interesses do país e a aprovação de uma lei em proveito de alguém pode implicar prejuízo de outrem ou da coletividade em geral, o que não acontece no segundo.

A dissociação de noções

Enquanto os argumentos estudados até agora associam noções, os argumentos por dissociação separam ideias que aparecem em pares hierarquizados: essência e aparência, letra e espírito, figurado e literal, etc. Mostram que não há ligação entre os conceitos ou que eles estão indevidamente vinculados (Perelman e Tyteca, 2005: 467-521).

RELAÇÃO ESSÊNCIA E APARÊNCIA

Muitos argumentos associam essas noções: *É típico dos brasileiros deixar tudo para a última hora*; *Depois de deixar de fumar, não se pode pôr um cigarro na boca, porque, uma vez fumante, sempre fumante.* No capítulo 6 do romance *O turbilhão*, de Coelho Neto, a personagem Paulo diz:

> Foi timidez, a princípio, logo, porém, transformou-se em indignação: carregou o sobrecenho e pôs-se a murmurar: "Mas, afinal, que culpa tenho eu? Sou, então, responsável pelas loucuras de minha irmã? Se eu tivesse um irmão assassino ou ladrão, havia de responder pelos crimes que ele cometesse? Não. Então por que me hei de vexar do que fez Violante? Outras têm feito o mesmo e os parentes andam por aí muito calmos, muito empertigados, com mais orgulho, talvez, e até com prestígio. E minha mãe, coitada! que culpa tem ela?" Outras ideias, porém afugentaram a lembrança da irmã perdida. Pôs-se a recordar, com arrependimento, a cena da véspera com a mãe: "Eu sou assim mesmo, mas ela bem sabe que não é por maldade que faço essas coisas. Fico nervoso, irrito-me... É gênio..."

Muitas vezes, entretanto, o argumento busca desvelar a essência para mostrar que a aparência é enganosa. Nesse caso, dissocia-se a essência da aparência:

> Faria um bem enorme ao país se a presidente Dilma Rousseff enfrentasse os corruptos de todos os partidos que dão expediente no Congresso e nos ministérios.

Também faria um bem enorme ao país se os parlamentares deixassem de ser meros carimbadores das decisões presidenciais e retomassem o protagonismo na fiscalização do governo e na elaboração das leis. Na semana passada, movimentos nesses dois sentidos foram feitos mais uma vez. Auxiliares de Dilma divulgaram a versão de que ela declarara guerra às fileiras fisiológicas do PMDB. Já os congressistas impuseram uma série de derrotas ao Planalto, sob a alegação de que apenas exerciam prerrogativas e poderes previstos na Constituição. A boa política, enfim, parecia voltar à Praça dos Três Poderes. Balela. Os discursos que apontavam para a solução de problemas reais não passavam de cortina de fumaça: uma forma de conferir ares republicanos a mais um capítulo da disputa de poder entre o PT e o PMDB. (*Veja*, 19/3/2014: 56)

A mesma coisa ocorre no texto que segue:

O macacão corta-fogo laranja com o nome impresso sobre o bolso, o logo com o nome da Petrobras em verde sobre o fundo branco, o olhar confiante e o gesto firme apontando com precisão o objetivo. Tudo na foto ao lado transmite a ideia de um líder da empresa que orgulha os brasileiros, provavelmente um diretor técnico de alto calibre, um PhD em mineralogia ou um engenheiro premiado por inovações tecnológicas originais que ajudaram o petróleo brotar mais facilmente das profundezas, contribuindo, assim, para aumentar dramaticamente o valor da companhia. As aparências enganam. A imagem ao lado já foi anexada ao melancólico histórico de corrupção no mundo oficial do Brasil. Ela viaja o mundo pelas agências noticiosas com o homem identificado na legenda como Paulo Roberto Costa, ex-diretor da Petrobras preso pela Polícia Federal, personagem central do escândalo de pagamento de propinas a políticos. (Rodrigo Rangel e Hugo Marques, *Veja*, 16/4/2014: 67)

OUTROS PARES

Segundo Perelman e Tyteca, os pares mais frequentemente associados, no pensamento ocidental, são meio/fim, consequência/fato ou princípio, ato/pessoa, acidente/essência, ocasião/causa, relativo/absoluto, subjetivo/objetivo, multiplicidade/unidade, normal/norma, individual/universal, particular/geral, teoria/prática, linguagem/pensamento, letra/espírito (2005: 477). Pode-se trabalhar com um sem-número de pares. Cada sistema de pensamento considera positivo um dos termos da oposição, enquanto avalia o outro como negativo. O romantismo valorizou o subjetivo em relação ao objetivo, o individual em relação ao universal. O classicismo tinha uma apreciação diferente dos elementos desse par.

No capítulo CXIX de *Memórias póstumas de Brás Cubas*, de Machado de Assis, o argumento se constrói com base na oposição entre sentido figurado e sentido literal: "Não te irrites se te pagarem mal um benefício: antes cair das nuvens, que de um terceiro andar." São Paulo, na Segunda Epístola aos Coríntios, opera com o par letra e espírito: "Ele nos qualificou para sermos ministros de uma nova aliança, não da letra, mas do Espírito; pois a letra mata, mas o Espírito vivifica" (3, 6).

O jornalista Merval Pereira, em artigo publicado em *O Globo* (1/10/2013), defende a aplicação do espírito da lei no caso de aprovação pelo Tribunal Superior Eleitoral do partido Rede Sustentabilidade:

> Se faltam ao Rede Sustentabilidade, o partido que a ex-senadora Marina Silva quer criar, cerca de 30 mil assinaturas certificadas para atingir o mínimo exigido na legislação eleitoral, sobram diretórios regionais aprovados pelos Tribunais Regionais Eleitorais. O partido está formado em nada menos que 15 estados brasileiros, o que lhe dá a indiscutível marca nacional, que é o espírito da legislação.

A oposição palavras e fatos é bastante usada para efeitos argumentativos:

> Publicamente, Vargas tenta manter-se coerente com o que disse ao plenário há duas semanas: "Quero deixar bem claro que não participei, não agendei, não soube previamente nem acompanhei desdobramento de nenhuma reunião no ministério a respeito de qualquer assunto relacionado a negócios da Labogen". A realidade, no entanto, continua a discordar do palavrório do deputado. Por um especial instinto de preservação da instituição, os parlamentares, mostra a história recente, tendem a punir seus pares menos por seus delitos e mais por mentiras proferidas na tribuna. Forçar Vargas a renunciar ou mesmo cassar seu mandato são seguimentos bastante prováveis do caso. Suas mentiras ficaram mais flagrantes depois que o Ministério da Saúde confirmou que Vargas pediu ao ministro Alexandre Padilha que os representantes da Labogen fossem recebidos. [...] O próprio Padilha disse à *Veja* que fora procurado por Vargas para tratar da possibilidade de contratação da Labogen. (Daniel Pereira e Robson Bonin, *Veja*, 16/4/2014: 74 e 76)

Celso Ming, em artigo publicado em *O Estado de S. Paulo*, em 20/4/2014, dissocia a ideia preconcebida, a fantasia (que ele denomina ideologia), da realidade verdadeira:

> No Brasil, o sistema de metas de inflação ainda enfrenta renitentes objeções ideológicas. Até economistas de renome entendem que os juros poderiam ser derrubados aos níveis internacionais, sem que nada de grave ocorresse com a inflação. Outros insistem em que juro alto é resultado de conspiração de interesses, entre banqueiros, rentistas e capital internacional, com o objetivo de ganhar dinheiro fácil à custa da dívida pública brasileira. Muitos empresários concordam com isso e a cada reunião do Copom já têm previamente redigidas declarações de que a nova alta de juros é absurda porque só eleva os custos das empresas e não atua no combate à inflação.

É curioso esse emprego da palavra *ideologia*. Ela passou a significar, em determinadas formações discursivas, "visão de mundo pela ótica da esquerda", considerada sempre atrasada e fora da realidade. A economia, assim, pode ser vista como um processo natural e não como uma construção social. Nesse caso, quem argumenta contrapõe a ideologia aos fatos. O discurso da direita, por exemplo, pretende-se não ideológico. Em seu discurso de posse, perante o Congresso Nacional, Jair Bolsonaro afirmou que sua missão é

> [...] restaurar e reerguer nossa pátria, libertando-a definitivamente do jugo da corrupção, da criminalidade, da irresponsabilidade econômica e da submissão ideológica. [...] O Brasil voltará a ser um país livre das amarras ideológicas [...]. Precisamos criar um ciclo virtuoso para a economia que traga a confiança necessária para permitir abrir nossos mercados para o comércio internacional, estimulando a competição, a produtividade e a eficácia, sem o viés ideológico. (*Folha de S.Paulo* online, 1º/1/2019)

Muitas vezes, faz-se uma oposição entre ideologia e bom senso: "Permitir que a ideologia prepondere sobre o bom senso é vexatório, tratando-se de um governo" (*Veja*, 6/8/2014: 28).

No texto que segue, os autores mostram o valor argumentativo do uso desse termo:

> Uma das formas de rebater ou de enfraquecer conceitos ou argumentos é inseri-los na genérica categoria das noções ideológicas. Nesse viés argumentativo, se um determinado posicionamento é considerado "ideológico", ele é moralmente tomado por inferior e é logo descartado.
> Foi o que tentou fazer o ministro do Supremo Tribunal Federal Gilmar Mendes em afirmação polêmica acerca da infeliz portaria nº 1.129, de outubro de 2017, do Ministério do Trabalho, que reduzia o conceito de trabalho escravo. Segundo o ministro, a interpretação das expressões "jornada exaustiva" e "condições degradantes de trabalho" não poderia ser ideologizada e, somente no Brasil, "altura de beliche e tamanho de armário geram discussão sobre trabalho escravo". Para ele, haveria um viés interpretativo a prejudicar empregadores. [...]
> Ao reputar como "ideológica" a ação dos agentes, intencionalmente, deixa-se de trazer ao debate público o fato de que, no Brasil, a força de trabalho é considerada pelas empresas como custo operacional e não como investimento – o que dificulta a valorização do trabalho humano e o desenvolvimento social do país.
> Ao se rotular a política de combate ao trabalho escravo como "ideológica", retira-se de foco outra política, esta sim verdadeiramente ideológica: a de que seria necessário acabar com as regras que protegem o trabalho decente como forma de reduzir os custos operacionais das empresas. (Catarina Von Zuben e Ulisses Dias de Carvalho, *Folha de S.Paulo* online, 28/1/2018)

Vários processos gramaticais são utilizados para dissociar um termo da oposição de outro. O primeiro é o uso do artigo definido. Quando Camões, na segunda estrofe do canto primeiro de *Os Lusíadas*, diz: "E também as memórias gloriosas/ Daqueles Reis, que foram dilatando/ A Fé e o Império", ao não qualificar a fé com nenhum adjetivo e ao dar-lhe definitude com o artigo, está opondo a verdade ao erro: verdadeira só existe uma fé, a católica.

Outro procedimento de dissociação é a utilização de um adjetivo determinando um substantivo. Por exemplo, quando se diz "O *falso* merecimento tem um brilho fosfórico e transiente, o verdadeiro, um fulgor solar e permanente", opõe-se a verdade à falsidade (item 1957 do livro *Máximas, pensamentos e reflexões*, do Marquês de Maricá). A dissociação pode ser expressa também por prefixos ou falsos prefixos, como *pseudo*. Em carta a Eurico de Góis, datada de 21 de novembro de 1909, que aparece no livro *O touro negro*, Aluísio Azevedo contrapõe, com esse prefixo, o caricato, o ridículo ao sério, ao distinto.

> É preciso viver cá fora, como me acontece há muitos anos, para bem poder avaliar quanto nos prejudica aos olhos do estrangeiro aquela vergonhosa caricatura de armas e pavilhão com que temos de representar a Pátria, quando em verdade o tal arremedo de bandeira, pelo seu desgracioso arranjo nas cores e na disposição dos *pseudos* símbolos, nem sequer aproveitaria cabalmente para um teatro de mágicas, servindo de emblema a qualquer país fantástico e ridículo, feito à imitação dos que Swift deu a Guliver.

Outro processo é o uso de um advérbio para determinar um adjetivo: "Os velhos erram muitas vezes por *demasiadamente* prudentes, os moços quase sempre por temerários" (item 41 do livro *Máximas, pensamentos e reflexões*, do Marquês de Maricá). Nesse caso, o advérbio contrapõe o excesso à justa medida.

Também se pode marcar a dissociação com o uso de maiúsculas. No poema "Braços", de Cruz e Sousa, os termos amor e morte, escritos com inicial maiúscula e definidos pelo artigo, estão absolutizados, criando-se, então, uma contraposição entre absoluto e contingente:

> Pompas de carnes, tépidas e flóreas,
> braços de estranhas correções marmóreas,
> abertos para o Amor e para a Morte!

Dissociam-se noções também por meio de aspas. Como esse sinal de pontuação serve para manter o enunciador distante de um dado discurso, seu uso indica que o responsável pelo discurso considera o termo entre aspas alheio ao seu e, por conseguinte, não verdadeiro, aparente: A "objetividade" é considerada uma marca do discurso jornalístico:

Em uma carta enviada no Natal de 1988 ao "queridíssimo" Fidel Castro, e publicada no jornal cubano *Granma*, dom Paulo Evaristo Arns enaltece as "conquistas" da Revolução Cubana, que completava seu trigésimo aniversário (*Veja*, 28/12/2016: 22); Passados cerca de 30 anos da caça aos marajás, seria surpreendente que os "servidores" agraciados com altos vencimentos abdicassem de seus direitos de maneira voluntária, pelo bem da nação (*Veja*, 28/12/2016: 22);
O empresário Edir Macedo, de 66 anos, dedica-se a dois grandes negócios. Desde 1977, na condição de "bispo", comanda a Igreja Universal do Reino de Deus, a quarta maior corrente religiosa do Brasil (*Veja*, 21/9/2011: 70).

DISTINÇÃO

A distinção expõe uma inadequação, evitando que se misturem alhos e bugalhos. No final do texto intitulado "Sousa Bandeira", que aparece em *O momento literário*, de João do Rio (1994), distingue-se entre jornalismo industrial e jornalismo literário ou aquele em que há uma pequena dose de literatura, para falar de seu papel para a arte literária:

> A pergunta relativa ao jornalismo exige um *distinguo* e um *sub-distinguo*.
> Se se trata do jornalismo puramente industrial, destinado a servir ao público um determinado gênero de consumo sem outra preocupação além de obter maior lucro com menor despesa ou vender *muito para vender barato*, acho que ele é um fato tão importante para a literatura como o comércio de roupas feitas ou o negócio de carnes verdes.
> Se porém se trata de fazer um jornalismo literário ou ao menos de introduzir nele uma pequena dose de literatura, é bem de ver que com ser efêmero ele constitui um gênero apreciável. Ao lado dos telegramas, do noticiário, das taxas de câmbio, das publicações a pedido, os jornais costumam permitir que assuntos literários ocupem algumas colunas, sobre as quais os burgueses não desdenham passar um olhar distraído, quando a viagem do bonde lhes dá tempo. É-me grato lembrar que esta salutar inovação é devida à *Gazeta de Notícias*, graças àquele completo jornalista, forrado de um finíssimo homem de letras, que se chamou Ferreira de Araújo.
> Assim considerado, o jornalismo não pode deixar de ser um bom fator para a arte literária, pois que lhe serve de veículo, sem falar nas preciosas vantagens do reclamo indispensável para tudo, até para as letras.

Outro exemplo é:

> Oh! Raquel amava muito o moço loiro; e seu amor redobrou, vendo como ele se dedicava a Honorina; talvez... se é possível, Honorina não o amava tanto como Raquel; ou então é preciso distinguir que o amor de uma, partindo do coração, partia ainda mais do espírito, e o da outra saía todo ele do coração. (cap. XXI de *O moço loiro*, de Joaquim Manuel de Macedo)

Esse tipo de argumento é o que sustenta a publicidade comparativa, em que se pretende fazer a distinção entre os produtos comparados, seja apontando a vantagem de um produto, seja mostrando desvantagens do produto concorrente. No Brasil, uma publicidade que gerou polêmica foi o anúncio do amaciante Mon Bijou, em que ele é comparado ao concorrente Comfort. Essa peça publicitária é de 1988 e foi feita por Washington Olivetto e Nizan Guanaes, da antiga W/GGK. O texto dito pelo ator Carlos Moreno, que mostrava os dois produtos, era:

> Amaciante Mon Bijou. É impressionante o sucesso que este produto está fazendo. E olha que fazer sucesso tendo como concorrente o Comfort não é fácil. Precisa ser muito bom. Tá certo que Mon Bijou tem dois perfumes e o outro tem só um, mas isso nem conta tanto. Tá certo que Mon Bijou é da Bombril, tem eu na propaganda – modéstia a parte – mas o mérito é dele. Ele é bom mesmo. Parabéns, *Mon Bijou*, você é ótimo. Comfort, você também é bom, não precisa ficar chateado!

O concorrente reclamou da exibição de seu produto. Por isso, o anúncio foi substituído por outro, em que o produto comparado aparecia coberto. O texto não mais citava o amaciante Comfort, mas dizia "Você também é bom, não fica chateado. Só que andou reclamando, não vai aparecer mais na televisão".

Alguém poderia dizer que um cristão deve ser contra a pena de morte, porque ela viola o 5º mandamento, "Não matarás". O contra-argumento pode começar por distinguir a morte que é crime da morte que é castigo, para concluir dizendo que a morte que é castigo, prerrogativa apenas do Estado e não dos indivíduos, não infringe o mandamento da lei de Deus.

O brocardo jurídico *Ubi lex non distinguit nec nos distinguere debemus* (Onde a lei não distingue não devemos distinguir) estabelece limites no uso das distinções. O intérprete não pode ir além das distinções estabelecidas em lei. Por exemplo, se a lei estabelece que pode ser concedida aposentadoria por invalidez a uma pessoa que tenha HIV, não pode o intérprete instituir uma distinção entre portadores do vírus HIV que ainda não desenvolveram a doença e aqueles que já o fizeram.

Outras técnicas argumentativas

Perelman e Tyteca não tratam das técnicas argumentativas que, ao longo da história, foram consideradas falácias ou argumentos de má-fé, pois preferem analisar os argumentos presentes no que consideram uma discussão racional, aquela em que as teses apresentadas sejam efetivamente discutidas. No entanto, desde a Antiguidade, os argumentos falaciosos foram objeto de minuciosos estudos, como fez Aristóteles nas *Refutações sofísticas* (2005d). Já na *Lógica de Port-Royal* (Arnauld e Nicole, 1992) é consagrado ao tema apenas um capítulo, o XIX da parte III. Na lógica moderna, esse assunto desapareceu. Entretanto, nos últimos anos, com a recuperação da lógica e da retórica antiga, a matéria voltou a ser tratada (cf., por exemplo, Eemeren e Grootendorst, 2002).

Aristóteles, nas *Refutações sofísticas*, dizia que as metas a que visam os polemistas são "uma pura e simples refutação", "mostrar que o opositor está mentindo", "conduzi-lo a um paradoxo" (= uma incoerência), "fazê-lo cometer um solecismo, isto é, fazer o respondente, a título do resultado do argumento, discursar em termos rudimentares ou incultos", "fazê-lo dizer repetidamente a mesma coisa" (III, 165b).

O erro linguístico tem, muitas vezes, uma função argumentativa, pois ela compromete a imagem do enunciador e, por consequência, a do seu enunciado:

> Legenda estampada na tela da TV Gazeta anteontem, na abertura do horário locado pela Igreja Universal do Reino de Deus, às 20 horas: "Ex-mãe de encosto desvenda mistério no semitério". Sim! Cemitério com "S" só pode ser um mistério. E se nem as certezas do plano terreno, como a gramática, a Igreja Universal consegue acertar, como desvendar tais mistérios espirituais? (*O Estado de S. Paulo*, 11/03/2004: D6)

Aristóteles, ainda nas *Refutações sofísticas*, diz que os paralogismos se dividem em dois grupos: *in dictione* (em grego, *parà tèn léxin*), aqueles que têm relação com a linguagem empregada, e *extra-dictionem* (*éxo tês léxeos*), os que independem da linguagem empregada (IV, 165b).

Entre os primeiros estão, por exemplo, a homonímia, que é uma ambiguidade resultante do duplo sentido de uma palavra (*No campo, os meninos jogavam futebol com bola de pano*: nesse caso, campo pode significar "zona rural" ou "lugar preparado para a prática de um esporte"); a anfibologia, que é uma ambiguidade que deriva da construção da frase (*Jorge briga muito com Raquel por causa de seus ciúmes*: nesse caso, não se sabe se os ciúmes são de Jorge ou de Raquel). Entre os segundos, está a petição de princípio, por exemplo.

Esse tópico foi deixado de lado pela teoria da argumentação, quando ela abandona uma concepção normativa que estava presente nas antigas artes, que pretendiam fornecer instrumentos para a prática do debate público, que deveria ser regido pela boa-fé. O que foi chamado falácia, no entanto, são estratégias argumentativas, que sempre foram empregadas no discurso político, na publicidade, etc. É dessa perspectiva que vamos tratar delas aqui. Trataremos também de outras estratégias destinadas a apresentar como evidente aquilo que não o é.

O RECURSO AOS VALORES

Já tratamos longamente da questão dos valores. Basta dizer que eles são balizas morais que uma dada sociedade numa determinada época considera como verdade. Assim, há valores como o bem, a beleza, a bondade, a pureza, o absoluto, a perfeição, a verdade, etc. Os valores são sempre condicionados a uma época: por exemplo, a virgindade era um valor que não é mais levado em conta na atualidade. O trabalho, que hoje é considerado um valor extremamente importante (*O trabalho dignifica o homem*), era objeto de absoluto desprezo nas sociedades aristocráticas. Os valores cultuados na construção de uma nação são expressos em seus símbolos e emblemas, como, por exemplo, a bandeira. No caso do Brasil, um estudo dos valores transmitidos, de maneira sensível, pela bandeira mostra o projeto de construção nacional empreendido pela República no século XIX. Os valores que ela representa são o da continuidade de uma evolução e não o de uma ruptura revolucionária, ou seja, a passagem da monarquia, forma própria do Estado teológico, para a república, forma de governo do Estado positivo. Trata-se da última etapa de uma evolução civilizadora. Comte concebe a história como evolução. Por isso, a bandeira do Brasil republicano toma da bandeira do Império, desenhada por Jean-Baptiste Debret, o retângulo verde sobre o qual aparece um losango amarelo, respectivamente, as cores dos Bragança e dos Habsburgo. Eliminam-se os símbolos da monarquia: a esfera armilar sobre uma cruz de Cristo, encimada por uma coroa e cercada por um anel azul com 20 estrelas prateadas. Esse anel era cingido por um ramo de fumo e um de café. Os positivistas não viam a agricultura como fator de progresso, mas a indústria. Por isso, não teriam lugar na bandeira republicana os ramos de café e de fumo. Sobre o losango amarelo, há uma esfera azul atravessado por uma faixa branca com a divisa Ordem e Progresso, parte do lema do Positivismo, que se acha inscrito no túmulo de Auguste Comte, no cemitério de Père Lachaise: "O Amor por princípio, a Ordem por base e o Progresso por fim." As estrelas que aparecem na esfera azul estão na mesma disposição em que estavam no céu do Rio de Janeiro em 15/11/1889. Simbolizam os estados brasileiros de acordo com seu tamanho e sua posição. Observe-se que o valor que aparece aqui é o da naturalização da concepção federativa, porque a organização federativa brasileira corresponde ao que estava na natureza, no caso, o céu.

Provérbios e máximas são formas pelas quais se exprimem valores e verdades tidas como eternas: *Na adversidade é que se conhecem os amigos*; *Não medram galinhas onde a raposa mora*; *Orvalho não enche poço*; *Quem tem padrinho não morre pagão*; *Quem tem boca vai a Roma*.

Uma forma de contra-argumento aos valores apresentados na forma de adágios e aforismos é modificar esses provérbios de modo a mostrar sua inadequação. Circulam na internet muitos provérbios modificados: *Depois da tempestade, vem a lama*; *O importante não é ganhar, mas, sim, que o outro perca*; *Errar é humano, mas botar a culpa no outro é mais humano ainda*; *A preguiça é a mãe de todos os vícios e, como mãe, deve ser respeitada*; *O importante não é saber, mas sim ter o telefone de quem sabe*.

Apresentar um argumento como sendo da ordem da normalidade ou do bom senso é expô-lo como sendo do domínio do que não pode ser contestado, do que é evidente, do que é aceito por todos os que são normais ou têm juízo:

> Não se pode desestimular o transporte individual antes de aumentar a capacidade do coletivo, afirma Ejzenberg.
> Embora isso seja algo de elementar bom senso, o atual governo municipal vem contrariando essa evidência. (*O Estado de S. Paulo*, 20/8/2013: A3)

> Numa nação em que a maioria das pessoas se considera cristã, é normal haver crucifixos em repartições públicas.

A normalidade e o bom senso servem para justificar qualquer tese; em muitos casos, as conservadoras. É preciso sempre desconfiar desse tipo de argumento que coloca as teses contrárias como algo contra a natureza ou contra o que é aceito pela razão ou pela normalidade. Detrás do normal, há sempre uma norma, que não é universalmente válida, mas socialmente construída com os valores de um dado tempo, num determinado espaço. Quase ao final do capítulo XIII de *O crime do Padre Amaro*, de Eça de Queirós, o médico justifica assim as atitudes do padre:

> – É natural, coitado – disse, já com a mão no fecho da porta. Que queres tu? Ele tem para as mulheres, como homem, paixões e órgãos; como confessor, a importância d'um Deus. É evidente que há de utilizar essa importância para satisfazer essas paixões; e que há de cobrir essa satisfação natural com as aparências e com os pretextos do serviço divino... É natural.

No capítulo XI de *O missionário*, de Inglês de Sousa, o Padre Antônio de Morais considera seu amor por Clarinha insensato, isto é, contrário ao bom senso:

> A Clarinha lá estava. Curvada sobre o leito, a fazer a cama, oferecia-lhe às vistas a redondeza cativante das formas rijas de mameluca jovem. A comoção do padre foi tão grande, ao ver-se a sós no quarto com a encantadora rapariga, que ficou algum tempo sem movimento. Mas não devia perder aquela ocasião que o acaso lhe deparava e o loquaz tapuio não deixaria renovar-se facilmente. Era preciso vencer a timidez de seminarista, abalançar-se a uma declaração de amor! Aí estava, porém, toda a dificuldade. Jamais se resolveria a pronunciar a sacrílega palavra, e com certeza deixaria fugir aquela ocasião única! Não, não, jamais poluiria os lábios com palavras impróprias da sua dignidade sacerdotal. Sufocaria aquele insensato amor, aquela paixão criminosa, embora ela tivesse de reduzir-lhe o coração a cinzas.

Roland Barthes, nas *Mitologias*, mostra que o bom senso não é algo neutro, mas porta uma marca ideológica bem precisa:

> O bom senso é como que o cão de guarda das equações pequeno-burguesas: fecha todas as saídas dialéticas, define um mundo homogêneo, onde se sente em casa, ao abrigo das perturbações e das fugas do "sonho" (que deve ser entendido de uma visão não contável das coisas). As condutas humanas sendo e devendo ser apenas puro talião, o bom senso é essa reação seletiva do espírito, que reduz o mundo ideal a mecanismos diretos de resposta. (1957: 81)

O RECURSO AOS LUGARES-COMUNS E LUGARES ESPECÍFICOS (PRÓPRIOS)

O uso de lugares-comuns, em todos os sentidos que essa expressão ganha ao longo do tempo, e de lugares específicos também serve para apresentar uma tese como se fosse evidente por si mesma. Neste passo do capítulo CXIX de *Memórias póstumas de Brás Cubas*, de Machado de Assis, o que se mostra é que os privilégios têm um saber especial por ser regidos pelo lugar da qualidade e não da quantidade, por ser valores de absoluto e não de universo:

> Um cocheiro filósofo costumava dizer que o gosto da carruagem seria diminuto, se todos andassem de carruagem.

Os lugares específicos, como, por exemplo, os brocardos jurídicos, enunciam "verdades" que se pretendem incontestáveis:

> *Actor agit, quando vult, et non cogitur, sed contrarium est in reo* (O autor demanda, quando quer e não é obrigado a isso, mas quanto ao réu ocorre o contrário).
> *Dormientibus non succurrit jus* (O direito não socorre a quem dorme).
> *Dura lex, sed lex* (A lei é dura, mas é a lei).
> *In dubio, pro reo* (Em caso de dúvida, a favor do réu).
> *In claris cessat interpretatio* (A interpretação cessa diante do que é claro).
> *Pacta sunt servanda* (Os pactos são para ser cumpridos).

No primeiro capítulo de *O guarani*, de José de Alencar, o narrador vale-se do tópico do *locus amoenus* para traçar uma imagem de um paraíso terrestre, onde aparece uma serpente que vai destruir seus habitantes:

> De um dos cabeços da *Serra dos Órgãos* desliza um fio d'água que se dirige para o norte, e engrossado com os mananciais, que recebe no seu curso de dez léguas, torna-se rio caudal.
> É o *Paquequer*: saltando de cascata em cascata, enroscando-se como uma serpente, vai depois se espreguiçar na várzea e embeber no Paraíba, que rola majestosamente em seu vasto leito.
> Dir-se-ia que vassalo e tributário desse rei das águas, o pequeno rio, altivo e sobranceiro contra os rochedos, curva-se humildemente aos pés do suserano. Perde então a beleza selvática; suas ondas são calmas e serenas como as de um lago, e não se revoltam contra os barcos e canoas que resvalam sobre elas: escravo submisso, sofre o látego do senhor.
> Não é neste lugar que ele deve ser visto; sim três ou quatro léguas acima de sua foz, onde livre ainda, como o filho indômito desta pátria da liberdade.
> Aí, o *Paquequer* lança-se rápido sobre o seu leito, e atravessa as florestas como o tapir, espumando, deixando o pelo esparso pelas pontas do rochedo e enchendo a solidão com o estampido de sua carreira. De repente, falta-lhe o espaço, foge-lhe a terra; o soberbo rio recua um momento para concentrar as suas forças e precipita-se de um só arremesso, como o tigre sobre a presa.
> Depois, fatigado do esforço supremo, se estende sobre a terra, e adormece numa linda bacia que a natureza formou, e onde o recebe como em um leito de noiva, sob as cortinas de trepadeiras e flores agrestes.

A vegetação nestas paragens ostentava outrora todo o seu luxo e vigor; florestas virgens se estendiam ao longo das margens do rio, que corria no meio das arcarias de verdura e dos capitéis formados pelos leques das palmeiras.

Tudo era grande e pomposo no cenário que a natureza, sublime artista, tinha decorado para os dramas majestosos dos elementos, em que o homem é apenas um simples comparsa.

No ano da graça de 1604, o lugar que acabamos de descrever estava deserto e inculto; a cidade do Rio de Janeiro tinha-se fundado havia menos de meio século, e a civilização não tivera tempo de penetrar o interior.

Entretanto, via-se à margem direita do rio uma casa larga e espaçosa, construída sobre uma eminência e protegida por uma muralha de rocha cortada a pique.

A esplanada, sobre que estava assentado o edifício, formava um semicírculo irregular que teria quando muito cinquenta braças quadradas; do lado norte havia uma espécie de escada de lajedo feita metade pela natureza e metade pela arte.

Descendo dois ou três dos largos degraus de pedra da escada, encontrava-se uma ponte de madeira solidamente construída sobre uma fenda larga e profunda que se abria na rocha. Continuando a descer, chegava-se à beira do rio, que se curvava em seio gracioso, sombreado pelas grandes gameleiras e angelins que cresciam ao longo das margens.

Aí, ainda a indústria do homem tinha aproveitado habilmente a natureza para criar meios de segurança e defesa.

De um e outro lado da escada seguiam dois renques de árvores que, alargando gradualmente, iam fechar como dois braços o seio do rio; entre o tronco dessas árvores, uma alta cerca de espinheiros tornava aquele vale impenetrável.

O texto é uma descrição do cenário onde está situada a casa de D. Antônio de Mariz, fidalgo português, que fora um dos fundadores da cidade do Rio de Janeiro, e onde se passarão os acontecimentos relatados no romance *O guarani*.

A figurativização desse espaço é feita com figuras recorrentes na tradição literária, para criar o que foi denominado *locus amoenus*: beleza e exuberância da natureza, abundância de sombras, águas, flores, presença de árvores protetoras. Não é preciso elencar todas as figuras do percurso figurativo do lugar ameno. Basta que citemos algumas: *linda bacia, cortinas de trepadeiras, flores agrestes, florestas virgens se estendiam ao longo das margens do rio, corria no meio das arcarias de verdura e dos capitéis formados pelos leques das palmeiras.* A segunda característica que chama a atenção na figurativização do lugar é que a natureza é vista como um ser vivo. Os movimentos do Paquequer são comparados aos de animais: *enroscando-se como uma serpente; se espreguiçar; atravessa as florestas como um tapir, espumando e deixando o pelo esparso pelas pontas do rochedo e enchendo a solidão com o estampido de sua carreira; recua um momento para concentrar as suas forças e precipita-se de um só arremesso, como o tigre sobre sua presa; fatigado; adormece.* Além disso, os elementos da natureza são antropomorfizados, isto é, vistos como se fossem seres humanos. Observe-se que ao Paquequer são atribuídos adjetivos que se aplicam aos humanos (*livre, soberbo, altivo, sobranceiro*), ele é comparado a seres humanos (*como o filho indômito desta pátria da liberdade; escravo submisso, sofre o látego do senhor*). A natureza é denominada de *sublime artista*. A relação do Paquequer com o Paraíba é considerada como a de um vassalo com seu suserano. Outra característica que se observa na figurativização do espaço é que elementos da natureza são comparados a artefatos feitos pelo homem: a bacia onde o Paquequer adormece é vista como um *leito de noiva*; as trepadeiras e flores agrestes, como *cortinas*; os galhos das árvores, como *arcos*; os leques das palmeiras, como *capitéis*.

No meio dessa natureza antropomorfizada, animizada, culturalizada, aparece claramente um elemento humano: a casa de D. Antônio de Mariz. Observando as figuras que constroem a imagem dessa casa, vê-se que ela aparece como um castelo medieval: no alto, protegida de todos os lados por uma muralha cortada a pique.

O narrador mostra que, no cenário que está compondo, intervêm a natureza e a cultura. Diz, por exemplo, que a escada de lajedo fora *feita metade pela natureza e metade pela arte*; que *a indústria do homem tinha aproveitado habilmente a natureza para criar meios de segurança e de defesa*.

A figurativização permite-nos dizer que o cenário criado pelo narrador manifesta o tema da integração da natureza e da cultura, da harmonia entre a natureza e a cultura. Ademais, *O guarani* tem um componente das novelas medievais de cavalaria, já que, no romantismo, havia um culto à Idade Média, pois, em oposição ao neoclassicismo que exaltava a humanidade, sua racionalidade, e, portanto, os modelos greco-latinos, os românticos dinamizam o mito das nacionalidades e vão, pois, buscar no período medieval as matrizes culturais e ideológicas das nações que estavam surgindo. No romance alencariano, as personagens pautam sua conduta por normas cavalheirescas. D. Antônio é um senhor feudal: habita um castelo, que abriga vassalos em torno do suserano. O código de honra desses homens fundamenta-se na lealdade ao senhor. O espaço, em que a relação dos dois rios é apresentada com uma relação de vassalagem, está, assim, perfeitamente integrado ao substrato romanesco que orienta as ações das personagens.

A harmonia do cenário, em que se integram natureza e cultura, representa o paraíso terrestre, o éden, onde o homem vivia em perfeita integração com a natureza. Nele, porém, surge a serpente e produz-se a queda, com a expulsão do homem do espaço edênico. Também em *O guarani* haverá uma serpente: Loredano, que acaba produzindo conflitos, que levam à destruição da casa de D. Antônio e à morte de quase todas as personagens. Como se observa, há uma perfeita integração entre espaço e ação romanesca, um ecoa o outro.

A ARGUMENTAÇÃO POR IMPLÍCITOS

Retomemos a questão já tratada dos implícitos, pois apresentar uma tese como implícita pode ser uma estratégia argumentativa visando a apresentar como evidente o que de fato não é.

Numa tirinha de Mauricio de Sousa, publicada em *O Estado de S. Paulo* (22/11/2007: D8), a professora diz à classe: "Este ano só o Chico vai ficar em recuperação. Ele pergunta: I os otro? Foro reprovado direto?"

Esse exemplo ensina-nos que, quando falamos ou escrevemos, dizemos algumas coisas explicitamente e deixamos outras implícitas, que, por um processo de inferência, são apreendidas pelo interlocutor. Implícito é o que se diz sem dizer, é aquilo que se apresenta como evidente por si mesmo. A inferência se dá por meio de duas operações: uma lógica, em que estabelecemos uma implicação: se... então (se somente Chico ficou em recuperação, então os outros...); uma pragmática, em que levamos em conta o contexto verbal e não verbal e os princípios que regem a comunicação.

A graça do exemplo acima reside no fato de que Chico Bento, ao fazer a inferência sobre o implícito na fala da professora, realizou a operação lógica adequadamente, mas não a operação pragmática, pois violou o que Grice (1975) chama a máxima da quantidade (o falante sempre deve dar a informação mais forte de que dispõe). A informação mais forte seria a de que todos os outros foram reprovados. Se a professora não disse isso, a conclusão correta seria: se apenas eu fiquei em recuperação, todos os outros foram aprovados direto.

Para compreender o que se diz, é preciso não só entender o que se afirmou explicitamente, mas também o que se deixou implícito. Um senador italiano fez um protesto, em frente à embaixada brasileira em Roma, contra a concessão pelo nosso país de asilo político a Cesare Battisti, condenado pela Justiça italiana por assassinatos com motivação política. O senador segurava um cartaz que dizia "Bin Laden, peça asilo ao Brasil" (*O Estado de S. Paulo*, 23/1/2009: A8). Para compreender bem o tom de protesto, é necessário perceber o implícito: se o Brasil concede asilo político a uma pessoa considerada terrorista pela Justiça italiana, então está disposto a conceder refúgio a qualquer pessoa tida como terrorista.

Delfim Netto, ao dizer "Com tempo suficiente, até o PT aprende" (*Veja*, 16/1/2013: 38), quis pressupor que o PT tem dificuldade de aprender as coisas.

Deixar informações implícitas não significa necessariamente manipular ou enganar. Há coisas que se compreendem sem que seja necessário dizê-las. São as informações que já se conhecem ou que se podem facilmente inferir. Nada é mais torturante do que conversar com pessoas que não sabem fazer implícitos e dizem tudo nos mínimos detalhes. Operamos sempre com implícitos. Mesmo certas perguntas mais banais da vida cotidiana estão construídas sobre eles: *Que bicho te mordeu?*; *Você viu passarinho verde?*; *Você está me estranhando?*; *Na loja em que você comprou essa roupa tinha para homem?*; *Qual é a sua?*.

Entretanto, uma tática de discussão é implicitar pontos de vista para ocultar algum elemento fraco ou duvidoso da argumentação ou para apresentar como evidente aquilo que, de fato, não é indiscutível. Quando o porta-voz de um governo que tem maioria no Congresso Nacional diz "A oposição está impedindo a aprovação de projetos fundamentais para o Brasil", deixa-se implícito que o governo está absolutamente correto em tudo o que faz e qualquer oposição a ele é, na verdade, uma traição ao país. Ademais, esconde-se que o governo tem maioria no Congresso Nacional e que o problema para a aprovação de seus projetos está em sua base. Deixar implícito um elemento argumentativo é, muitas vezes, buscar desviar a atenção de uma opinião frágil, controvertida ou embaraçosa.

Outra tática utilizada nos debates é maximizar o que está implícito na fala do outro. Reconstrói-se o implícito, indo além do que se pode atribuir efetivamente ao oponente. Exagera-se o que ele deixou implícito, para facilitar o ataque a sua argumentação. Se alguém afirma "A vida dos mais pobres no Brasil melhorou neste governo, por causa das políticas sociais implantadas por ele" e o outro responde "Dinheiro não traz a felicidade", o que este fez foi explicitar um implícito maximizando-o. Atribui ao primeiro o seguinte raciocínio: se os mais pobres têm mais dinheiro, por causa das políticas redistributivas do governo, então são mais felizes. No entanto, não se pode responsabilizar o oponente de ter dito isso. A reconstrução correta do implícito seria: se os mais pobres têm mais dinheiro, a vida deles está mais fácil e, por conseguinte, melhor. Há uma interpretação imaterial para uma vida melhor, a felicidade, que é mais ampla do que se pode inferir da afirmação da melhora de vida. A adoção arbitrária dessa interpretação imaterial atribui ao outro a ideia de que o dinheiro traz felicidade.

O presidente Lula, em declaração dada à revista *Piauí*, de janeiro de 2009, disse que não lê blogs, sites, jornais ou revistas e explicou o motivo: "Porque eu tenho problema de azia" (p. 20). Muitas pessoas viram aí, a partir de uma reconstrução do implícito, uma afirmação de que o presidente não gosta de ler. Miriam Leitão afirmou: "O Brasil é governado por um presidente que não lê e um ministro da Fazenda que não sabe fazer contas" (*Veja*, 21/1/2008: 61). Pode até ser verdade que o presidente não aprecie a leitura. No entanto, isso não pode ser inferido da informação acima. O que o presidente disse foi: "Se o que leio me faz mal, não leio". As pessoas que, nessa afirmação, viram um desapreço pela leitura estão maximizando o implícito. O presidente fala do efeito que produz sobre ele o noticiário e não sobre os benefícios ou os males da leitura.

Em certo trecho de uma reportagem sobre a bancarrota da Islândia, publicada na revista *Piauí*, aparece um extrato de um diálogo telefônico entre Alistair Darling, ministro das Finanças da Inglaterra, e Árni Mathiesen, seu homólogo islandês. Darling queria saber se o governo da Islândia, que estatizara o Landsbanki, garantiria os depósitos dos 300 mil correntistas ingleses. Respondeu o ministro islandês: "Espero que sim, mas não posso garantir isso agora. Estamos trabalhando dobrado para solucionar o problema. Não queremos ter esse peso sobre a nossa cabeça." No dia seguinte, Darling declarou à BBC: "O governo da Islândia, acreditem ou não, me disse ontem que não tem intenção de honrar suas obrigações conosco" (p. 24-5). O ministro inglês maximizou o implícito na afirmação do ministro islandês. Este deixou o seguinte implícito: se pudermos, pagaremos. Aquele explicitou-o com a seguinte frase: não pagaremos.

Os implícitos são premissas, opiniões, pontos de vista que são considerados evidentes por si mesmos. Por isso, numa discussão, negar um implícito de um interlocutor é mais agressivo do que refutar o que foi dito explicitamente. Numa reunião promovida pelo ministro da Fazenda com dez associações empresariais para a criação de um grupo de acompanhamento da crise, Marcio Cypriano, falando em nome da Federação dos Bancos, disse que o Banco Central deveria promover uma reunião extraordinária do Conselho de Política Monetária para reduzir a taxa básica de juros. O presidente do Banco Central, Henrique Meirelles, respondeu que era preciso ser sério, pois mais importante que a taxa básica é o *spread* cobrado pelos bancos, e esses aumentaram significativamente nos últimos meses, apesar de o Banco Central ter mantido a taxa Selic (*Folha de S.Paulo*, 8/1/2009 e 9/1/2009). Implícito na fala do representante da Federação dos Bancos estava o seguinte ponto de vista: se a taxa básica de juros cair, haverá uma reativação da economia. Quando o presidente do Banco Central falou, ele negou esse implícito. O que ele disse é que a taxa básica de juros não tem importância no processo de impulsionar as atividades econômicas, pois ela nada significa para o tomador do empréstimo, já que ele não paga essa taxa, mas aquela cobrada pelos bancos, que vinha subindo, apesar da manutenção da taxa básica. Foi ainda mais longe, ao dizer que Marcio Cypriano não era sério, ao fazer sua afirmação com os implícitos nela contidos.

Muitas vezes, no entanto, quem nega o implícito é aquele que o produziu. Assim, ele foge da responsabilidade que assumiu na argumentação, ao negar que tenha compromisso com um raciocínio corretamente reconstruído, do ponto de vista lógico e pragmático. O que ele faz é recusar que, na sua fala, haja o implícito desvelado pelo outro. Não quer responsabilizar-se por aquilo que se pode inferir de suas afirmações. Sua reação típica é retrucar: "Não foi isso que eu disse".

Faz isso, porque o implícito revela uma opinião controvertida ou embaraçosa, que não seria dita explicitamente. Nesses casos, normalmente, os juízos implícitos são socialmente inaceitáveis. Sérgio Dávila conta que, numa visita a Nova Iorque, foi assaltado num restaurante da Rua 12. Telefonou para a polícia e a atendente perguntou: Quantos eram? Ele respondeu que eram três. Ela continuou: Negros ou latinos? (*Revista da Folha*, 9/9/2007: 4). Observe-se que o implícito na segunda questão é: se se trata de um ladrão, necessariamente ele é negro ou latino. O implícito revela o racismo da atendente, que talvez não tivesse coragem de dizer explicitamente que negros e latinos, mas não brancos, são predispostos a cometer crimes. É possível que, se alguém explicitasse o que está implícito em sua pergunta, ela negasse categoricamente, afiançando que não foi aquilo o que ela quis dizer.

Recentemente, num debate sobre a presença de personagens homossexuais em novelas de televisão, uma pessoa disse: "Não tenho nada contra os homossexuais. Tenho amigos que são gays. No entanto, não se devem apresentar personagens homossexuais acariciando-se ou beijando-se numa novela de televisão, pois existe o perigo de que mais gente se torne homossexual." Nesse caso, o ponto de vista implícito é que a homossexualidade é algo a evitar. A pessoa pode querer negar que tenha tido uma posição preconceituosa. No entanto, cabe lembrar que ninguém diria que "há perigo de mais gente tornar-se heterossexual".

Muitas vezes, as pessoas dão-se conta do absurdo dos implícitos que produziram e tentam, nem sempre com muito sucesso, reparar o que disseram. Em depoimento à CPI dos Grampos da Câmara, o juiz Fausto Martin de Sanctis, responsável por autorizar as prisões da Operação Satiagraha, afirmou, ao defender a realização de escutas telefônicas por tempo indeterminado: "Temos que fazer uma lei adequada ao nosso país. Não adianta querer fazer lei de país civilizado porque esse país não é." Depois, ele declarou: "Quis dizer que não somos um país de Primeiro Mundo" (*Folha de S.Paulo*, 13/8/2008). Observe-se que o implícito na observação do juiz é: se o Brasil não é um país civilizado, então nele não pode haver sigilo telefônico, como nos países civilizados. Ele mesmo se deu conta de que seu argumento era insustentável e afirmou que quis dizer que o Brasil não era um país de Primeiro Mundo. No entanto, há dois problemas: de fato, ele não negou o implícito; depois, cometeu um abuso semântico ao dizer que *civilizado* é sinônimo de *Primeiro Mundo*.

Deixar implícitas posições que se prefere não proclamar explicitamente é uma forma de persuasão encoberta.

AS PERGUNTAS CAPCIOSAS

Quando se faz uma discussão, é preciso que os parceiros da interação partam de um ponto comum. Não se pode divergir a não ser sobre um acordo mínimo. Por exemplo, só pode discutir a afirmação de que os consumidores de drogas são os maiores responsáveis pela violência que assola as cidades brasileiras e divergir sobre ela, quando os debatedores estiverem de acordo com o fato de que o tráfico de drogas tem um papel na insegurança pública. O ponto de partida comum não é suscetível de discussão.

No entanto, pode-se usar uma estratégia de discussão que é o falseamento do ponto de vista comum. Isso ocorre quando se considera que se está de acordo com uma proposição que, de fato, não goza desse estatuto. Isso é feito para evitar que uma ideia seja debatida.

Pode-se fazer isso por meio de uma pergunta, utilizada para apresentar uma proposição pressuposta, que dá a condição de ponto comum a uma ideia sobre a qual não existe um acordo prévio. Se alguém pergunta a outrem: "Você parou de desviar dinheiro público?", a resposta não pode ser sim ou não, pois, em qualquer dos casos, o indagado estará admitindo o pressuposto: você desviou ou desvia dinheiro público. Essa é uma pergunta capciosa, aquela que contém um pressuposto que produz um comprometimento indesejado daquele que é interrogado. Nesse caso, a única resposta adequada é refutar o pressuposto: nunca desviei dinheiro público.

A mesma coisa ocorre em perguntas como: Você enriqueceu com o dinheiro que desviou de obras públicas superfaturadas? O senhor sabe que o desvio de dinheiro público de obras superfaturadas é suficiente para cassar seu mandato parlamentar? A resposta que se deseja é sim ou não. Não se admite uma terceira opção. No entanto, em ambos os casos, essa resposta leva à admissão do pressuposto: desviei dinheiro público; as obras eram superfaturadas. Nesse caso, o interlocutor declara que é corrupto e, por conseguinte, deixa de ter credibilidade.

Esse tipo de questão é bastante usado em interrogatórios policiais e em Comissões Parlamentares de Inquérito. Em indagações como essas é necessário não responder diretamente, mas rejeitar o pressuposto ou, ao menos, questioná-lo.

Outra técnica de introduzir pressupostos indesejáveis são as perguntas múltiplas ou complexas. Em princípio, uma questão múltipla ou complexa nada tem de ardilosa. Só serão cavilosas, quando introduzirem um pressuposto desabonador para o inquirido. Elas podem ser disjuntivas (*Você cavalgou ou nadou?*), conjuntivas (*Você caiu e machucou-se?*) ou condicionais (*Você poderia ajudar o Antônio a fazer o dever de casa, se ele tiver alguma dificuldade?*).

As perguntas conjuntivas estabelecem um problema. O que se pede é uma resposta sim ou não, quando se pode responder sim a uma parte e não a outra. Veja-se o exemplo de uma questão capciosa: *Você apoia a igualdade de acesso ao ensino superior e, por conseguinte, as cotas para as minorias raciais?* Nesse caso, poder-se-ia perfeitamente responder sim ao apoio à igualdade de acesso ao ensino superior e não às cotas para as minorias raciais, pois, por exemplo, poder-se-ia defender a tese de que a equidade na disputa por uma vaga na universidade está relacionada ao fortalecimento do ensino público fundamental e médio. No entanto, a questão pressupõe que as cotas para as minorias raciais significam a defesa de igualdade de acesso ao ensino superior.

A questão disjuntiva deve apresentar todas as possibilidades de alternativas. A questão *A zebra é branca ou é preta?* não permite uma resposta correta, porque, entre as suas opções, não está "branca e preta". Ela só permite que se responda branca ou preta. É o que acontece em perguntas do tipo: *Devemos permitir que o governo estatize o sistema financeiro ou que o mercado fique totalmente livre da regulação governamental?* Não há aqui uma terceira opção possível de resposta. No entanto, ela existe: a regulação governamental do sistema financeiro privado. Ao fazer uma pergunta disjuntiva sem todas as alternativas, o que o inquiridor quer pressupor é que uma resposta racional se encaixa numa das opções apresentadas e apenas nelas.

Na indagação condicional também se podem introduzir pressupostos indesejáveis: *Senador, se o senhor fosse honrado, o senhor renunciaria a seu mandato em função das denúncias que lhe foram feitas?* A resposta afirmativa ou negativa acolhe a ideia de que ele não é honrado.

As questões ardilosas causam mal até quando o inquirido rejeita os pressupostos que elas introduzem.

– Senhor prefeito, até quando o senhor pretende condenar a cidade a sofrer enchentes, perseverando teimosamente em suas políticas ineficazes para combatê-las?
– Não aceito que minhas políticas de combate às enchentes sejam ineficazes nem que seja minha a responsabilidade pelas enchentes que a cidade experimentou; o que acontece é que houve um excesso de chuvas.
– O senhor não respondeu a minha pergunta. O senhor sempre procura fugir das indagações embaraçosas.

A questão não permite uma resposta direta, pois ela significaria o acatamento do pressuposto introduzido. No entanto, a refutação do que está implícito deixa a entender que se fugiu da resposta, por não ter como retorquir.

Fazer perguntas embaraçosas ou provocadoras é uma técnica para desestabilizar o interlocutor. A revista *Veja* narra em sua edição de 30 de abril de 2014 que, na primeira vez em que foi entrevistar Nadia Tolokonnikova, membro da banda russa Pussy Riot, que tinha passado um tempo na prisão por ter feito uma barulhenta apresentação na Catedral de Cristo Salvador em Moscou, a entrevista foi encerrada por ela, depois que o repórter perguntou: Por que vocês nunca protestaram numa mesquita? (p. 19). A pergunta evidentemente é provocadora, pois encerra uma série de pressupostos, como, por exemplo, "vocês fazem protestos onde eles são mais aceitos".

Muitos repórteres especializam-se em perguntas-armadilha, aquelas que mostram alguém como uma pessoa despreparada, falsa, etc. Na campanha para a prefeitura de São Paulo, em 1985, o jornalista Boris Casoy perguntou ao então candidato Fernando Henrique Cardoso se ele acreditava em Deus. O candidato deu a pior resposta possível, pois disse que havia uma combinação prévia para que o assunto não fosse levantado. Nessa mesma campanha, o mesmo jornalista perguntou a Eduardo Suplicy e a Fernando Henrique quanto custava um pãozinho francês na padaria. Nenhum dos dois soube responder corretamente.

Existem perguntas que veiculam uma ideia de culpa, uma questão de consciência, que exige uma justificativa daquele que é inquirido. No geral, começam com as expressões "como o senhor ousa", "com que direito". No quinto capítulo de *O primo Basílio*, de Eça de Queirós, Luiza diz a Sebastião:

> – O Julião? – exclamou ela. – Mas que tem o Julião com isso? Com que direito se metem no que se passa em minha casa? O Julião!

Na introdução a *O moço loiro*, de Macedo, o autor diz:

> Espero mais, senhoras, que generosas sempre, perdoando as imperfeições e graves defeitos de *O moço loiro*, não querereis perguntar a seu débil pai – como ousas escrever? – Oh! não mo perguntareis; porque há em vós bastante ardor, imaginação e poesia para sentir que às vezes o desejo de escrever é forte, qual o instinto, que manda beber água para apagar a sede, e comer para matar a fome; que às vezes o pensamento arde, e se consome em fogo; e que então é inevitável deixar sair as chamas desse fogo... as ideias desse pensamento...

SECUNDUM QUID

Na argumentação, fazem-se generalizações. No entanto, elas só podem ser feitas quando os fatos apresentados para fazê-las são representativos e suficientes, caso contrário faz-se uma generalização indevida, que recebe o nome latino *secundum quid* (segundo certo ponto de vista, em relação a). Perpetra-se esse "erro", quando de uma proposição singular, aquela que se refere a um único ser, conclui-se uma verdade universal, ou seja, aplicável a todos os seres de um dado conjunto. Assim, afirmar que todos os professores de Português são chatos, porque um determinado professor de Português é chato é fazer uma generalização indevida. Da mesma forma, isso se dá quando se passa de uma asserção qualificada, ou seja, a que apresenta uma restrição ou uma qualificação, a uma asserção não qualificada, aquela livre de restrições ou qualificações. Isso é exposto por uma expressão latina: *a dicto secundum quid ad dictum simpliciter* (do dito segundo o qual ao dito pura e simplesmente, ou seja, da afirmação qualificada à não qualificada). Concluir que os números são divisíveis por dois, porque os números pares são divisíveis por dois é um erro, porque na conclusão se deixa de lado uma restrição necessária, só os números pares são divisíveis por dois.

PETIÇÃO DE PRINCÍPIO

O deputado José Dirceu, na entrevista coletiva realizada no dia seguinte ao da cassação de seu mandato, disse: "Não sou corrupto. Tenho as mãos limpas" (*O Estado de S. Paulo*, 2/12/2005: A4). O segundo período não é uma adição neutra de informação ao primeiro. Não existem relações semanticamente vazias entre as partes de um texto. Os dois segmentos mantêm entre si uma relação de causa e consequência: como tenho as mãos limpas (causa), não sou corrupto (consequência). Em termos argumentativos, o que o deputado faz é considerar como prova exatamente aquilo que precisa ser provado. Isso é o que se chama *petição de princípio*, pois o que estava em questão, no processo de cassação, era exatamente saber se o deputado tinha as mãos limpas. Por isso, essa afirmação não serve de prova para sustentar a declaração de que não é corrupto.

Aristóteles estuda, nos *Tópicos* (162b e 163a), essa forma de argumentar. Diz que esse argumento é falacioso, pois, em sua estrutura circular, postula-se como verdadeiro o ponto a ser demonstrado. Mostra que essa falácia seria facilmente detectada, se o falante usasse, na expressão da causa, o próprio termo utilizado na consequência. Assim, se o deputado tivesse dito *Não sou corrupto, porque não sou corrupto*, todos considerariam imediatamente inaceitável sua afirmação. No entanto, como ele usou um sinônimo, sua estratégia argumentativa não é percebida de imediato. Com efeito, no contexto de sua fala, *ter as mãos limpas* equivale a *não ser corrupto*. Portanto, ele sustenta sua declaração de que não é corrupto na asserção de que não é corrupto. Outra forma de mascarar a equivalência semântica das duas proposições é usar na conclusão um hiperônimo, que é um termo que inclui o sentido de um ou diversos outros termos, chamados hipônimos: *Não sou desonesto, porque não sou corrupto*. A palavra *desonesto* inclui o sentido de *corrupto* e de outras mais, como, por exemplo, *mentiroso, ladrão, sonegador*. Esta é a primeira forma de fazer uma *petição de princípio*: utilizar uma premissa equivalente à conclusão.

No entanto, há outras. Uma é quando a verdade ou a falsidade da conclusão não tem relação com a verdade ou falsidade da premissa. Isso ocorre quando se postula universalmente alguma coisa que precisaria ser demonstrada particularmente. O mesmo político, quando ocupava o cargo de ministro-chefe da Casa Civil, ao afirmar que não era preciso instalar uma CPI para apurar as denúncias de corrupção nos Correios, disse: "Este é um governo que não rouba, não deixa roubar e combate a corrupção" (programa *Roda Viva* de 16/5/2005). Seu argumento é universal. Não se trata do fato de o governo, em sua totalidade, roubar, deixar de roubar ou combater a corrupção. Trata-se de demonstrar que, no caso particular, não houve violação dos princípios de moralidade, que devem reger o serviço público e que, portanto, o Congresso não precisaria investigá-lo.

Isso também acontece quando se pretende defender com um fato particular o que deve ser demonstrado universalmente: por exemplo, argumentar que não há corrupção no governo, porque um determinado funcionário é honesto. Não se pode comprovar a inexistência da corrupção no governo pela presença, em seu seio, de um funcionário honesto. Nesse caso, fala-se também em falácia de acidente: é a aplicação ao todo do que se aplica a uma parte.

Também se incorre em *petição de princípio*, quando se tenta comprovar uma proposição com vários atributos e a premissa incide apenas sobre um deles: por exemplo, *Este governo é eficiente e honesto, porque nunca se fez tanto pelos pobres*. A premissa de que nunca se fez tanto pelos pobres, poderia, quando muito, sugerir a eficiência do governo, mas nunca também sua honestidade.

Ainda outra forma de *petição de princípio* se dá quando, para aceitar a premissa, é necessário primeiro admitir a conclusão, ou seja, quando a premissa se estabelece a partir da conclusão, o que é uma inversão da maneira correta de construção dos argumentos, em que a admissão das premissas é que leva à conclusão. Assim, ao dizer que *Deus existe porque a Bíblia o diz e a Bíblia é a palavra de Deus*, deseja-se fazer o outro estar de acordo com a existência de Deus pelo fato de que ele existe. Isso é o que se faz nas chamadas inferências imediatas como esta: *Todos os políticos são ladrões, porque nenhum político é honesto*. É preciso admitir que todos os políticos sejam ladrões para aceitar que nenhum deles seja honesto.

Todos os tratados de argumentação insistem na tese de que a *petição de princípio* é um erro argumentativo. Na verdade, é uma manobra daqueles que não têm como comprovar suas afirmações e precisam fazer parecer que elas são verdadeiras. Não se trata de uma falha de argumentação, mas de uma astúcia para convencer os outros de que é verdade o que é falso ou de que é falso o que é verdadeiro.

IGNORATIO ELENCHI

Uma questão interessante num caso em que se discutiam dossiês sobre gastos com cartões corporativos foi a estratégia argumentativa dos governistas para defender-se das acusações de mau uso do dinheiro público liberado por meio dos cartões. Diante da afirmativa de um oposicionista de que o governo estava usando indevidamente dinheiro público, a resposta foi: "Mas no governo de seu partido também se faziam, com cartões corporativos e instrumentos assemelhados, pagamentos contrários às normas legais. É para sustentar esta afirmação que se produziram relatórios de despesas pessoais do ex-presidente."

Aristóteles, nas *Refutações sofísticas*, estabelece as violações que se fazem aos termos de um debate racional. Mostra os sofismas, isto é, os argumentos não coerentes, os argumentos ilegítimos, na negação de determinadas teses. Um dos princípios da discussão coerente é que a argumentação deve ser absolutamente relacionada com a proposição que está sendo debatida. Assim, a defesa de um ponto de vista deve contrapor-se exatamente à tese proposta pela parte contrária. Constitui um sofisma apresentar uma argumentação que não se refere à perspectiva que está em discussão. Essa forma de rejeitar uma tese recebe o nome de *ignoratio elenchi*, expressão latina que significa "ação de ignorar o que se deve refutar". É a apresentação de uma argumentação que não é pertinente ao ponto de vista que está em discussão no momento. É um sofisma de conclusão não pertinente.

Assim, diante da afirmação de que, num dado governo, há gastos indevidos com cartão corporativo, constitui uma *ignoratio elenchi* asseverar que, no governo dos oposicionistas, isso também ocorria, pois a tese que se deve refutar é a existência de pagamentos inapropriados feitos por altos funcionários do governo que está sendo acusado.

Hoje, a teoria da argumentação não pode pensar o debate em termos de uma "racionalidade" normativa. Na verdade, os sofismas são estratégias de argumentação. No caso da *ignoratio elenchi*, o debatedor, incapaz de refutar a proposição do outro, muda o foco da questão, procurando desqualificar seu adversário, ao mostrar que ele está implicado no mesmo erro, que ele apresenta pontos frágeis, etc. Com a *ignoratio elenchi*, não se defende de uma afirmação, ataca-se o outro. Diz-se que a melhor estratégia de defesa é o ataque e é isso que faz essa forma de argumentar. Como se vê, muitas vezes, a *ignoratio elenchi* se faz com argumentos *ad hominem*.

Na *ignoratio elenchi*, busca-se generalizar o particular ou ampliar seu alcance de forma a não precisar focá-lo. Assim, no caso do assassinato da menina Isabella Nardoni, a mídia sensacionalista, em lugar de provar que o pai e a madrasta eram culpados, imputou a eles a culpa e passou a falar da hediondez que é um pai matar uma filha. O caráter hediondo de um crime não prova ou refuta a culpa de um réu ou de um suspeito específico. Quando um francês diz que São Paulo é uma cidade violenta e responde-se a ele que em Paris também há muitos crimes, o que se faz é ampliar a proposição, para evitar responder a tese em debate.

Outra forma de *ignoratio elenchi* é exagerar uma conclusão, mostrando sua implausibilidade ou a impossibilidade de prová-la. Dizer que, para os ambientalistas, o aquecimento global é um problema muito sério e que, quando ele for resolvido, a Terra será um paraíso é desqualificar as proposições dos defensores do meio ambiente, pois o que está em questão é se o aquecimento global é ou não um problema sério e não se a Terra será um paraíso.

Um terceiro modo de construir uma *ignoratio elenchi* é desviar a argumentação para uma questão acessória ou que é irrelevante para o que está sendo discutido. Por exemplo, quando se discute a tese de que o pedágio urbano é a única maneira de resolver o problema do trânsito de São Paulo e, em lugar de discutir a veracidade ou não dessa afirmação, diz-se que ele não será implantando porque a população não quer, está-se debatendo uma questão que não é o escopo da argumentação. Nesse caso, identifica-se como tese a ser comprovada ou refutada uma proposição diferente daquela sobre a qual se deve argumentar. A mesma coisa ocorre, quando diante da proposição de que o Rio é uma cidade com altas taxas de criminalidade, responde-se: "Mas é uma cidade linda!"

A *ignoratio elenchi* é um procedimento próprio dos discursos autoritários, porque ele visa a desqualificar o adversário, seja mostrando-o implicado numa situação condenável, seja apresentando-o como alguém que não é capaz de ver a questão de fundo de um debate. É o que se faz, quando se acusa de racista, alguém que se coloca contra a implantação de cotas para negros na universidade, porque considera que o problema a ser atacado no Brasil é a baixa qualidade do ensino público dos níveis fundamental e médio. Num dos países do Leste Europeu, contava-se uma piada muito interessante sobre a estratégia de desviar-se do tema em discussão. Um aluno perguntou a um professor, que expunha os males da economia norte-americana: "Qual é o salário médio de um trabalhador nos EUA?" O professor respondeu: "Eles matam negros."

Fábio Porchat, numa crônica, publicada em *O Estado de S. Paulo*, elenca inúmeros casos de *ignoratio elenchi* que podem aparecer numa discussão, refuta essa técnica de argumentação e termina dizendo que gosta do Brasil concessiva (apesar) e implicativamente (por causa de):

> Como é difícil dar uma opinião. [...] Tem aqueles que têm certeza de que você é de esquerda e aqueles que afirmam categoricamente que você é direitista.
> Tem aqueles que dizem que você é um alienado, que você é muito jovem, que você é branco, que você não é pobre, que você é um merda [...].
> Há algumas semanas, eu disse aqui que eu acho que o Brasil dará conta da Copa do Mundo. Muita gente me disse que o Brasil é um país muito carente em educação e saúde. Eu tenho certeza disso. É um absurdo o que fazemos com nossas crianças e enfermos. Mas isso não invalida o fato de podermos realizar muito bem uma Copa do Mundo.
> Ah, mas aqui a polícia é corrupta e os políticos roubam. Sem dúvida. E eu nunca afirmei o contrário. É que parece que se você disser que alguma coisa vai bem por aqui, as coisas que não vão bem invalidam tudo. Não é verdade. Se eu digo que o Brasil oferece gratuitamente o "coquetel" de tratamento de aids para a população, e isso é bom, você não pode contra-argumentar que o ensino fundamental é péssimo. Isso não é um contra-argumento, isso é outra informação.
> Uma coisa é uma coisa e outra coisa é outra coisa. Sim, o ensino fundamental no Brasil é de péssima qualidade, mas o "coquetel" gratuito é uma coisa excelente. [...]
> Não acho que temos que só falar das coisas boas, mas temos que falar delas também. É muito bom morar no Brasil sim. O Brasil tem os problemas dele, como todos os outros países também têm. De terceiro e de primeiro mundo. Mas não podemos deixar as coisas ruins do nosso país anularem as coisas boas (que são muitas). Nem podemos deixar que as coisas boas dos outros países também anulem as coisas boas do nosso. Sempre vai ter alguém pior e alguém melhor.
> Eu gosto de morar no Brasil apesar do Brasil e por causa dele, principalmente. Enfim, essa é só a minha opinião. (19/1/2014: C8)

A DISTORÇÃO DO PONTO DE VISTA DO ADVERSÁRIO OU O ARGUMENTO DO ESPANTALHO

Eduardo Gomes, candidato à presidência da República em 1945, declarou que não queria os votos da "malta de desocupados que frequentava os comícios de Getúlio Vargas". Nessa frase, a palavra *malta* tem o sentido de "bando". Hugo Borghi espalhou que, por "malta", o brigadeiro pretendia referir-se aos "grupos de operários que percorrem as linhas férreas levando suas marmitas", outro significado do termo.

Logo, ele estava dizendo que não queria o voto dos "marmiteiros", ou seja, os votos da população de baixa renda. Esse pretenso ataque aos "marmiteiros" espalhou-se por todo o Brasil. Em questão de dias, a imagem do candidato era a de um homem que tinha fortes preconceitos sociais, que estava ligado à elite. Não é preciso dizer que ele perdeu as eleições.

Numa discussão, uma parte ataca o ponto de vista da outra. Ela deveria, no entanto, investir contra aquilo que realmente o oponente disse. Não é isso que, de fato, ocorre em todos os debates, pois uma tática eficaz de ataque ao adversário é opor-se a uma ideia que não foi efetivamente apresentada por ele. Isso foi chamado o argumento do espantalho. Há duas maneiras básicas de fazer isso: a) atribuir-lhe um ponto de vista fictício; b) distorcer seu ponto de vista.

As diferenças entre a opinião contestada e a original devem ser sutis, para que a manobra seja eficaz. É preciso que a distorção permita refutar a perspectiva do outro mais facilmente, mas seja difícil de perceber para os que acompanham a discussão.

Um modo de fazer isso é retirar do contexto uma afirmação. Esse desvirtuamento será mais eficaz, quando se cita o outro literalmente. A *Folha de S.Paulo* coloca o seguinte título para uma reportagem sobre a viagem espacial do primeiro astronauta brasileiro: "Viagem do astronauta brasileiro é 'marketing', diz diretor do CTA" (15/2/2006). A palavra *marketing* aparece entre aspas para indicar que se trata de termo efetivamente usado pelo comandante do Comando Geral de Tecnologia Aeroespacial. Isso leva o leitor a pensar que ele estava contra a viagem, porque ela não serviria para nada e não passaria de propaganda. Entretanto, quando se lê a notícia verifica-se que a palavra *marketing* foi usada com o valor positivo de "ação de divulgação" do programa aeroespacial brasileiro: "Eu acho que, para efeito do que se pretendia com o voo do astronauta, que era dar visibilidade ao programa espacial brasileiro de uma maneira geral, está sendo muito bom. Estamos mostrando o programa espacial para o país inteiro"; "O fato de ele voar não traz nenhum avanço tecnológico. Claro que alguma coisa você ganha de conhecimento. Mas o que quero dizer é que nessa etapa o programa espacial está ganhando, porque está sendo divulgado para a nação."

Outro modo de alterar o ponto de vista do adversário é generalizar uma afirmação que, originalmente, era mais restrita. Há dois tipos básicos de quantificadores: "alguns", quantificador não universal, e "todos", quantificador universal. Generaliza-se, substituindo, explícita ou implicitamente, "alguns" por "todos".

Nesse caso, atribui-se ao ponto de vista um alcance mais amplo do que ele, de fato, tem. Quando alguém diz *Muitos políticos são corruptos*, está usado um quantificador não universal. Se alguém responde *Nem todos os políticos são corruptos. Posso citar exemplos de políticos honestos*, está generalizando a afirmação do outro, com vista a fugir da questão de que a corrupção está disseminada entre os homens públicos.

Outra maneira de deformar uma afirmação alheia é alterar o sentido de uma palavra, é omitir precisões, é excluir ou acrescentar conotações. Foi o que fez Hugo Borghi com o ponto de vista de Eduardo Gomes, citado no começo desta seção. Foi o que aconteceu também com a frase de Geraldo Alckmin, na campanha presidencial de 2006, de que, se eleito, iria vender o avião da presidência da República: "A história deles é predadora, eles só sabem vender. Não é invenção minha. Parecem fábrica de demolição: não podem ver uma coisa funcionando que querem vender. O adversário disse no debate: [com voz irônica] 'Vou vender o avião presidencial'. Até o avião ele quer privatizar", afirmou o presidente Lula (*Folha de S.Paulo*, 18/10/2006). Substituir *vender* por *privatizar* agrega à frase conotações que ela não tem e torna-se mais fácil atingir o adversário.

Distorcem-se as ideias alheias, ainda, quando um raciocínio indutivo é tomado como se fosse dedutivo. Por exemplo, quando alguém diz que *muitos serviços públicos se mostram ineficientes, o que aponta para uma possível ineficiência inerente ao setor público*, está tirando uma conclusão possível, provável, de uma série de casos particulares. Quando se atribui a quem disse isso a afirmação de que *os serviços públicos são ineficientes, logo, o poder público é ineficiente*, o que se faz é transformar o que é apresentado como possível em conclusão necessária, o que é uma mudança do que se tinha apresentado originalmente.

A ênfase excessiva na obviedade de um ponto de vista ou na exatidão da maneira como está sendo exposto deve sempre levantar a suspeita de que ele esteja sendo deformado. Por isso, é preciso desconfiar de introduções como "claramente, ele crê em"; "o autor está fascinado por".

Mesmo sem atribuir pontos de vista fictícios ao oponente ou sem distorcer-lhe as ideias apresentadas, uma tática de discussão que não faz justiça aos argumentos apresentados pela outra parte é atacar os argumentos mais frágeis arrolados na defesa de uma proposição e ignorar os argumentos mais sólidos. Dessa maneira, mostra-se o adversário mais débil do que ele é.

AINDA A DISTORÇÃO
DO PONTO DE VISTA DO ADVERSÁRIO

Certa vez, durante uma entrevista, o presidente Lula disse que todo mundo deve ter o direito de fumar, desde que não incomode os outros (*Folha de S.Paulo*, 4/9/2008). Afirmou que defende o direito de fumar em qualquer lugar, respeitando, evidentemente, as outras pessoas. Acrescentou que quem fuma o faz porque é viciado. O presidente foi duramente criticado, porque estaria, com sua declaração, atrapalhando as políticas de combate ao tabagismo, que seriam necessárias porque o fumo faz mal à saúde.

Numa discussão, uma pessoa põe em dúvida um ponto de vista apresentado por outra. A discussão termina, quando se mostra a insustentabilidade da opinião enunciada ou se conclui que a dúvida em relação a ela é injustificada. Uma maneira de levar alguém a abandonar sua posição é provar uma proposição oposta, ou seja, um modo de atacar com êxito uma ideia alheia é fazer uma defesa bem-feita de um ponto de vista contrário. Por isso, nesse caso, a defesa é o melhor ataque. Em princípio, deve-se discutir exatamente a proposição apresentada pelo outro. Assim, o ataque a uma concepção deve referir-se à opinião apresentada pela outra parte. No entanto, uma estratégia frequente de discussão é opor-se a um ponto de vista um pouco distinto daquele expresso pelo outro.

No caso da opinião do presidente Lula, altera-se sutilmente seu ponto de vista, pois ele não disse que as políticas de combate ao tabagismo estão erradas nem que o fumo não faz mal para a saúde. Ele defendeu o direito individual de fumar, desde que não se incomode os outros. É uma tática de discussão, não muito honesta, é preciso que se diga, mas bastante eficiente, mudar o foco do debate, alterar o que o oponente diz.

Como já se disse, há duas maneiras de modificar as proposições defendidas pelo outro: a) atribuir-lhe um ponto de vista fictício; b) distorcer seu real ponto de vista. O sucesso dessa tática será maior, quando a audiência não sabe exatamente o que o outro disse. Assim, numa polêmica travada pelos jornais, nem sempre o leitor tem diante de si o artigo que está sendo atacado, ele é informado pela parte contrária do que teria sido dito.

A maneira mais óbvia de imputar ao outro um ponto de vista fantasioso é afirmar que ele defende uma concepção que nunca esposou: por exemplo, atribuir um propósito racista a alguém que se manifesta contrariamente às cotas para negros no ensino superior, alegando que o que é preciso fazer, numa real política de inclusão, é dar a todos um excelente ensino fundamental e médio de forma que todos tenham possibilidade de acesso aos melhores cursos universitários do país. O que se quer é caricaturar o oponente e seu ponto de vista, para melhor atacá-los. No entanto, o mais comum é a imputação de um ponto de vista fictício de maneira menos óbvia.

Uma maneira engenhosa de sugerir que o outro adotou uma dada perspectiva, que na verdade não o fez, é apresentar enfaticamente o ponto de vista oposto. Quando alguém é enérgico na defesa de determinada ideia, cria-se a impressão de que alguém está contra ela e de que o oponente pertence a esse grupo. Se, numa discussão sobre políticas sociais, alguém diz *Eu, pessoalmente, sempre fui de opinião de que se deve dar prioridade ao combate à fome*, está imputando ao oponente a ideia de que o combate à fome não é prioritário. Mesmo que ele negue isso, paira sempre a suspeita de que, para ele, o tema não é relevante.

Quando o ponto de vista exposto contém uma negação, é mais efetiva a atribuição de uma ideia à parte contrária. Dizer, numa discussão sobre as políticas de inclusão no acesso às universidades públicas, *Não creio que se deva permitir que as universidades públicas do estado de São Paulo continuem a praticar a discriminação racial* é imputar-lhes um propósito racista.

A exposição de uma ideia implica que a concepção oposta é defendida pela parte contrária, porque se parte do princípio de que, numa discussão, só são apresentados elementos relevantes. Se uma proposição está sendo defendida é porque a outra parte tem uma perspectiva contrária sobre a questão.

Outra maneira de atribuir ao outro um ponto de vista fictício é fazer referência ao partido ou ao grupo a que pertence o oponente e relacioná-los a uma concepção imaginária: *Você é homem e, portanto, não deve achar importante a questão da violência doméstica*. Dá-se como certo o que o grupo pensará sobre um dado assunto, bem como o fato de que o que se aplica ao grupo é verdadeiro para cada um de seus membros.

Muitas vezes, sequer se deixa claro quem sustenta a concepção contrária. Usam-se quantificadores universais não só para criar um ponto de vista, mas também um oponente. Na cerimônia de instalação da Secretaria de Promoção da Igualdade Racial, o índio Jeremias Xavante disse: "Todo mundo pensa que o problema (do índio) é tão insignificante que se esquecem dele. Temos muitos dos mesmos problemas que os negros, de acesso à educação, saúde e emprego. Também enfrentamos o racismo" (*Folha de S.Paulo*, 22/3/2003). Quando se põem as proposições dos outros num molde geral e absoluto o que se quer é mostrar quão sem sentido elas são. No entanto, isso é um risco, pois bastaria um exemplo em sentido contrário para refutar essa tese. Por isso, uma boa resposta a argumentos com quantificadores do tipo "todos", "a maioria" ou "praticamente todos" é pedir para nomear alguém que tenha esse ponto de vista.

PARADOXOS, IRONIA E SILÊNCIO

O paradoxo visa a desestabilizar o senso comum e, por isso, tem grande força argumentativa. Constitui uma provocação ao adversário. Paradoxo é uma palavra formada dos elementos gregos *pára*, que quer dizer "contra", e *dóxa*, que significa "opinião aceita". Paradoxo, então, é o enunciado que vai contra aquilo que é admitido como verdadeiro, como correto. Ele põe de ponta cabeça uma verdade, fazendo refletir sobre ela. Por isso, o paradoxo exprime a não conformidade com aquilo que é tradicionalmente aceito

> Xadrez é um jogo chinês que aumenta a capacidade de jogar xadrez (Millôr Fernandes).
> Se bater na madeira isolasse o azar, pica-pau não estaria em extinção (Eugênio Mohallen).
> Mais vale um galo no terreiro do que dois na testa (Barão de Itararé).
> O problema de Brasília é tráfico de influência, enquanto o do Rio de Janeiro é a influência do tráfico (Zózimo Barroso do Amaral).
> É proibido proibir.
> Se há alguém que deve tudo a Bach, é certamente Deus (Emil Cioran).
> Uma coisa de cada vez/ Tudo ao mesmo tempo agora (Titãs).

A ironia é um recurso utilizado para desestabilizar o adversário, provocando o riso do auditório a favor do orador. Nesse caso, o que se vai ironizar é a tese defendida pelo oponente:

> As discussões entre artistas da música e da literatura sobre como regular a publicação de biografias de pessoas conhecidas ganhou um novo *round*. [...] Ruy Castro manteve o tom acusatório levantado por Laurentino Gomes, na quarta-feira. "Os artistas da música propõem censura prévia. Se não for isso, já não entendo mais a língua portuguesa", ironizou ele, em conversa com o mediador e poeta Heitor Ferraz Mello, no pavilhão brasileiro. (*O Estado de S. Paulo*, 11/10/2013)
> Perseguido em campo durante todo o jogo, o meia Valdivia cavou nesta quinta-feira, no Pacaembu, a expulsão do lateral Anderson, do Santo André. Aos 37 minutos do segundo tempo, quando o jogo já estava 1 a 0 para o Palmeiras, o andreense deu um carrinho violento na lateral e recebeu o cartão vermelho direto. Deixou o campo sem nem protestar com o árbitro.
> Na saída para o vestiário, porém, reclamou que Valdivia havia feito muitas brincadeiras e que o chileno não era jogador. Durante a partida, o meia tentou lances de efeito. Em um deles, ainda no primeiro tempo, ergueu o pé até a altura do rosto do marcador ao tentar um drible de "chute no ar".
> Questionado por repórteres a respeito da declaração de Anderson, Valdivia ironizou: "Ele é jogador também? Aprenda a respeitar. Ele foi expulso, prejudicou o seu time e eu joguei, estou nas quartas de final da Copa do Brasil. Manda ele chorar em casa, com a família", afirmou o chileno. (*O Estado de S. Paulo*, 21/4/2011)

O silêncio pode ser um poderoso recurso argumentativo. Não responder a um adversário, ainda mais quando o silêncio é acompanhado de um gesto desdenhoso, é uma forma de humilhar o oponente. No conto "Lisetta", de Alcântara Machado, explicita-se como o silêncio pode ser humilhante:

> Lisetta sentia um desejo louco de tocar no ursinho. Jeitosamente procurou alcançá-lo. A menina rica percebeu, encarou a coitada com raiva, fez uma careta horrível e apertou contra o peito o bichinho que custara cinquenta mil-réis na Casa São Nicolau.
> – Deixa pegar um pouquinho, um pouquinho só nele, deixa?
> – Ah!
> – *Scusi*, senhora. Desculpe por favor. A senhora sabe, essas crianças são muito levadas. *Scusi*. Desculpe.
> – A mãe da menina rica não respondeu. Ajeitou o chapeuzinho da filha, sorriu para o bicho, fez uma carícia na cabeça dele, abriu a bolsa e olhou o espelho.
> – Dona Mariana, escarlate de vergonha, murmurou no ouvido da filha:
> – *In* casa me *lo pagherai*!

No capítulo VIII de *O primo Basílio*, de Eça de Queirós, o sorriso mudo e desdenhoso de Luiza é uma resposta mais dura à fuga da Basílio do que qualquer palavra de censura:

> Basílio, vestido de claro, sentara-se melancolicamente no mocho do piano. Trazia um ar grave, e, sem transição, começou a dizer: – que apesar de ela se ter zangado na véspera, ele considerava ainda tudo "como dantes". Viera porque naquele momento não se podiam separar sem algumas explicações, sobretudo sem resolver definitivamente o caso da carta... E com um gesto triste, como contendo lágrimas:
> – Porque eu vejo-me forçado a sair de Lisboa, minha querida!
> Luísa, sem olhar para ele, fez um sorriso mudo, muito desdenhoso. Basílio acrescentou logo:
> – Por pouco tempo, naturalmente; três semanas ou um mês... Mas enfim tenho de partir... Se fossem só os meus interesses!

O ARGUMENTO DO EXCESSO

Consiste em exagerar retoricamente um ponto de vista com a finalidade de levá-lo à aceitação. Esse argumento está relacionado a figuras como a hipérbole:

> O exagero invade igualmente as ondas do rádio. Um exemplo é o programa de Limbaugh – o mais ouvido do país –, que em 29 de fevereiro de 2013, vociferava contra uma estudante que militava pelo reembolso da contracepção: "Ela transa com tanta frequência que não tem mais condições de pagar sua contracepção, então ela

queria que você, eu e os contribuintes enfiássemos a mão no bolso para que ela possa gozar! Isso faz de nós o quê? Cafetões!" (Rodney Benson, *Le Monde Diplomatique*, nº 81, abr. 2014: 10)

Nesse tipo de argumento, utilizam-se, sem nenhuma parcimônia, os advérbios *sempre* e *nunca*. Na cena II do ato II de *O primo da Califórnia*, de Joaquim Manuel de Macedo, uma personagem diz:

"Fala-se em mudança de ministério..." Que me importa?... para mim suba quem subir é sempre a mesma coisa! Quem vê um, viu todos.

Copa do Mundo – Evento que transformou o Brasil de gigante emergente em anão incompetente aos olhos do mundo. O evento que seria nosso baile de debutante planetário atraiu um foco negativo como nunca antes na história deste país. Morte de operários, goteiras e desabamento em estádios, corrupção, injustiça social, nossa continental roupa suja está sendo lavada em múltiplas línguas. (Lucia Guimarães, *O Estado de S. Paulo*, 30/12/2013)

Ele repete sempre a mesma ladainha de que é preciso conter os gastos sociais e diminuir os aumentos do salário mínimo.

ARGUMENTOS QUE APELAM PARA O PÁTHOS

São aqueles argumentos que fazem apelo às disposições afetivas, às paixões do auditório: *argumentum ad populum, argumentum ad misericordiam, argumentum ad baculum* ("argumento que faz apelo ao povo, argumento que faz apelo à piedade, argumento que faz apelo ao porrete").

Argumentum ad populum

Uma das questões mais discutidas no segundo turno das eleições municipais de 2008 em São Paulo foi a peça publicitária veiculada pela campanha da candidata Marta Suplicy, em que um locutor fazia várias perguntas (por exemplo, "Você sabe mesmo quem é o Kassab? Sabe de onde ele veio? Qual a história do seu partido?...") e, quando surgia a foto do então prefeito, Gilberto Kassab, a propaganda se encerrava com as questões: "Sabe se ele é casado? Tem filhos?" (*Folha de S.Paulo*, 13/10/2008).

Argumentar é apresentar razões que justificam ou refutam um determinado ponto de vista. Em princípio, a argumentação deve estar relacionada à tese que se defende ou combate. No entanto, uma estratégia argumentativa é abandonar a discussão das ideias em debate e apelar para os sentimentos da audiência. Essa tática funda-se no princípio da comunicação, pelo qual se considera que, num debate, tudo o que as pessoas que se opõem dizem é pertinente.

O apelo às emoções do auditório é chamado, em retórica, *argumentum ad populum*, ou seja, argumento que faz apelo ao povo. Nesse tipo de recurso de convencimento, apela-se para os sentimentos coletivos de uma plateia, explorando tanto as emoções positivas quanto os preconceitos, para ganhar a adesão a uma tese que não se sustenta em razões pertinentes ao tema em discussão. No *argumentum ad populum*, joga-se tanto com sentimentos positivos (por exemplo, a lealdade), quanto com os negativos (por exemplo, o medo, a cobiça, a vergonha). São estes últimos que estão na base dos preconceitos sociais, étnicos, religiosos, etc. Quanto mais fortes forem esses sentimentos tanto mais efetivo será o uso desse tipo de estratégia. Ela é particularmente eficaz, nas discussões públicas de largo alcance, em que esteja envolvido um grande número de pessoas. Por isso, é bastante utilizado em manifestações públicas em geral, como campanhas eleitorais, manifestações religiosas, etc. Por exemplo, para opor-se a políticas de habitação que pretendem não erradicar favelas de áreas nobres de uma cidade, mas urbanizá-las, acena-se com o perigo da perda de valor das propriedades, com o aumento da insegurança, etc.

O *argumentum ad populum* será mais eficiente, quando ele não apelar explicitamente para certas conclusões, mas apenas sugeri-las, a partir de certas afirmações ou perguntas enfáticas. No debate sobre parceria civil de pessoas do mesmo sexo, não é preciso dizer que sua aprovação representa a derrocada moral da sociedade. Basta afirmar, por exemplo: *O casamento de um homem e uma mulher é a base da família, fundamento da sociedade.*

Voltemos à propaganda eleitoral a respeito de Gilberto Kassab. A ideia que estava em discussão é que o prefeito não era confiável politicamente, por causa de seu passado de homem público. Assim, todas as perguntas sobre seu passado político eram absolutamente pertinentes. No entanto, as duas últimas ("Sabe se ele é casado? Tem filhos?") nada tinham a ver com a tese da não confiabilidade política do alcaide. Na verdade, faziam insinuações sobre sua sexualidade. Tratava-se de um apelo ao preconceito difundido na sociedade de que os homossexuais não podem ocupar determinados postos.

A publicidade trabalha basicamente com argumentos *ad populum*. Em geral não trata dos produtos que vende, mas apela para determinadas emoções. Para vender casas, em geral, não se fala em planos de pagamento, em preços, etc., mas mostram-se lugares idílicos, acenando com valores como segurança, tranquilidade, beleza.

É também um *argumentum ad populum* a tentativa de identificar-se com a plateia. É o caso dos políticos que se apresentam como homens simples do povo, que usam sua linguagem, que têm seus valores, que compartilham suas dificuldades. Foi a estratégia de campanha de Leonardo Quintão, candidato, em 2008, à prefeitura de Belo Horizonte, que, embora economista formado nos Estados Unidos, assumiu um jeito caipira, um sotaque mineiro carregado (*Folha de S.Paulo*, 6/10/2008).

As duas formas argumentativas básicas implícitas no *argumentum ad populum* são:

Todos aceitam que A seja verdadeiro;
Logo, A é verdadeiro.

Ninguém aceita que A seja verdadeiro;
Logo, A é falso.

É habitual, no *argumentum ad populum*, o apelo ao que é comumente aceito como costume ou padrão: por exemplo, *As pessoas não aceitam que uma prostituta possa ser excelente mãe de família*. Por isso, nessa estratégia argumentativa, invoca-se, com frequência, a autoridade de todo mundo que é "civilizado", que é "informado", que é "esclarecido", que é "descolado", que é "moderno", que é "normal". É esse o argumento dos que se colocam contra a pena de morte apenas porque ela coloca o país entre as nações mais atrasadas do mundo.

O grave problema do uso do *argumentum ad populum*, quando ele apela a emoções negativas, é que reforça os preconceitos vigentes no meio social, impede a mudança de pontos de vista do público, torna-o cada vez menos receptivo a teses contrárias. Como ele se fundamenta numa "retórica da pertença", reforça a unidade mais regressiva, excluindo tudo o que é tido como estranho. Considera que os pontos de vista contrários não valem nada ou não importam.

Argumentum ad misericordiam

É aquele que apela para a piedade, ao mostrar alguém como digno de pena. Nele, também se explora o sentimento de culpa, a simpatia por alguém ou por uma causa. É um argumento bastante usado na justiça penal. Nele, ao invés de discutir a tese que deveria ser debatida, apela-se para a sensibilidade, para o sentimentalismo. Assim, ele não se baseia no fato que está em pauta, mas em intenções, em outras situações. Com muita frequência, vê-se a defesa de um marido que matou a mulher afirmar que ele é excelente pai, um cidadão exemplar, um profissional respeitado, que, se for preso, seus filhos passarão fome. Na defesa de quem comete abusos sexuais, muitas vezes se diz que o acusado é vítima, pois sofreu muitos abusos na infância. Na passagem que segue, retirada do capítulo XXIII de *A falência*, de Júlia Lopes de Almeida, pretende-se justificar a má ação com a boa intenção:

– Mamãe...
– Vá-se embora! Eu não preciso de nada. Suas irmãs saíram para dar uma esmola. Temos sobras em casa. Que castigo, meu Deus!
– Não tive a intenção de a ofender. Se eu não tivesse encontrado aqui aquele maldito homem, as coisas teriam caminhado de outra maneira. Compete agora a mim o dever de zelar pela sua honra. A senhora é viúva, o Dr. Gervásio é solteiro, amam-se, casem-se. É lógico.

Um aluno diz ao professor:
– O senhor não pode reprovar-me, pois estará arruinando a minha vida, impedindo-me de me formar e de ter uma profissão.

Gustavo Alves, no blog Torcedores.com, escreveu um texto, em 13/12/2013, defendendo o não rebaixamento da Portuguesa, que havia escalado irregularmente um jogador, com base em outros fatos que não a obediência à regra:

Está claro para o povo brasileiro que se a Portuguesa for rebaixada o sentimento dos amantes do futebol será o mesmo de levar um tiro no peito.
Justamente quando achávamos que a Copa do Mundo traria uma aura de profissionalismo ao esporte preferido no País, eles aparecem com essa. Parece até que os cartolas do nosso futebol estão nos pregando uma peça. Parece que eles resolveram mais uma vez ignorar a opinião pública e fazer somente o que as brechas da Lei permitem.
É óbvio que a Portuguesa não merece ser rebaixada. É claro que, ainda que o meia Heverton tenha sido escalado, ele não participou ativamente da campanha da Portuguesa no Campeonato. No jogo polêmico, ele entrou apenas no fim do segundo tempo para fazer o tempo passar.
Dane-se a regra. Me preocupa demais o fato de que no Brasil muitas vezes uma lei sem sentido se sobrepõe ao bom senso. Uma aberração jurídica torna-se mais importante do que aquilo que todo mundo sabe que é o certo a fazer, mas que de alguma forma não acontece por uma dessas armadilhas da lei.
Ver a Portuguesa rebaixada seria uma vergonha. A verdade é essa.
Seria um tapa na cara dos brasileiros que gostam de ver as questões esportivas resolvidas apenas em campo. Seria nojento para o nosso futebol no ano da Copa, pra piorar.

Portanto, se você é um dos que estão no comando dessa situação bizarra, faça um favor aos torcedores do Brasil: rebaixe o Fluminense, que somou apenas 46 pontos no Brasileirão. Rebaixe o Vasco, que sofreu com problemas financeiros e fez apenas 44 pontos em 38 jogos, a Ponte, com 37 pontos e o Náutico, com 20.

Esses quatro clubes somaram poucos pontos no campeonato não porque o Heverton estava em campo pela Portuguesa. Eles fizeram poucos pontos porque foram inferiores na competição, e devem arcar com isso.

Argumentum ad baculum

O *argumentum ad baculum* (= argumento que apela para o porrete) ou argumento que apela para a força. É um argumento voltado para o futuro, pois o enunciador força o enunciatário a aceitar sua proposta, recorrendo a uma ameaça, a uma proibição, a um valor negativo. A lei, com seu elenco de punições, é um exemplo de *argumentum ad baculum*. A mesma coisa fazem as religiões ao coagir alguém à prática de seus preceitos apelando para o inferno, o castigo eterno. Christian Plantin adicionou a expressão *carotamque*, denominando o argumento de *argumentum ad baculum carotamque* (= argumento que faz apelo ao porrete e à cenoura), o que significa que esse argumento pode operar com ameaças ou incentivos, com valores negativos e positivos (1990: 207). No texto que segue, a ameaça feita por um político de contar quem lucrou com cada operação é um *argumentum ad baculum*:

> Outro negócio da Petrobras está na mira da PF. Foi aberto neste mês um inquérito para investigar a negociação da refinaria de San Lorenzo, na Argentina, em 2010. A Petrobras vendeu a planta por 110 milhões de dólares. Segundo denúncia do lobista e ex-dirigente da estatal João Augusto Henriques, ligado ao PMDB, 10 milhões de reais iriam para os intermediários, que repassariam ao menos 5 milhões a deputados do partido. Esse caso provoca apreensão no Congresso. Como pano de fundo, o eterno embate entre PT e PMDB: "É conversa de mafioso, com revólver em cima da mesa. Se o PMDB resolver criar caso, a gente conta quem lucrou com cada operação", diz um influente petista. (*Veja*, 2/4/2014: 67-8)

Neste texto, mostra-se como funciona o *argumentum ad baculum carotamque*:

> Só se vai resolver o problema do trânsito em São Paulo, melhorando o transporte público, para atrair os que usam carro, e dificultando o uso do transporte individual, para obrigar os que trafegam de automóvel a utilizar o transporte público.

O RECURSO AO *ÉTHOS* DO ENUNCIADOR

Como já mostramos anteriormente, numa determinada passagem da *Retórica*, Aristóteles diz:

> É o *éthos* (caráter) que leva à persuasão, quando o discurso é organizado de tal maneira que o orador inspira confiança. Confiamos sem dificuldade e mais prontamente nos homens de bem, em todas as questões, mas confiamos neles, de maneira absoluta, nas questões confusas ou que se prestam a equívocos. No entanto, é preciso que essa confiança seja resultado da força do discurso e não de uma prevenção favorável a respeito do orador. (I, 1356a)

Observe-se que ele diz que o *éthos*, isto é, o caráter daquele que produz um ato de fala, é uma imagem que se constrói no próprio ato de dizer. Por isso, a comunicação não se faz com o autor real do ato de fala, mas com uma imagem de si mesmo que ele produz ao falar ou escrever. O autor, ao mesmo tempo que enuncia uma informação, vai dizendo: eu sou isso, eu sou aquilo. O orador transmite uma imagem de confiabilidade, de competência, de franqueza, etc. Como diz Aristóteles, tendemos mais a acreditar em alguém honesto do que em alguém desonesto, em alguém sensato do que em alguém não criterioso, em alguém franco do que em alguém que parece escorregadio. Ou melhor, acreditamos nas pessoas que transmitem uma imagem de ponderação, de honestidade, de coragem (*Retórica*, II, 1378a).

Essa imagem é encontrada nas recorrências enunciativas de uma totalidade: a obra de um autor, os discursos de um político, etc. Norma Discini de Campos mostra que a totalidade em que se busca o caráter do enunciador é diferencial, construída para os propósitos da análise. Por exemplo, se vamos estabelecer os *éthe* do que se chama, comumente, imprensa séria e imprensa sensacionalista, verificamos que os jornais *O Estado de S. Paulo* e *Folha de S.Paulo* estão englobados dentro da mesma totalidade, enquanto *Notícias Populares* pertence a outra totalidade. No entanto, se a análise visa a mostrar a distinção entre os *éthe* do *Estadão* e da *Folha*, cada um desses jornais constitui uma totalidade (2003: 117-222).

Onde se encontram, na materialidade discursiva da totalidade, as marcas do *éthos* do enunciador? Dentro dessa totalidade, como já se mostrou anteriormente, procuram-se recorrências de qualquer elemento composicional. Num jornal, a imagem do enunciador mostra-se até mesmo no tamanho das letras utilizadas, no número de colunas ocupadas pela manchete e assim por diante.

Valendo-nos de uma análise feita por Norma Discini de Campos dos jornais *O Estado de S. Paulo* e *Folha de S.Paulo*, de um lado, e *Notícias Populares*, de outro (2003: 117-52), traçemos os elementos principais dos *éthe* da chamada imprensa séria e da denominada imprensa sensacionalista. Na dita imprensa séria, a diagramação é equilibrada; respeita-se a divisão da página, padronizada em seis colunas; os textos e as fotos apresentam uma distribuição simétrica; as manchetes são compostas por letras regularmente pequenas; não há contrastes gritantes de cores e de letras. Sua temática privilegiada é a política nacional, a economia, a política internacional; o primeiro caderno trata das notícias políticas. Seu domínio narrativo é o público. Por isso, as notícias policiais, por exemplo, são dadas com muita discrição. Com o apagamento das marcas da enunciação no enunciado (por exemplo, com o uso das formas impessoais de narrar), cria-se um efeito de sentido de objetividade e de distanciamento. Com o apagamento da enunciação, é como se as notícias se enunciassem a si mesmas, o que gera um efeito de sentido de verdade. Com o uso de procedimentos como ouvir os dois lados, produz-se um simulacro de isenção. Utiliza-se a norma culta da língua e evitam-se as gírias e os palavrões. Há uma busca da explicação da notícia e da tomada de posições. Nada nesses jornais é hiperbólico, tudo está na "justa medida".

Em *Notícias Populares*, os padrões são completamente diferentes. Na primeira página, a manchete, em letras enormes, em negrito, mais espessas do que o padrão dos outros jornais, ocupa mais da metade da página. As fotos são imensas e nelas o colorido é extremamente forte. A primeira página parece anárquica, porque nela os títulos e as fotos parece amontoarem-se na página. A temática privilegiada em *NP* são os *faits divers*, os esportes, as "dicas" de sobrevivência no aqui e agora, a vida dos artistas, os assuntos referentes ao misticismo, ao esoterismo. Buscam-se os eventos mais extravagantes e trágicos da vida privada. Fica-se no domínio imediato da experiência (por exemplo, esse jornal não tem editorial). A linguagem utilizada é uma variedade popular, repleta de gírias e termos chulos (*Corno elétrico causa blecaute* (19/11/2000): manchete de notícia a respeito de um marido traído que subiu num poste de eletricidade e causou um apagão). Usam-se muitos aumentativos (por exemplo, *Timão*, *Verdão*, *Fogão*, para fazer referência aos times de futebol Corinthians, Palmeiras e Botafogo). Há muitas fotos e poucas palavras (mancha bastante arejada e letras com tipos grandes). Isso dá um ritmo acelerado à enunciação. Tudo em *NP* é hiperbólico. Não se apagam todas as marcas da enunciação no enunciado. Mostram-se muitas fotos de mulheres semidespidas. Debocha-se do mundo com, por exemplo, manchetes enganadoras ou frases maliciosas (*Padre Marcelo vai mudar de Igreja* (19/2/1999): sobre a mudança do local de celebração das missas do Padre Marcelo; *Exclusivo furo mundial: John Kennedy casou ontem em São Paulo* (24/7/1999): sobre um indivíduo que tinha o nome de John Kennedy e que se casou). Ao falar sobre artistas de televisão, misturam-se realidade e ficção (por exemplo, *Xuxa cansou de beijar Fred* (5/12/2000): Fred era uma personagem de uma novela que era mostrada na época em que o jornal foi publicado).

Essas marcas composicionais e estilísticas permitem compor o *éthos* da imprensa séria e o da sensacionalista. Aquele é sutil, fino, busca compreender o mundo em que vive, apresenta-se como alguém aparentemente isento, confiável, porque transmite um saber englobante do mundo. Seu corpo é sóbrio e contido, seus gestos são calculados. O tom de sua voz é sério, mas brando, é uma voz que não se eleva, pausada e ritmada, sua expressão é equilibrada. É um *éthos* de reserva e elegância, um *éthos* da "justa medida". Já o *éthos* do enunciador criado por *Notícias Populares* é mais rude, fala com franqueza, exibe sua virilidade (o que se observa no apelo erótico explícito das mulheres seminuas), sem "frescuras", sem a contenção dada pelas normas da polidez. É um ator redundante, "espaçoso", impaciente (o que se nota na enunciação acelerada). Esse ator tem um corpo avesso à contenção, seus gestos são atabalhoados. Ele não fala, grita. Seu tom de voz nada tem da intensidade das vozes consideradas bem-educadas.

Como se vê, embora o jornal seja uma criação coletiva, os diferentes fazeres dos diversos sujeitos reais que atuam em sua produção estão subordinados a uma instância significante única, que permite que o produto seja apreendido como um todo de sentido (Landowski, 1989: 155-66). Para o estudo do sentido do objeto midiático, não têm nenhum relevo os vários fazeres dos sujeitos reais, mas o que importa é a apreensão da imagem do enunciador veiculada pelo texto. O que foi dito do jornal vale também para o cinema, a televisão, etc. No cinema, por exemplo, o enunciador é o diretor: não, evidentemente, o diretor de carne e osso, mas sua imagem construída pela sua obra.

PARTE III
A ORGANIZAÇÃO DO DISCURSO

A *dispositio* na retórica antiga

Uma das partes da retórica é a disposição (em latim, *dispositio*; em grego, *táxis*). Nela, estuda-se como se ordenam os argumentos, como se organiza o discurso. Sua estruturação segue um plano, que é o que Bakhtin chamaria construção composicional (1992: 279). O plano, portanto, é uma organização formal, que, como em qualquer gênero do discurso que não exige padronização absoluta (Bakhtin, 1992: 300), admite certa liberdade ao enunciador.

Os gêneros retóricos, segundo o Estagirita, podem ser estabelecidos a partir de três critérios: o auditório a que o discurso se dirige, sua finalidade e sua orientação temporal. Eles são três: o deliberativo, o judiciário e o epidítico (*Retórica*, I, III, 1358b-1359a).

O deliberativo endereça-se às assembleias que tomam decisões, tem a finalidade de aconselhar ou desaconselhar, de exortar ou dissuadir e fundamenta-se nos valores da utilidade ou da prejudicialidade, do que é melhor ou pior. Está voltado para o futuro. Trata de questões como declaração de guerra, estabelecimento de impostos, assinatura de tratados. É, pois, um discurso que visa a deliberar sobre as questões de Estado, é um discurso político.

O judiciário tem como auditório os juízes, tem o objetivo de acusar e defender e está baseado nos valores da justiça ou da injustiça. Está orientado para o passado.

O epidítico (do grego *epidéiktos*, que significa "o que serve para mostrar") ou mostrativo dirige-se aos que participam de um ato público e tem o escopo de fazer o elogio ou, menos frequentemente, a censura, manifestar a aprovação ou a desaprovação. Funda-se nos valores da beleza ou da feiura. Está apontado para o presente. É o gênero do discurso comemorativo, do elogio fúnebre, do panegírico. A esfera do discurso religioso vale-se desse gênero nos sermões.

Aristóteles dedica uma longa parte do livro terceiro da *Retórica* à organização do discurso (XIII-XIX, 1414b-1420b). Segundo ele, o discurso deve ter obrigatoriamente duas partes: a exposição do assunto e a prova, pois é preciso expor o tema de que se trata e, em seguida, fazer a demonstração da tese envolvida. No entanto, o plano padrão apresenta cinco partes: o exórdio, a narração, a confirmação, a digressão e a peroração.

A primeira parte é o exórdio ou proêmio (em latim, *exordium*, "princípio"; em grego, *prooímion*, "preâmbulo"), é a introdução do discurso. Sua função é conquistar o auditório, prender sua atenção, criar nele uma disposição favorável para o que será apresentado (fazer a *captatio benevolentiae*, "conquista, obtenção da benevolência"). Nessa parte, o enunciador apresenta o tema de que tratará; em seguida, faz a *partitio* ("repartição") ou *divisio* ("divisão"), isto é, anuncia o plano de sua exposição.

A segunda parte é a narração (em latim, *narratio*; em grego *diégesis* "narração"), em que o orador expõe detalhadamente os fatos que constituem a questão sobre a qual se debaterá. Pode formar uma unidade com a parte seguinte.

A terceira parte é a confirmação (em latim, *confirmatio*; em grego, *apódeixis*, "demonstração, prova" ou *pístis*, "meio de inspirar confiança, prova"), em que o enunciador expõe as provas, ou seja, os argumentos para comprovar sua tese. Um tema que suscitou bastante discussão foi a disposição dos argumentos segundo sua força. Deveriam ser ordenados dos mais fortes para os mais fracos ou dos mais fracos para os mais fortes. Cícero, no *De oratore*, afirma:

> Não aprovo o método de começar pelas provas mais fracas, como fazem muitos defensores (uso que nunca me agradou). Creio que é errado fazer falar primeiro aqueles cujo talento inspira menos confiança. Parece-me, ao contrário, que é mais importante responder o mais cedo possível às expectativas do auditório. Se não os satisfazeis logo, tornareis, em seguida, sua causa mais difícil, e a causa estará em perigo, quando os juízes não têm uma boa opinião desde o começo. Apresentai, portanto, primeiro os oradores mais hábeis e os argumentos mais sólidos, desde que, entretanto, em matéria de argumentos, como de oradores, reserveis para o fim o que tendes de mais forte. Quanto ao medíocre (porque o ruim não deve ter lugar em nenhuma parte), ele será lançado na multidão e se perderá no número. Quando tomei assim todas as providências, começo a procurar em último lugar o que deve, no entanto, começar meu discurso, isto é, meu exórdio, porque todas as vezes que quis começar por ele, encontrei apenas o fraco, o insignificante, o comum e o vulgar. (II, LXXVII, 313-315)

A estruturação interna dessa parte é feita da seguinte maneira: proposição, que é o resumo do que está em debate; argumentação, que é a exposição das provas propriamente ditas; altercação, que é a refutação dos argumentos contrários.

A quarta parte é a digressão (em latim, *digressio*; em grego, *parékbasis*, "digressão"), que é opcional. Nela, o orador procura, com uma narrativa ou descrição que se afasta do tema, suscitar os sentimentos do auditório: indignação, piedade, etc.

A quinta parte é a peroração (em latim, *peroratio*; em grego, *epílogos*), em que o orador busca elevar-se diante do auditório e diminuir seu adversário; em que se amplifica o que foi dito no discurso; em que se procura envolver o ouvinte, despertando paixões como a compaixão ou a cólera, em que se recapitula o discurso.

No *Sermão da Epifania*, o Padre Vieira faz um exórdio, em que busca captar a atenção do auditório fazendo uma proposição insólita: o pregador não pregará o Evangelho, mas o Evangelho há de explicar o pregador:

> Para que Portugal na nossa idade possa ouvir um pregador evangélico, será hoje, o Evangelho o pregador. Esta é a novidade que trago do Mundo Novo. O estilo era que o pregador explicasse o Evangelho: hoje o Evangelho há de ser a explicação do pregador. Não sou eu o que hei de comentar o texto: o texto é o que me há de comentar a mim. Nenhuma palavra direi que não seja sua, porque nenhuma cláusula tem que não seja minha. Eu repetirei as suas vozes, ele bradará os meus silêncios. Praza a Deus que os ouçam os homens na terra, para que não cheguem a ser ouvidos no céu.

Em seguida, ainda no exórdio, fala da matéria do sermão: a vocação da gentilidade à fé, a celebração do nascimento da Cristandade:

> Havendo, porém, de pregar o Evangelho, e com tão novas circunstâncias como os que promete o exórdio, nem por isso cuide alguém que o pregador e o sermão há de faltar ao mistério. Antes, pode bem ser que rara vez ou nunca se pregasse neste lugar a matéria própria deste dia e desta solenidade senão hoje o mistério próprio deste dia é a vocação da gentilidade à fé. Até agora celebrou a Igreja o nascimento de Cristo; hoje celebra o nascimento da Cristandade. *Cum natus esset Jesus in Bethlehem Juda* (= Tendo nascido Jesus em Belém da Judeia). Este foi o nascimento de Cristo, que já passou. *Ecce Magi ab Oriente venerunt* (= Eis que uns magos vieram do Oriente): este é o nascimento da Cristandade, que hoje se celebra. Nasceu hoje a Cristandade, porque os três reis que neste dia vieram adorar a Cristo foram os primeiros que o reconheceram por Senhor, e por isso lhe tributaram ouro; os primeiros que o reconheceram por Deus, e por isso lhe consagraram incenso, os primeiros que o reconheceram por homem em carne mortal, e por isso lhe ofereceram mirra. Vieram gentios, e tornaram fiéis, vieram idólatras, e tornaram cristãos; e esta é a nova glória da Igreja, que ela hoje celebra, e o Evangelho, nosso pregador, refere. Demos-lhe atenção.

Na segunda parte, Vieira começa a narração contando a história dos três reis magos que foram adorar Cristo recém-nascido. Conta também que os autores cristãos dizem que eram três os magos, porque eles representavam as três partes do mundo (as que eram conhecidas à época): África, Europa e Ásia. Pergunta-se então onde está o rei que representa a América. O Evangelista diz que vieram adorar Jesus os reis do Oriente. No entanto, estava profetizado que Cristo seria adorado por gente do Ocidente e do Oriente. Vieira propõe, então, a tese de que houve duas epifanias.

A primeira por meio dos reis do Oriente; a segunda, pelos reis do Ocidente, os mais ocidentais de todos, que são os reis portugueses D. João II, D. Manuel e D. João III. Com as grandes navegações, "criaram" as partes desconhecidas de Ásia e de África e a América, o novo mundo, e representaram-nas junto a Jesus. Na primeira criação, Deus não teve o concurso de ninguém, mas, na segunda, teve o dos portugueses. Nessa nova terra, os portugueses levaram a fé cristã. Nessa parte, há certa ambiguidade estrutural, pois o pregador não só narra, mas também justifica a existência de duas epifanias.

Na terceira parte do sermão, continua a narração. Nela, Vieira vai narrar os atentados contra a Igreja, acontecidos na América:

> Isto é o que fizeram os primeiros argonautas de Portugal, nas suas tão bem-afortunadas conquistas do Novo Mundo, e por isso bem-afortunadas. Este é o fim para que Deus, entre todas as nações, escolheu a nossa com o ilustre nome de pura na fé, e amada pela piedade. Estas são as gentes estranhas e remotas, aonde nos prometeu que havíamos de levar seu Santíssimo Nome. Este é o império seu, que por nós quis amplificar e em nós estabelecer. E esta é, foi, e será sempre a maior e melhor glória do valor, do zelo, da religião e cristandade portuguesa. Mas quem dissera ou imaginara que os tempos e os costumes se haviam de trocar, e fazer tal mudança, que esta mesma glória nossa se visse entre nós eclipsada, e por nós escurecida? Não quisera passar a matéria tão triste, e tão indigna – que por isso a fui dilatando tanto, como quem rodeia e retarda os passos, por não chegar aonde muito repugna. Mas nem a força da presente ocasião mo permite, nem a verdade de um discurso, que prometeu ser evangélico, o consente. Quem imaginara, torno a dizer, que aquela glória tão heroicamente adquirida nas três partes do mundo, e tão celebrada e esclarecida em todas as quatro, se havia de escurecer e profanar em um rincão ou arrabalde da América?

Conta que em Belém, no caso Belém do Pará, deram-se acontecimentos graves contra a Igreja de Deus, a expulsão pelos colonos dos jesuítas, que defendiam os índios, não permitindo que fossem escravizados. Essa é a chamada primeira expulsão dos jesuítas. Usa um brilhante jogo de antíteses para opor o período de expansão da fé ao momento em que a Igreja é perseguida:

> Naquele tempo andavam os portugueses sempre com as armas às costas contra os inimigos da fé, hoje tomam as armas contra os pregadores da fé; então conquistavam e escalavam cidades para Deus, hoje conquistam e escalam as casas de Deus; então lançavam os caciques fora das mesquitas, hoje lançam os sacerdotes fora das igrejas; então consagravam os lugares profanos em casas de oração, hoje fazem das casas de oração lugares profanos; então, finalmente, eram defensores e pregadores do nome cristão, hoje são perseguidores e destruidores, e opróbrio e infâmia do mesmo nome.

E para que até a corte e assento dos reis, que lhe sucederam, não ficasse deste paralelo, então saíam pela barra de Lisboa as nossas naus carregadas de pregadores, que voluntariamente se desterravam da pátria para pregar nas conquistas a lei de Cristo, hoje entram pela mesma barra, trazendo desterrados violentamente os mesmos pregadores, só porque defendem nas conquistas a lei de Cristo. Não se envergonhe já a barra de Argel de que entrem por elas sacerdotes de Cristo cativos e presos, pois o mesmo se viu em nossos dias na barra de Lisboa.

Na quarta parte, começa a confirmação. Inicialmente, ocorre a proposição, em que Vieira aponta o que está em debate:

Vejo que estão dizendo dentro de si todos os que me ouvem, e tanto mais, quanto mais admirados desta mesma diferença que tão grandes efeitos não podem nascer senão de grandes causas. Se os cristãos perseguem os pregadores da fé, alguma grande causa têm para os perseguir. E se os gentios tanto os amam e veneram, alguma causa têm, também grande, para os venerar e amar. Que causas serão estas? Isto é o que agora se segue dizer. E se alguma vez me destes atenção, seja para estes dois pontos.

Em seguida, começa a apresentar as provas, usando argumentos de autoridade, como a Bíblia e os padres da Igreja. Faz distinções:

Repara muito S. Máximo, em que esta estrela, que guiou os magos, se chame particularmente estrela de Cristo: *Stella ejus* (= Estrela dele) e argui assim: Todas as outras estrelas não são, também, estrelas de Cristo, que como Deus as criou? Sim, são. Pois, por que razão esta estrela, mais que as outras, se chama especialmente estrela sua: *Stella ejus*? Porque as outras estrelas foram geralmente criadas para tochas do céu e do mundo: esta foi criada especialmente para pregadora de Cristo: *Quia quamvis omnes ab eo creatae stellae ipsius sint, haec tamen propria Christi erat, quia specialiter Christi nuntiabat adventum* (= Porque, embora todas as estrelas criadas por ele sejam dele, esta, contudo, pertencia, de modo particular, a Cristo, porque anunciava especialmente sua chegada). Muitas outras estrelas há naquele hemisfério, muito claras nos resplendores e muito úteis nas influências, como as do firmamento, mas estas de que falamos são própria e especialmente de Cristo, não só pelo nome de Jesus, com que se professam por suas, mas porque o fim, o instituto e o ofício para que foram criadas, é o mesmo que o da estrela dos Magos, para trazer infiéis e gentios à fé de Cristo.

Compara e estabelece analogias entre a primeira epifania e a segunda. Usa ainda argumentos por causalidade:

Perguntam aqui os intérpretes por que mandou Cristo aos Magos uma estrela, e não um anjo ou um profeta? Os profetas são os embaixadores ordinários de Deus; os anjos, os extraordinários, e tal era esta embaixada. Por que não mandou logo Cristo aos Magos um anjo ou um profeta, senão uma estrela? A razão foi – dizem todos –

porque era conveniente que aos Magos se enviasse um embaixador que lhes falasse na sua própria língua. Os Magos eram astrólogos: a língua por onde os astrólogos entendem o que diz o céu são as estrelas, e tal era essa mesma estrela, à qual chama Santo Agostinho *lingua coeli,* língua do céu: pois vá uma estrela aos Magos, para que ela lhes fale na língua que eles entendem.

Essa passagem serve para introduzir uma explicação sobre a política linguística da Companhia de Jesus de aprender a língua dos povos a ser catequizados, para que a catequese se processasse na língua do evangelizando.

Na quarta parte, argumenta a respeito das causas do amor e da veneração dos gentios. Na quinta, expõe as razões pelas quais os cristãos perseguem os que defendem os índios. Faz-se, então, uma apologia das ações dos padres da Companhia de Jesus em defesa dos indígenas.

> Mas, por que não faça dúvida o nome de espada, troquemos a espada em cajado, que é instrumento próprio dos pastores – como ali somos – e respondei-me: Quem tem obrigação de apascentar as ovelhas? O pastor. E quem tem obrigação de defender as mesmas ovelhas dos lobos? O pastor também. Logo o mesmo pastor, que tem o cuidado de as apascentar, há de ter, também, o poder de as defender. Esse é o ofício do pastor, e esse o exercício do cajado. Lançar o cajado à ovelha para a encaminhar, e terçá-lo contra o lobo para a defender. E vós quereis que este poder esteja em uns, e aquele cuidado em outros?

Na sexta parte, Vieira faz a altercação. Propõe ouvir os lobos, isto é, vai apresentar os argumentos dos colonos, que desejavam escravizar os índios, contra os padres, para refutá-los. O pregador defende a tese de que os índios não podem ser escravos:

> E porque na apelação deste pleito, em que a injustiça e violência dos lobos ficou vencedora, é justo que também eles sejam ouvidos, assim como ouvistes balar as ovelhas, no que eu tenho dito, ouvi também uivar os mesmos lobos, no que eles dizem.
> Dizem que o chamado zelo com que defendemos os índios é interesseiro e injusto: interesseiro, porque o defendemos para que nos sirvam a nós; e injusto, porque defendemos que sirvam ao povo. Provam o primeiro e cuidam que com evidência, porque veem que nas aldeias edificamos as Igrejas com os índios; veem que pelos rios navegamos em canoas equipadas de índios; veem que nas missões por água e por terra nos acompanham e conduzem os índios: logo, defendemos e queremos os índios para que nos sirvam a nós!

Na sétima parte, Vieira faz a digressão, relatando à rainha regente, D. Luísa de Gusmão, como agem os que são nomeados para governar, quando estão longe dos olhares reais. O *Sermão da Epifania* foi pregado na Capela Real em 1662. O religioso deseja suscitar a indignação da regente para que ela tome providências contra os governadores que não obedecem às ordens reais. Por outro lado, mostra que os eclesiásticos têm o dever de proclamar a verdade e de defender os índios. Quer, assim, provocar benevolência para a causa dos jesuítas. Finalmente, proclama que os governantes são responsáveis pela conversão dos gentios e pela garantia de sua liberdade e segurança.

A oitava parte é a peroração. Comparando a regente, voz do rei Afonso VI em sua menoridade, com Maria, voz de Cristo em sua menoridade, o pregador, dirigindo-se à Soberana, pede a volta dos padres às terras de que foram expulsos, assim como os magos voltaram a suas terras. Essa é, de certa forma, uma recapitulação de todo o discurso. Nela, ao endereçar-se à regente, joga com o *páthos*.

> Nos ecos destes mesmos brados queria eu ficasse suspensa a minha oração, mas não é bem que ela acabe em brados e clamores, quando o Evangelho nos mostra o céu tão propício, que se ouvem na terra os silêncios. Assim lhes aconteceu aos Magos, e assim espero eu me suceda a mim, pois sou tão venturoso como eles foram, que no fim da sua viagem acharam muito mais do que esperavam. Buscavam o Rei nascido: *Ubi est qui natus est rex* (= Onde está o rei recém-nascido): e acharam o Rei nascido, e a Rainha Mãe: *Invenerunt puerum cum Maria Matre ejus* (= Encontraram o menino com Maria, sua Mãe). E como a soberana Mãe era a voz do rei na sua menoridade, e a volta que os Magos fizeram para as suas terras, correu por conta da mesma Senhora, foi esta missão que tomou por sua, tão bem instruída, tão bem fundada, e tão gloriosa em tudo, que, dela e das que dela se foram propagando, disse Salomão nos seus Cânticos: *Emissiones tuae paradisus* (= Teus rebentos são um paraíso). Até agora, Senhora, porque as missões se não fizeram em nome e debaixo da real proteção de Vossa Majestade, os tormentos de pena e dano que aquelas almas padeceram se podiam chamar missões do inferno; agora as mesmas missões, por serem de Vossa Majestade, serão paraíso: *Emissiones tuae paradisus*. Assim o ficam esperando da real piedade, justiça e grandeza de Vossa Majestade, aquelas tão perseguidas e desamparadas almas, e assim o confiam e têm por certo os que, tendo-se desterrado da pátria por amor delas, padecem hoje na pátria tão indigno desterro. E para acabar como comecei, com a última cláusula do Evangelho, o que ele finalmente diz é que os Magos tornaram para a sua terra por outro caminho: *Per aliam viam reversi sunt in regionem suam* (Mt. 2,12) (= Por outro caminho voltaram para sua terra). A terra foi a mesma, mas o caminho diverso; e isto é o que só desejam os que não têm por suas outras terras mais que as daquela gentilidade, a cuja conversão e doutrina, por meio de tantos trabalhos, têm sacrificado a vida. Voltar para as mesmas terras, sim, que o contrário seria inconstância, mas em forma que o caminho seja tão diverso que triunfe e seja servido Cristo, e não Herodes. Se os Magos voltassem pelo mesmo caminho, triunfaria o tirano, perigaria Cristo; e os Magos, quando escapassem, não fariam o fruto que fizeram nas mesmas terras, convertendo-as, como as converteram todas, à fé e obediência do Rei que vieram adorar, e de cujos pés não levaram nem quiseram outro despacho. Tudo isto se conseguiu, e tão felizmente, e se conseguirá também agora com a mesma felicidade, se o oráculo for o mesmo. Mande o soberano oráculo tornem para a mesma região, e mande eficazmente que seja outro o caminho: *Per aliam viam reversi sunt in regionem suam*.

A argumentação é basicamente fundada em similitudes (comparações, analogias, etc.) e diferenças (antítese, distinções, etc.). Como a similitude é a base da metáfora, pode-se dizer que esse sermão tem uma organização metafórica. Mesmo os argumentos, que parecem, aos olhos de um leitor moderno, não ter sentido, estabelecem uma similitude. No caso que segue, retirado da parte IV, há uma identidade entre a ordem da língua e a ordem social:

> A língua geral de toda aquela costa carece de três letras: F, L, R: de F, porque não tem fé, de L, porque não tem lei, de R, porque não tem rei: e esta é a polícia da gente com que tratamos.

O tema desse sermão é, de fato, a questão da primeira expulsão dos jesuítas e o pedido de que ela seja anulada. No entanto, a forma de fazê-lo é mostrar a similitude entre a situação dos jesuítas e a visita dos magos a Jesus. Mesmo a determinação do tema é regida pela semelhança.

A organização
dos textos dissertativos

De certa maneira, continuamos a seguir esse mesmo plano nos textos dissertativos. Suponhamos que os enunciados abaixo sejam temas de dissertação:

1. a) As atitudes dos indivíduos nem sempre revelam seus verdadeiros sentimentos.
   b) Quem vê cara não vê coração.
2. a) Só realiza grandes feitos quem é capaz de enfrentar a dor e o sofrimento.
   b) Quem quer passar além do Bojador
      Tem que passar além da dor (Fernando Pessoa).
3. a) As dores morais são preferíveis às físicas.
   b) Não te irrites se te pagarem mal um benefício: antes cair das nuvens que de um terceiro andar (Machado de Assis).

Uma dissertação é, na maioria dos casos, organizada em torno de uma tese, enunciada explícita ou implicitamente. Quando está exposta de maneira implícita, é preciso antes de tudo detectá-la. Nos três exemplos acima, a questão sobre a qual se deve dissertar está apresentada explicitamente em *a* e implicitamente em *b*.

Na maioria das dissertações, começamos por perguntar que é que devemos demonstrar. Ela enuncia um problema e tenta resolvê-lo. Por isso, diz-se, em todos os manuais de redação, que uma dissertação se organiza da seguinte maneira:

a) introdução – enuncia-se o problema;
b) desenvolvimento – discute-se o problema e tenta-se resolvê-lo;
c) conclusão – faz-se um balanço da discussão.

Observe-se que a introdução é o exórdio; o desenvolvimento é a confirmação, em que o enunciador expõe os argumentos para demonstrar sua tese (essa parte pode envolver também a narração e a digressão); a conclusão é a peroração. O que varia é maneira de organizar o desenvolvimento. Podemos ter, pelo menos, cinco planos de organização dessa parte.

A INTRODUÇÃO

Os dois primeiros parágrafos do livro *Raízes do Brasil*, de Sérgio Buarque de Holanda, são:

> A tentativa de implantação da cultura europeia em extenso território, dotado de condições naturais, se não adversas, largamente estranhas à sua tradição milenar, é, nas origens da sociedade brasileira, o fato dominante e mais rico em consequências. Trazendo de países distantes nossas formas de convívio, nossas instituições, nossas ideias, e timbrando em manter tudo isso em ambiente muitas vezes desfavorável e hostil, somos ainda hoje uns desterrados em nossa terra. Podemos construir obras excelentes, enriquecer nossa humanidade de aspectos novos ou imprevistos, elevar à perfeição o tipo de civilização que representamos: o certo é que todo o fruto de nosso trabalho ou de nossa preguiça parece participar de um sistema de evolução próprio de outro clima e de outra paisagem.
>
> Assim, antes de perguntar até que ponto poderá alcançar bom êxito a tentativa, caberia averiguar até onde temos podido representar aquelas formas de convívio, instituições e ideias de que somos herdeiros.

A introdução contém, frequentemente, uma *ideia geral*, que é dada por um fato da atualidade, uma lembrança, uma afirmação de alcance universal, a alusão a uma experiência pessoal, a citação de uma cifra eloquente, etc., e um *problema*, que, mesmo que não se apresente sob a forma de uma interrogação, pode ser reduzido a uma curta pergunta. No texto de Sérgio Buarque de Holanda transcrito acima, o primeiro parágrafo enuncia a ideia geral: a cultura brasileira é resultado da transplantação da cultura europeia para um clima e uma paisagem desfavoráveis a ela. No segundo, explicita-se o problema: até onde temos podido representar essa cultura de que somos herdeiros?

O desenvolvimento vai discutir o problema, vai examiná-lo, vai explicitá-lo. Não é um bloco compacto, mas se organiza em partes.

O DESENVOLVIMENTO

Plano dialético

Otávio Frias Filho publicou na *Folha de S.Paulo,* em 17/11/1994, 1-2, um texto, facilmente encontrável na internet, intitulado "Todo poder aos professores".

Os conteúdos desse texto organizam-se da seguinte maneira:

- *Introdução – ideia geral*: ênfase a ser dada à educação no próximo governo e consenso sobre a necessidade de mudanças profundas nesse setor (três primeiros parágrafos); *problema*: o ensino deve ser dogmático e ter um caráter impositivo? (quarto parágrafo).
- *Desenvolvimento – tese*: o ensino não deve ser dogmático e não deve ter um caráter impositivo; *argumentos a favor da tese*: aluno passa a ser sujeito ativo na relação de aprendizado (quinto parágrafo); estímulo à criatividade (sexto parágrafo); *antítese*: o ensino deve ser dogmático e ter um caráter impositivo; *argumentos a favor da antítese* (objeções à tese): distorções produzidas pela tese (sétimo parágrafo); reprovação passou a ser antissocial e lei do menor esforço passou a ditar a ação pedagógica (oitavo parágrafo); comodismo dos professores e dos alunos (nono parágrafo); alcance político da ação pedagógica (décimo parágrafo); *síntese*: necessidade da volta do ensino dogmático e de caráter impositivo (décimo primeiro parágrafo); razões que determinam essa volta (décimo segundo parágrafo); exemplo do bom professor (décimo terceiro parágrafo).
- *Conclusão* – expectativa de que a mentalidade expressa na tese se altere; divisa que sintetiza essa mudança (último parágrafo).

Esse texto segue, no desenvolvimento, um dos planos mais comuns numa dissertação: o dialético. Nele, os conteúdos organizam-se da seguinte maneira:

- *tese* (ponto de vista sobre a questão): argumentos em favor dela;
- *antítese* (ponto de vista contrário ao exposto anteriormente sobre a questão): argumentos em favor dela (objeções à tese, restrições a ela);
- *síntese*: que pode ser a vitória de uma das teses em conflito ou sua conciliação, seja pelo estabelecimento de uma verdade média mais matizada que as expressas na tese e na antítese, seja pela ultrapassagem da contradição pelo concurso de novos elementos que demonstrem que ela é apenas aparente.

No texto de Otávio Frias Filho, a síntese é a demonstração de que a antítese deve prevalecer sobre a tese.

Dois defeitos devem ser evitados quando se utiliza esse tipo de desenvolvimento:

a) Justaposição de ideias opostas: nesse caso, defende-se uma tese e, sem transição, passa-se a sustentar uma tese oposta. Por exemplo, isso ocorreria se, numa dissertação, depois de mostrar que a criminalidade no Brasil atingiu proporções inquietantes, o enunciador passasse, sem nenhuma transição, a mostrar que essa inquietação não tem fundamento. Para fazer isso, precisaria, por exemplo, mostrar que a estabilização da economia produzirá um novo ciclo de crescimento econômico, que levará a uma diminuição da pobreza, e que o reaparelhamento e a moralização da polícia, processos já em curso, darão uma maior eficiência ao combate à criminalidade; que a diminuição da pobreza e uma maior eficiência no combate à criminalidade permitirão atenuar as inquietações expressas pela tese.

b) Síntese inconsistente é aquela que tenta conciliar o que não é conciliável (suponhamos que Otávio Frias, em sua síntese, dissesse que é preciso que o ensino seja dogmático e não dogmático). No entanto, depois do exame das posições extremas expressas pela tese e pela antítese, pode-se chegar a um ponto de vista mais matizado, ultrapassando a contradição, que se revela aparente. Por exemplo, quando se defendem as teses de que a arte de um país deve ter um caráter nacional ou de que deve ela ter um caráter universal, pode-se chegar, na síntese, a uma verdade média que mostre que o universal é atingido por meio do particular.

Plano de problema, causas e soluções

É proibido dirigir

Sair de casa nas grandes cidades brasileiras está-se tornando insuportável. As pessoas estão irritadas, cansadas e agressivas. As ruas, sujas. O barulho, de arrebentar os tímpanos. A causa dessa situação crítica é a proliferação dos automóveis. Há mais carros do que espaço para com eles trafegar. O brasileiro passa, em média, duas horas por dia dentro do carro apenas para fazer o trajeto entre sua casa e o trabalho. Quando chega um feriado como o desta e das duas últimas semanas, o sofrimento se transfere para as estradas. O que deveria ser um momento de descanso e descontração se transforma num martírio. Os 60 quilômetros que separam São Paulo do litoral do Estado, por exemplo, chegam a custar quatro ou cinco horas para o já estressado paulistano. Caminhamos rumo ao caos inevitável, se não forem tomadas medidas drásticas.

O problema dos automóveis nas regiões urbanas será cada vez mais parecido com o do cigarro. Continuarão sendo fabricados e vendidos, mas surgirão cada vez mais obstáculos ao seu uso. O aquecimento da economia piora esse quadro. Quanto maior for a distribuição de renda entre nós, maior será a quantidade de carros em circulação e maior o caos urbano em que nos meteremos. O aumento cotidiano de veículos em circulação prenuncia a falência dos sistemas de transporte.

Ainda que a administração pública brasileira fosse competente e incorruptível e investisse 50% dos orçamentos na construção de estradas, viadutos, garagens, em asfaltamento e abertura de novas ruas, a tendência seria termos no ano 2000 um trânsito infinitamente mais caótico que o de hoje e um ar cada vez mais poluído. A única saída é mudar nosso modelo de desenvolvimento, centrado hoje no transporte individual. Fora isso, não há salvação. [...]

Precisamos menos de engenheiros e tocadores de obras e mais de estadistas, que consigam enxergar o que ocorrerá com as cidades daqui a dez anos e alterem o padrão de desenvolvimento atual viabilizando projetos de transporte público rápido, limpo, confortável e barato. Além da visão estratégica das mudanças futuras, esses estadistas teriam de ter muita coragem para enfrentar a poderosa indústria automobilística e de acessórios, os sindicatos de trabalhadores e, de certo modo, todos os brasileiros que querem facilidade para circular com seu automóvel.

Afora o enfrentamento de interesses e a mudança nas concepções de conforto da população, seriam necessários muitos recursos para permitir alteração de tal vulto na economia, empregos, obras e equipamentos voltados para o transporte público. Isso poderia ser obtido com a incidência de um imposto de 5% sobre o consumo da gasolina e do álcool. Uma maneira de tirar recursos do transporte individual para aplicar no coletivo e seria também uma forma de distribuição de renda.

(Percival Maricato, *Veja*, 3/5/1995: 134)

Nesse excerto, temos apenas a introdução e o desenvolvimento. Segue o seguinte plano:

- *Introdução*: a partir de dados precisos, de cifras, o enunciador expõe o problema: o trânsito nas grandes cidades brasileiras está caótico (primeiro parágrafo).
- *Desenvolvimento – causa*: número de carros em circulação, problema que se agravou com o aquecimento da economia e que se tornará pior com uma melhor distribuição de renda (segundo parágrafo); no último período do terceiro parágrafo, aparece uma outra causa: modelo de desenvolvimento centrado no transporte individual; *solução*: inicialmente, aponta-se uma falsa solução (investimento em obras viárias); em seguida, as reais soluções (mudança do modelo de desenvolvimento centrado no transporte individual, com investimentos maciços em transporte público e com restrições ao transporte individual; financiamento do programa de investimentos em transporte público com impostos incidentes sobre os combustíveis para transporte individual) (dois últimos parágrafos).

Esse tipo de dissertação aponta um problema, discute suas causas e indica soluções.

Plano de inventário

O Romantismo

Segundo Paul Valéry, seria necessário ter perdido todo o espírito de rigor para querer definir o Romantismo. [...]

Mas aqui, como nos outros ciclos culturais, o todo é algo mais que a soma das partes: é gênese e explicação. O amor e a pátria, a natureza e a religião, o povo e o passado, que afloram tantas vezes na poesia romântica, são conteúdos brutos, espalhados por toda a história das literaturas, e pouco ensinam ao intérprete do texto, a não ser quando *postos em situação, tematizados e lidos como estruturas estéticas.* [...]

O fulcro da visão romântica do mundo é o sujeito. Diríamos hoje, em termos de informação, que é o emissor da mensagem.

O *eu* romântico, objetivamente incapaz de resolver os conflitos com a sociedade, lança-se à evasão. No tempo, recriando uma Idade Média gótica e embruxada. No espaço, fugindo para ermas paragens ou para o Oriente exótico.

A natureza romântica é expressiva. Ao contrário da natureza árcade, decorativa. Ela *significa* e *revela*. Prefere-se a noite ao dia, pois à luz crua do sol o real impõe-se ao indivíduo, enquanto é na treva que latejam as forças inconscientes da alma: o sonho, a imaginação. [...]

O mundo natural *encarna* as pressões anímicas. E na poesia ecoam o tumulto do mar e a placidez do lago, o fragor da tempestade e o silêncio do ocaso, o ímpeto do vento e a fixidez do céu, o terror do abismo e a serenidade do monte. [...]

Enfim, com a *música*, a mais livre das artes, esperavam os românticos entregar-se ao fluxo infinito do Cosmos. [...]

A música de Beethoven – dizia Hoffman – põe em movimento a alavanca do medo, do terror, do arrepio, do sofrimento, e desperta precisamente esse infinito anelo que é a essência do Romantismo.

Infinito anelo. Nostalgia do que se crê para sempre perdido. Desejo do que se sabe irrealizável: a liberdade absoluta na sociedade advinda com a Revolução de 89.

Na ânsia de reconquistar "as mortas estações" e de reger os tempos futuros, o Romantismo dinamizou grandes mitos: a nação e o herói.

A nação afigura-se ao patriota do século XIX como uma ideia-força que tudo vivifica. Floresce a História, ressurreição do passado e retorno às origens (Michelet, Gioberti). Acendra-se o culto à língua nativa e ao folclore (Schlegel, Garrett, Manzoni), novas bandeiras para os povos que aspiram à autonomia, como a Grécia, a Itália, a Bélgica, a Polônia, a Hungria, a Irlanda. Para algumas nações nórdicas e eslavas e, naturalmente, para todas as nações da América, que ignoraram o Renascimento, será o momento da grande afirmação cultural. Mazzini, apóstolo da unidade italiana, viu bem o próprio século: "hora do advento das nações".

Entretanto, o nexo entre o *eu* e a *História*, mantido no pensamento abstrato de um Ficht, logo se desata na práxis de uma sociedade descontínua por excelência. O homem romântico reinventa o *herói*, que assume dimensões titânicas (Shelley, Wagner), sendo afinal reduzido a cantor da sua própria solidão (Fóscolo, Vigny). (Bosi, 1975: 99-104)

Desse texto constam somente a introdução e o desenvolvimento. Assim se organizam os conteúdos:

- *Introdução*: dificuldade para definir o Romantismo, maneira de fazê-lo (pela tematização específica dos assuntos e pela sua leitura como estruturas estéticas).
- *Desenvolvimento*: inventário das tematizações românticas:

a) subjetividade;
b) conflito entre o eu e a sociedade e evasão temporal e espacial;
c) expressividade da natureza;
d) infinito anelo;
e) dinamização do mito da nação;
f) dinamização do mito do herói.

O plano inventário pode ser usado, quando a dissertação não se apresenta propriamente como resolução de um problema, mas procura explicar algum fenômeno cultural, algum fato, etc. Por exemplo, desafios da diplomacia brasileira hoje (é claro que esse tema poderia ser tratado também a partir de um plano dialético).

O inventário não é um simples arrolamento. Ele deve explicar, definir, comprovar alguma coisa. No caso do texto de Alfredo Bosi, o inventário comprova que há uma singularidade na tematização de determinados assuntos feita pelos românticos. Ademais, os elementos repertoriados precisam construir uma progressão.

O plano inventário é, em síntese, aquele que enumera e explica todos os elementos que compõem um dado assunto.

Plano comparativo

Racismo e cultura

Se compararmos o racismo do século XIX e aquele que preside o nazismo com o racismo contemporâneo, as diferenças são grandes e delas é preciso tratar.

Sem dúvida, todos os racismos possuem em comum a ideia da nação una e indivisa no espaço e no tempo; a ideia de raças inferiores e superiores por hereditariedade; o conservadorismo reacionário antidemocrático e autoritário. São ideologias etnocêntricas e xenófobas. São ideologias biológicas, psicológicas e políticas. São nacionalistas e erguem mitos nacionais, operam com a identidade nacional mítica, o caráter nacional mítico. Mas são histórica e conceitualmente diferentes.

Diferença histórica: o racismo nacionalista do século XIX e da primeira metade do século XX exprime o momento de construção, consolidação e plenitude dos Estados nacionais; o racismo nacionalista do final do século XX exprime a mudança que o capitalismo neoliberal impôs aos Estados Nacionais, isto é, sua desaparição no mercado mundial transnacional e a formação de conglomerados políticos. Estamos assistindo ao possível término dos Estados nacionais e por isso o racismo nacionalista não pode, hoje, exprimir-se como se exprimia ontem.

Diferença conceitual ou ideológica: embora o racismo seja uma ideologia e uma paixão, embora seja essencialmente violento, não opera, hoje, com as categorias que lhe permitiam operar até os anos 50 de nosso século. A grande mudança ideológica lhe foi dada de presente, afinal, pelo discurso antirracista dos anos 50 e 60. De fato, no antigo racismo era fundamental uma ideologia biológica e uma mitologia dos caracteres hereditários. O discurso antirracista dos anos 60 e 70 demonstrou que a raça era, na verdade, etnia e que a etnia é um fato e um processo cultural-histórico, algo feito e construído pela ação humana e não um dado da natureza. O atual discurso racista se apropriou da elaboração antirracista e fez dela sua nova bandeira. [...]

Os dois grandes tipos de discursos racistas, excluído o discurso apavorado e apavorante do racismo como paixão irracional – surgem, na verdade, legitimados pelos discursos antirracistas. O primeiro é o discurso universalista, o segundo, contrário ao primeiro, é o discurso comunitarista. O primeiro corresponde sobretudo ao século XIX e XX, até os anos 60; o segundo corresponde sobretudo ao final do nosso século. Isso não significa que o primeiro tenha desaparecido, mas ele permaneceu como discurso que corresponde ao do racismo mitológico passional, enquanto o segundo se tornou o discurso racista predominante.

O discurso racista universalista é o filho bastardo da Revolução Francesa (ou do que os marxistas chamam de Revolução Burguesa); o discurso racista comunitarista é o filho bastardo do pós-modernismo (isto é, do elogio do descentramento e da diferença). Antes de explicarmos essas filiações, vejamos o que são tais discursos, de acordo com a descrição que deles nos faz Taguieff.

Racismo universalista ou discriminatório: afirma a existência de um modelo universal de humanidade numa escala hierárquica de espécies ou raças que vão da inferior à superior; afirma a naturalidade da desigualdade e da hierarquia das raças. Este racismo, biológico e etnocêntrico – pois a raça superior é a minha –, presidiu a formação dos impérios coloniais, a escravatura, o nazismo, o fascismo. Seus axiomas são: a desigualdade é natural e nós somos os melhores; existe um único e verdadeiro tipo ou raça humana e somos nós. Como diz um autor, os outros pertencem a raças particulares e nós somos o universal. Os outros são não humanos, semi-humanos ou quase humanos. Nós somos os humanos e a humanidade. Exterminar o outro é natural e não é eticamente imoral, pois o outro não faz parte do gênero humano.

Racismo comunitarista ou diferencialista: é o racismo contemporâneo, que se apropriou dos pontos centrais do antirracismo, isto é, que raça não é natureza, mas cultura ou etnia, e que todos temos o direito à diferença. Agora, afirma-se o caráter sagrado da comunidade, a identidade do grupo ou da nação, a obrigação de defender a integridade, a identidade e a especificidade da nação ou comunidade e, portanto, sua diferença. Cada comunidade-nação tem sua tradição, sua história, seus costumes, sua origem, sua língua, sua religião, sua sexualidade – essa diferença tanto pode ser genético-hereditária quanto puramente histórico-cultural, pois o importante não é a causa ou origem dessa diferença e sim sua existência visível (vejo a diferença da cor da pele, da textura da pele e do cabelo, dos gostos culinários, do modo de vestir, do formato dos olhos, dos deuses adorados, das formas de parentesco e de casamento, da música, da dança, da pintura, dos modos de pensar – a diferença é um fato dado, o outro é um fato dado). Ora, cada comunidade-nação (por ser tomada como mito e não como criação histórica) tem sua verdade própria, milenar, tem sua língua materna, seus símbolos pátrios, seus costumes. Cada Estado-nação existe desde todo o sempre como uma realidade cultural inquestionada. É obrigação de cada um deles preservar sua diferença, sua alteridade, sua autenticidade. Portanto, somos contra a imigração, a migração, a mestiçagem, o sincretismo religioso, o sincretismo nas artes, a importação de ideias, pois tudo isso retira de nossa comunidade nacional sua vida verdadeira. Se os imigrantes, os migrantes, os negros, os índios, os judeus tiverem amor à sua diferença e à sua comunidade, serão os primeiros a concordar conosco. Como a negritude, como a indianidade, como a orientalidade, como o arabismo e o judaísmo haverão de permanecer em sua pureza e integridade, se deixarmos imigrações, migrações e miscigenações acontecerem? Para o nosso bem e o bem dos outros respeitemos o direito democrático à diferença. Sem dúvida, somos desiguais e ninguém há de negar que alguns são superiores a outros, mas ninguém precisa ser exterminado, desde que não venha contaminar a minha diferença. [...]

Se o discurso racista universalista era etnocêntrico e rumava para a escravatura e para o genocídio, o discurso racista comunitarista é xenófobo e prefere formas legais de separação e de exclusão para não ter que chegar à violência do genocídio. Entre a violência física do racismo discriminatório — colonialismo, escravatura e genocídio — e a violência simbólica do racismo diferencialista — segregação e *apartheid* — o discurso antirracista tornou-se impotente, vendo o racismo nacionalista apropriar-se de seus argumentos. O discurso racista discriminatório funda-se nos valores mais caros à democracia nascida da Revolução Francesa: o indivíduo e a universalidade; o discurso racista diferencialista funda-se nas armas que as minorias criaram para sua autodefesa antirracista: a comunidade e a alteridade. Lembremo-nos, por exemplo, dos trabalhos científicos e filosóficos dos negros africanos ao elaborar a negritude para diferenciá-la do helenismo europeu, ou dos trabalhos dos eruditos judeus para diferenciar a cultura hebraica da greco-romana, ou dos trabalhos dos antropólogos para garantir a diferença indígena, ou os dos folcloristas e do cinema novo brasileiro para afirmar a dimensão revolucionária do ser nordestino. Cada um desses esforços antirracistas dos anos 50, 60 e 70 produziram como contrapartida o neorracismo do direito à diferença. [...]

Talvez nossa impotência para elaborar um discurso contra o racismo venha do fato de termos sempre elaborado discursos antirracistas, quando talvez fosse o caso de elaborar um discurso não racista.

(Marilena Chauí, *Racismo e cultura*. Aula inaugural da FFLCH da USP, proferida na abertura do ano letivo de 1993. Texto adaptado).

Esse texto organiza-se da seguinte maneira:
- *Introdução*: existem dois tipos distintos de racismos: um do século XIX e da primeira metade do século XX e outro deste final do século.
- *Desenvolvimento*: semelhanças que fundam a comparação (unidade e indivisibilidade da nação, hierarquia das raças, caráter autoritário, etnocentrismo e xenofobia, identidade nacional mítica) (segundo parágrafo); diferenças entre eles: diferença histórica: expressão da consolidação do Estado Nacional *vs.* expressão do enfraquecimento do Estado Nacional (terceiro parágrafo); diferença conceitual: fundamentos biológicos *vs.* fundamentos culturais (quarto parágrafo); existência de dois tipos de discursos racistas: universa-

lista *vs.* comunitarista (quinto parágrafo); diferença de filiação: Revolução Francesa *vs.* pós-modernismo (sexto parágrafo); caracterização do discurso universalista: hierarquia biológica das raças e suas consequências (justificativa do colonialismo, da escravidão, do genocídio) (sétimo parágrafo); caracterização do discurso comunitarista: diferença cultural entre os povos, direito à diferença e defesa da identidade e suas consequências (justificativa da segregação e da exclusão) (oitavo parágrafo); reflexão nascida da confrontação dos dois tipos de racismos: impotência do discurso antirracista pela apropriação pelo discurso racista de seus conceitos de comunidade e alteridade (nono parágrafo).

- *Conclusão*: necessidade de elaborar um discurso não racista e não um discurso antirracista.

O plano comparativo é aquele que discute a questão enunciada na introdução (no caso do texto de Marilena Chauí: existem duas formas diferentes de racismo?), comparando fatos ou conceitos diferentes.

Podemos ter dois tipos distintos de formas de comparação:

a) a oposição anunciada na introdução prossegue ao longo do texto e as consequências que decorrem da comparação são tiradas no fim do desenvolvimento;

b) cada elemento da comparação constitui uma parte: analisa-se o primeiro termo da comparação; examina-se o segundo termo da comparação e, depois, faz-se uma reflexão nascida da confrontação dos fatos evocados nas duas partes precedentes.

Observe-se que Marilena Chauí, ao longo de seu texto, utiliza-se das duas formas de comparação:

a) no primeiro parágrafo, anuncia a oposição entre duas formas de racismo; no segundo, analisa suas semelhanças; no terceiro e no quarto, vai estabelecendo as oposições que existem entre um e outro; daí extrai a consequência de que existem duas formas de discurso racista;

b) no sexto parágrafo, estabelece quais são os dois tipos de discurso racista; no sétimo, estuda as características do primeiro; no oitavo, as do segundo; no nono, faz uma reflexão nascida da confrontação dos dois tipos de discurso racista.

A organização dos textos dissertativos **267**

Plano de ilustração e explicitação de uma afirmação

O príncipe procura evitar [...] o que o torne odioso ou desprezível e, sempre que assim agir, terá cumprido o seu dever e não encontrará nenhum perigo nos outros defeitos. O que principalmente o torna odioso, como se disse acima, é o ser rapace e usurpador dos bens e das mulheres dos seus súditos. Desde que não se tirem aos homens os bens e a honra, vivem estes satisfeitos e só se deverá combater a ambição de poucos, a qual se pode sofrear de muitos modos e com facilidade. Fá-lo desprezível o ser considerado volúvel, leviano, efeminado, pusilânime, irresoluto. E essas são coisas que devem ser evitadas pelo príncipe como o nauta evita um rochedo. Deve ele procurar que em suas ações se reconheça grandeza, coragem, gravidade e fortaleza, e quanto às ações privadas de seus súditos deve fazer com que a sua sentença seja irrevogável, conduzindo-se de tal forma que a ninguém passe pela mente enganá-lo ou fazê-lo mudar de ideia.

O príncipe que conseguir formar tal opinião de si adquire grande reputação; e contra quem é reputado dificilmente se conspira e dificilmente é atacado enquanto for tido como excelente e reverenciado pelos seus. [...] Um dos remédios mais eficazes que um príncipe possui contra as conspirações é não se tornar odiado pela população, pois quem conspira julga sempre que vai satisfazer os desejos do povo com a morte do príncipe; se julgar, porém, que com isso ofenderá o povo, não terá coragem de tomar tal partido, porque as dificuldades com que os conspiradores teriam de lutar seriam infinitas. [...] Ordinariamente, o que um conspirador receia antes de levar a efeito o mal deverá recear também depois, tendo o povo por inimigo, depois do fato consumado, e não poderá por isso esperar qualquer refúgio.

Poderia eu citar numerosos exemplos dessa matéria: limitar-me-ei, porém, a um só, que nos foi legado pela recordação de nossos pais. Tendo sido assassinado pelos Canneschi o senhor de Bolonha, Messer Aníbal Bentivoglio, avô do atual Messer Aníbal, não ficando da família senão Messer Giovanni, criança de colo, o povo, logo depois do homicídio, sublevou-se e matou todos os Canneschi. Isso foi devido à benevolência popular com a qual a casa dos Bentivoglio contava naquela época, benquerença essa tão grande que, não tendo restado em Bolonha um só membro daquela família, que pudesse, morto Aníbal, governar o Estado, e havendo indício de que havia em Florença um jovem pertencente àquela família, e tido, até então, como filho de um ferreiro, os bolonheses ali foram procurá-lo e lhe entregaram o governo da cidade, que foi governada por ele até que Messer Giovanni alcançasse idade suficiente para reinar.

Concluo, portanto, afirmando que a um príncipe pouco devem importar as conspirações se é amado pelo povo, mas quando este é seu inimigo e o odeia, deve temer tudo e a todos. (Maquiavel, 1987: cap. XIX)

Esse texto estrutura-se da seguinte maneira:
- *Introdução*: afirmação de que o príncipe deve evitar ser odiado ou desprezado (primeiro período);
- *Desenvolvimento – explicitação da afirmação geral*: causas que geram o ódio – rapacidade e usurpação dos bens e das mulheres; causas que produzem o

desprezo – volubilidade, leviandade, efeminação, pusilanimidade, irresolução (primeiro parágrafo, a partir do segundo período); consequência de ser amado e respeitado – remédio contra conspirações (segundo parágrafo); *ilustração da afirmação* de que o príncipe deve evitar ser odiado ou desprezado: o assassinato de Aníbal Bentivoglio e a reação popular (terceiro parágrafo).
- *Conclusão* (quarto parágrafo).

O desenvolvimento pode ser a explicitação e a ilustração de uma afirmação geral, principalmente quando essa afirmação geral vier expressa numa fórmula como *O menino é o pai do homem* (Machado de Assis) ou *O inferno são os outros* (Sartre). Nesse caso, o desenvolvimento deverá explicar qual é o sentido da fórmula e ilustrá-la.

Combinação de diferentes planos

Os cinco tipos de estruturas do desenvolvimento são os mais comuns, mas não são os únicos. Ademais, podem-se fazer modificações na organização de algum tipo de desenvolvimento apresentado: por exemplo, num plano que poderia ser dialético, enuncia-se a tese, desenvolvem-se os argumentos a favor dela e chega-se a uma conclusão, sem explicitar a antítese e as objeções à tese. Além disso, numa dissertação mais longa duas ou mais dessas espécies de desenvolvimento podem combinar-se, como neste texto de Umberto Eco.

A nebulosa fascista

Pode-se afirmar que o fascismo italiano foi a primeira ditadura de direita a controlar um país europeu, e que todos os movimentos semelhantes que estavam por vir encontraram um arquétipo comum no regime de Mussolini. O fascismo italiano foi o primeiro a estabelecer uma liturgia militar, um folclore e mesmo um modo de vestir – que chegou a ser mais influente no exterior que Armani, Benetton ou Versace.

Foi só nos anos 30 que movimentos fascistas surgiram no Reino Unido (com Mosley), na Letônia, Estônia, Lituânia, Polônia, Hungria, Romênia, Bulgária, Grécia, Iugoslávia, Espanha, Portugal, Noruega e até na América do Sul, para não falar da Alemanha. Foi o fascismo italiano que convenceu vários líderes liberais europeus de que o novo regime estava implementando reformas sociais interessantes, proporcionando uma alternativa brandamente revolucionária à ameaça comunista.

Não obstante isso, a precedência histórica não me parece razão suficiente para explicar por que o termo *fascismo* se tornou uma espécie de sinédoque, uma denominação *pars pro toto* de regimes totalitários distintos. Pouco adianta dizer que o fascismo continha em si, como que em estado quintessencial, todos os elementos das formas posteriores de totalitarismo. Ao contrário: o fascismo não tem quintessência alguma, ele sequer tem uma essência. O fascismo era um totalitarismo *difuso*.

O fascismo não era uma ideologia monolítica, e sim uma colagem de diferentes ideias políticas e filosóficas, um vespeiro de contradições. [...] Assim, o termo *fascismo* tornou-se universalmente aplicável, porque é possível eliminar de um regime fascista um ou dois traços sem que ele deixe de ser fascista.

Apesar de sua natureza difusa, creio ser possível esboçar uma lista de traços típicos daquilo que gostaria de chamar protofascismo ou Fascismo Eterno.

Esses traços não podem ser acomodados dentro de um sistema; muitos deles são contraditórios entre si, além de ocorrerem em outros tipos de despotismo ou fanatismo. Mas basta que um deles ocorra para que se coagule a nebulosa fascista.

1. O primeiro traço do protofascismo é o *culto à tradição*. O tradicionalismo é mais antigo do que o fascismo, e era típico do pensamento católico contrarrevolucionário após a Revolução Francesa; mas nascera muito antes, no final da era helenística, como reação ao racionalismo grego clássico.

Na bacia do Mediterrâneo, povos de religiões diferentes (todas admitidas indulgentemente no Panteão romano) começaram a sonhar com uma revelação feita na aurora da história humana. Essa revelação permanecera por muito tempo oculta sob o véu de línguas esquecidas; estava contida nos hieróglifos egípcios, nas runas celtas, nos pergaminhos de religiões asiáticas ainda desconhecidas.

Essa nova cultura tinha que ser sincrética. Sincretismo não é apenas, como diz o dicionário, "a combinação de diferentes formas de crença ou prática"; uma tal combinação *tem que tolerar contradições*. Cada uma das mensagens originais contém uma centelha de sabedoria e, quando parecem dizer coisas diferentes ou incompatíveis, de fato estarão apenas aludindo, alegoricamente, à mesma verdade primeva. Em consequência, *não pode haver progresso do saber*. A verdade já foi pronunciada de uma vez por todas, e só podemos seguir interpretando sua mensagem obscura.

Basta dar uma olhada aos patronos de qualquer movimento fascista para encontrar os grandes pensadores tradicionalistas. A gnose nazista nutria-se de elementos tradicionalistas, sincréticos e ocultos. [...] Basta checar as estantes que as livrarias americanas reservam para a "new age" para encontrar até mesmo Santo Agostinho, que, pelo que sei, não era fascista. Mas o próprio fato de pôr no mesmo saco Santo Agostinho e Stonehenge *já é* sintoma de protofascismo.

2. O tradicionalismo implica a *recusa da modernidade*. Tanto fascistas quanto nazistas cultuavam a tecnologia, ao passo que pensadores tradicionalistas normalmente a rejeitam enquanto negação de valores espirituais tradicionais.

Entretanto, apesar de orgulhoso de suas conquistas industriais, o elogio nazista à modernidade era apenas a superfície de uma ideologia baseada em Sangue e Solo (*Blut und Boden*). A recusa do mundo moderno era disfarçada de refutação ao modo de vida capitalista, mas se destinava principalmente à rejeição do Espírito de 1789 (e de 1776, é claro). O Iluminismo, a Era da Razão, é visto como o começo da depravação moderna. Nesse sentido, o protofascismo pode ser definido como *irracionalista*.

3. O irracionalismo também depende do *culto à ação pela ação*. Sendo a ação bela em si mesma, ela deve ser implementada antes de ou sem qualquer reflexão prévia. Assim sendo, *a cultura é suspeita* na medida em que é identificada com atitudes críticas.

Os intelectuais fascistas oficiais estão ocupados, sobretudo, em acusar a cultura moderna e a "intelligentsia" liberal pela perda dos valores tradicionais.

4. Nenhum sincretista é capaz de suportar a crítica. O espírito crítico faz distinções, e ser capaz de fazê-lo é signo de modernidade. Na cultura moderna, a comunidade científica elogia o desacordo como maneira de aprimorar o conhecimento. Para o protofascismo, *desacordo é traição*.

5. Além disso, o desacordo é sinal de diversidade. O protofascismo desenvolve-se e alcança o consenso explorando o *medo natural da diferença*. O primeiro apelo de qualquer movimento fascista é contra os *intrusos*. Por isso o protofascismo é *racista*.

6. O protofascismo germina a partir da frustração social ou individual. É por isso que um dos traços mais típicos dos fascismos históricos foi o *apelo a uma classe média frustrada*, sofrendo sob alguma crise econômica ou humilhação política, assustada com a pressão dos grupos sociais inferiores.

Em nossos tempos, quando os velhos "proletários" estão se tornando pequenos burgueses (e os *lumpen* excluem a si mesmos da cena política), o fascismo de amanhã encontrará aí um público adequado.

7. Para os que se veem privados de qualquer identidade social, o protofascismo diz que seu único privilégio é o mais comum de todos, o de terem nascido no mesmo país. É essa a origem do *nacionalismo*. Ademais, os únicos que podem dar identidade a uma nação são seus inimigos. Daí que na raiz da psicologia protofascista esteja a *obsessão da conspiração* (possivelmente internacional); os seguidores devem se sentir sitiados.

A maneira mais fácil de evocar a imagem de uma conspiração é o apelo à *xenofobia*. Mas a conspiração deve partir de dentro também: os judeus costumam ser o melhor alvo, já que têm a vantagem de estar dentro e fora.

8. Os seguidores do movimento devem sentir-se humilhados com a riqueza e a força ostentatória de seus inimigos. [...] Mas é importante que os seguidores estejam convencidos de que podem superar seus inimigos. Desse modo, através de uma contínua mudança de registro retórico, os *inimigos são ao mesmo tempo fortes e fracos demais*. Os fascismos estão condenados a perder suas guerras porque são visceralmente incapazes de avaliar objetivamente a força do inimigo.

9. Para o protofascismo não há luta pela vida, mas vida pela luta. Por isso, o *pacifismo é uma transigência com o inimigo*. O pacifismo é um mal porque a *vida é uma guerra permanente*. Isso ocasiona um complexo de Armagedon. Uma vez que os inimigos devem e podem ser derrotados, deve haver uma batalha final, após a qual o movimento controlará o mundo. Mas uma tal *solução final* implica uma era subsequente de paz, uma Idade de Ouro, o que contradiz o princípio da guerra permanente. Nenhum movimento fascista foi capaz de resolver este dilema.

10. O elitismo é um aspecto típico de qualquer ideologia reacionária, na medida em que estas são fundamentalmente aristocráticas. Ao longo da história, todo elitismo aristocrático ou militarista implicou *desprezo pelos mais fracos*.

O protofascismo não poderia deixar de advogar um *elitismo popular*. Todo cidadão está entre as melhores pessoas do mundo, os membros do partido são os melhores entre os cidadãos, todo cidadão pode (ou deveria) tornar-se membro do partido. Mas não pode haver patrícios sem plebeus. De fato, o Líder sabe que sua força baseia-se na fraqueza das massas, tão fracas a ponto de precisar de um Líder. Como o grupo é organizado hierarquicamente (de acordo com o modelo militar), cada líder subordinado despreza seus subalternos e cada um destes despreza seus inferiores. Isso reforça o sentido de elitismo de massa.

11. Nessa perspectiva, *todos são educados para se tornarem Heróis*. Em todas as mitologias, Herói é um ser excepcional, mas na ideologia protofascista o heroísmo é a norma. Esse culto ao heroísmo está estreitamente ligado a um *culto da morte*. Não é por acaso que uma das palavras de ordem dos falangistas era *viva la muerte*. [...] O herói protofascista deseja a morte anunciada como a melhor recompensa de uma vida heroica.

12. Como a guerra permanente e o heroísmo são jogos difíceis, o protofascista transfere sua vontade de potência para assuntos sexuais. É esta a origem do *machismo* (que implica desprezo pelas mulheres e condenação intolerante a hábitos sexuais não convencionais – da castidade ao homossexualismo).

13. O protofascismo baseia-se num *populismo qualitativo*. Numa democracia, os cidadãos têm direitos individuais, mas o conjunto dos cidadãos só tem impacto político de um ponto de vista quantitativo (aceitam-se as decisões da maioria).

Para o protofascismo, os indivíduos enquanto tais não têm direitos, e o Povo é concebido como uma qualidade, uma entidade monolítica expressando a Vontade Comum. Como nenhum grupo de seres humanos algum dia seria capaz de ter uma vontade comum, o Líder finge ser seu intérprete.

Tendo perdido seu poder de delegação, os cidadãos não agem, são apenas convocados, *pars pro toto*, a interpretar o papel de O Povo – que é portanto uma mera ficção teatral. Para termos um bom exemplo, não precisamos mais recorrer à Piazza Venezia em Roma ou ao Estádio de Nürembergue. O futuro nos reserva um *populismo qualitativo via TV ou Internet*, no qual a reação emocional de um grupo seleto de cidadãos pode ser apresentada e aceita como a Voz do Povo.

Por causa de seu populismo qualitativo, o protofascismo *tem que estar contra governos parlamentares "podres"*. Cada vez que um político põe em questão a legitimidade de um parlamento por não representar mais a Voz do Povo, pode-se sentir o cheiro do protofascismo.

14. *O protofascismo fala a novilíngua*. "Novilíngua" foi inventada por Orwell, em "1984", como a linguagem oficial do Ingsoc, ou "Socialismo Inglês". Mas elementos de protofascismo são comuns a formas diferentes de ditadura. Todos os textos escolares nazistas, ou fascistas, tinham base num léxico empobrecido e numa sintaxe elementar, de modo a limitar o desenvolvimento dos instrumentos do raciocínio complexo e crítico. Mas devemos estar prontos a identificar novas espécies de "novilíngua", ainda que na forma inocente de um programa popular de auditório.

(Umberto Eco, *Folha de S.Paulo*, 14/5/1995: 5-8 e 9)

A estruturação desse texto, cuja conclusão não foi transcrita, é:
- *Introdução – ideia geral*: o fascismo italiano é o arquétipo de todos os regimes semelhantes; *problema*: por quê?;
- *desenvolvimento – tese:* a causa não foi a precedência histórica, mas o fato de não ser uma ideologia monolítica; *argumento a favor da tese*: análise dos diferentes fascismos mostra que se pode eliminar um ou dois traços em um dado regime, sem que deixe de ser fascista; existência de um protofascismo com traços contraditórios.

Características do protofascismo:
1. culto à tradição, sincretismo;
2. recusa da modernidade: irracionalismo;
3. culto à ação pela ação;
4. visão do desacordo como traição;
5. racismo;
6. apelo a uma classe média frustrada;
7. nacionalismo, obsessão da conspiração e xenofobia;
8. avaliação não objetiva do inimigo;
9. visão da vida como guerra permanente;
10. elitismo popular;
11. culto ao heroísmo e à morte;
12. machismo;
13. populismo qualitativo;
14. discurso com léxico pobre e sintaxe elementar.

Como se observa, esse texto começa com um plano dialético, pois, embora não enuncie uma antítese e a defenda, expõe uma tese e arrola argumentos a favor dela. Em seguida, para mostrar a existência de um protofascismo, trabalha com um plano inventário, enumerando e discutindo as 14 características da nebulosa fascista. Como se disse, um texto mais longo pode combinar diferentes formas de organização do assunto.

A CONCLUSÃO

A conclusão não é a repetição de algo que se disse anteriormente. Ela é o termo da demonstração, é um ponto de chegada, é um balanço do que se discutiu antes. Por isso, deve estar ligada logicamente ao que a precede. É preciso que haja uma relação de necessidade entre o restante do texto e a conclusão. Nela, pode-se também alargar o problema, inserindo-o numa perspectiva mais geral ou mostrando que ele faz parte de uma problemática mais ampla. Umberto Eco concluiu seu texto sobre a nebulosa fascista da seguinte maneira:

> Tendo esboçado os possíveis avatares do protofascismo, deixem-me concluir. Na manhã de 27 de julho de 1943, disseram-me que, segundo informações do rádio, o fascismo desmoronara e Mussolini estava preso. Minha mãe mandou-me comprar um jornal. Fui à banca mais próxima e vi que os jornais estavam lá, mas que os títulos eram diferentes. Além disso, depois de um rápido exame das manchetes, percebi que

cada jornal dizia coisas diferentes. Comprei um deles às cegas e li uma mensagem na primeira página, assinada por cinco ou seis partidos políticos.

Até então eu pensava que só havia um partido por país – na Itália, o Partito Nazionale Fascista. Eu estava descobrindo que em meu próprio país partidos diferentes podiam existir ao mesmo tempo. E mais: como eu era um garoto brilhante, percebi imediatamente que eles existiam antes, como organizações clandestinas.

A mensagem celebrava o fim da ditadura e o retorno à liberdade: liberdade de expressão, de imprensa, de associação política. Essas palavras – *liberdade* e *ditadura* –, eu as lia pela primeira vez em minha vida. Renasci como homem livre ocidental por força dessas palavras novas.

Temos que nos manter alertas para que o sentido dessas palavras não seja esquecido outra vez. O protofascismo ainda está à nossa volta, às vezes à paisana. Seria mais fácil para nós se aparecesse alguém no cenário mundial dizendo "quero abrir Auschwitz de novo, quero que os camisas-negras desfilem outra vez nas praças italianas". É pena!

A vida não é tão simples. O protofascismo pode voltar sob o mais inocente dos disfarces. Nosso dever é pô-lo a nu e apontar quaisquer novas ocorrências – todos os dias, em todas as partes do mundo. Mais uma vez dou a palavra a Roosevelt: "Arrisco-me a afirmar que, se a democracia americana deixar de existir como uma força viva, procurando dia e noite melhorar a sorte de seu cidadão por meios pacíficos, o fascismo ganhará força em nosso país" (4 de novembro de 1938). Liberdade e liberação são uma tarefa infinita.

Que seja esta nossa senha: não esquecer.

A partir de um fato pessoal, a descoberta das palavras *liberdade* e *ditadura*, ocorrido em 1943, o autor mostra que o fascismo aparece sob muitos disfarces, que é preciso não o esquecer, que é necessário o pôr a nu e o denunciar, pois construir a liberdade é uma tarefa infinita. Como se vê, a conclusão está profundamente relacionada ao desenvolvimento do texto.

Na conclusão, devem-se evitar a falta de relação com o desenvolvimento, as banalidades e os lugares-comuns, a relação apenas com uma parte do texto.

Para finalizar: teorias do discurso e argumentação

Ao final de nosso percurso, poder-se-ia perguntar se a Retórica Antiga já disse tudo o que havia para dizer a respeito da argumentação, pois mesmo a chamada Nova Retórica está fundada em Aristóteles. Perelman filia-se claramente entre os neoaristotélicos. A pergunta que se impõe é: estamos condenados a repetir os antigos?

Os estudos das técnicas argumentativas feitos pelos antigos (citemos particularmente Aristóteles, Cícero, Quintiliano) são notáveis pela acuidade, pela precisão e pela exaustividade. Por isso, temos sempre que nos valer deles. Entretanto, o que as diferentes teorias do discurso devem fazer é herdar a retórica no estudo dos procedimentos discursivos, levando em consideração séculos de estudos já realizados.

Que significa herdar a retórica? Lê-la à luz dos problemas teóricos enunciados na atualidade. Quando se diz que a concepção da heterogeneidade linguística já estava presente na retórica, não se quer dizer que a retórica é, como já se disse, uma antecipação da Análise do Discurso. O que se está fazendo é analisar os problemas estudados pela retórica sob a ótica das modernas teorias do discurso.

A Semiótica Narrativa e Discursiva propõe que o universo discursivo se organiza a partir de uma série de universais em sentido fraco, ou seja, de generalizações tidas como universais. Esses universais são atualizados em cada discurso "particular". A enunciação é a instância de mediação não só entre a língua e o discurso, mas também entre as virtualidades e a atualidade discursiva, ou seja, entre os universais discursivos e sua concretização. A concretização desses "universais" constitui o nível discursivo. Nele, estudam-se as projeções da enunciação no enunciado, isto é, os procedimentos de instalação de tempo, pessoa e espaço no texto; as relações entre enunciador e enunciatário, ou seja, os problemas de argumentação; a organização semântica mais superficial, que constrói textos predominantemente abstratos (denominados temáticos, como os filosóficos, os científicos) e textos preponderantemente concretos (chamados figurativos, como os literários, os noticiosos).

Quando se pensa a enunciação como um ato e, portanto, analisável como uma narrativa (fazer ser), a argumentação diz respeito, de um lado, à manipulação (fase da narrativa em que um sujeito leva outro a dever ou querer fazer/ser); de outro, à sanção (fase da narrativa em que se estabelece a verdade ou não de um enunciado). Evidentemente, existem manipulação e sanção em todos os níveis enunciativos, o do enunciador e do enunciatário; o do narrador e o do narratário; o do interlocutor e do interlocutário.

Os procedimentos argumentativos podem ser estudados como organizações discursivas e podem, então, ser descritos de maneira bastante fina com uma metalinguagem bem precisa. Os textos em terceira pessoa, aqueles em que o narrador não se enuncia no enunciado, criam um efeito de objetividade. Por isso, as notícias de jornal não permitem a narração em primeira pessoa. No entanto, a poesia lírica só pode ser enunciada em primeira pessoa, já que o efeito de subjetividade é inerente a ela.

Todos os argumentos de causalidade se organizam em um dos dois esquemas seguintes: a implicação (se *a*, então *b*) e a concessão (*a*, embora *b*). Já mencionamos que Claude Zilberberg mostra que a lógica implicativa trabalha com o que é da ordem do possível, enquanto a concessiva com o que é do domínio do não possível (2006: 196-97). Na sétima parte de um dos sermões do Quinto Domingo da Quaresma, pregado em Lisboa, em 1655, Vieira usa a concessão e a implicação. Ele convida os ouvintes a entrar com ele em um dos palácios, cujo escudo sobre a portada exibe leões e águias e outros símbolos da "fé cristã, católica e cristianíssima". Sendo possível ver tudo, o pregador não vê a fé (concessão). Depois, usando, de forma hábil, uma série de perguntas retóricas, que torna mais vivo, mais intenso, seu monólogo, o pregador vale-se da implicação para mostrar por que não vê a fé. Essa impossibilidade é dada pela riqueza que é tirada dos pobres:

> O escudo desta portada, em um quartel tem as quinas, em outro as lises, em outro águias, leões e castelos; sem dúvida este deve ser o palácio em que mora a fé cristã, católica e cristianíssima. Entremos, e vamos examinando o que virmos, parte por parte. Primeiro que tudo vejo cavalos, liteiras e coches; vejo criados de diversos calibres, uns com libré, outros sem ela; vejo galas, vejo joias, vejo baixelas; as paredes vejo-as cobertas de ricos tapizes; das janelas vejo ao perto jardins, e ao longe quintas; enfim, vejo todo o palácio, e também o oratório, *mas não vejo a fé*. E por que não aparece a fé nesta casa? Eu o direi ao dono dela. Se os vossos cavalos comem à custa do lavrador, e os freios que mastigam, as ferraduras que pisam, e as rodas e o coche que arrastam são dos pobres oficiais, que andam arrastados, sem poder dobrar um real, como se há de ver a fé na vossa cavalariça? Se o que vestem os lacaios e os pajens, e os socorros do outro exército doméstico masculino e feminino dependem das mesadas do mercador que vos assiste, e no princípio do ano lhe pagais com esperança, e no fim com desesperações, a risco de quebrar, como se há de ver a fé na vossa família? Se

as galas, as joias e as baixelas, ou no reino, ou fora dele foram adquiridas com tanta injustiça e crueldade, que o ouro e a prata derretidos, e as sedas, se se espremeram, haviam de verter sangue, como se há de ver a fé nessa falsa riqueza? Se as vossas paredes estão vestidas de preciosas tapeçarias, e os miseráveis, a quem despistes para as vestir a elas, estão nus e morrendo de frio; como se há de ver a fé, nem pintada nas vossas paredes? Se a primavera está rindo nos jardins e nas quintas, e as fontes estão nos olhos da triste viúva e órfãos, a quem nem por obrigação, nem por esmola satisfazeis ou agradeceis o que seus pais vos serviram, como se há de ver a fé nessas flores e alamedas? Se as pedras da mesma casa em que viveis, desde os telhados até os alicerces, estão chovendo o suor dos jornaleiros, a quem não fazíeis féria, e, se queriam ir buscar a vida a outra parte, os prendíeis e obrigáveis por força, como se há de ver a fé, nem sombra dela na vossa casa?

Todo silogismo é um raciocínio implicativo: *Os brasileiros deixam tudo para a última hora*; *Os membros do Comitê Organizador da Copa são brasileiros; Logo, eles deixarão tudo para a última hora*. O que temos na verdade é: se os brasileiros deixam tudo para a última hora e os membros do Comitê Organizador da Copa são brasileiros, então tudo será deixado para a última hora.

Os lugares da quantidade e da qualidade podem ser descritos como valores, cujas relações entre as valências tensivas da intensidade e da extensidade são, respectivamente, conversas (quanto mais... mais, quanto menos... menos: por exemplo, quanto maior a extensão, maior a intensidade) e inversas (quanto mais... menos, quanto menos... mais: por exemplo, quanto menos extenso, mais intenso).

O argumento por definição estabelece uma identidade entre dois segmentos do discurso, que não têm a mesma extensão. Essa equivalência pode ser estabelecida em função do princípio de elasticidade da linguagem. Num de seus sonetos, Gregório de Matos define a vaidade como a rosa recém-aberta, portanto, em todo o seu esplendor:

> É a vaidade, Fábio, nesta vida,
> Rosa, que da manhã lisonjeada,
> Púrpuras mil, com ambição dourada,
> Airosa rompe, arrasta presumida.

O argumento por analogia tem uma natureza metafórica. Nele, leem-se sob a mesma isotopia dois domínios de sentido distintos, estabelecendo entre eles uma identidade. No capítulo XVIII de *O seminarista*, de Bernardo de Guimarães, Eugênio lê um episódio de sua infância, em que uma cobra se aproximara de Margarida e esta, inconsciente, brincara com a cobra, sem que ela lhe causasse nenhum mal, como se fosse a tentação de Eva pela serpente. Assim como a serpente tentou Eva e esta levou Adão ao pecado, o demônio tenta Margarida para que ela o levasse à perdição eterna:

A pintura da serpente rastejando aos pés de Eva no paraíso para seduzi-la e arrastá-la à perdição, fez a mais viva impressão, e trouxe-lhe à memória a aventura da infância de Margarida, enleada e afagada por uma cobra, aventura que tão funesta apreensão deixara no espírito de sua mãe. Encontrando a mais exata e palpitante analogia entre o episódio do Gênesis, e aquele incidente de sua infância, Eugênio estremeceu.

Já para ele não havia dúvida: aquele acontecimento era um aviso do céu; aquela serpente fatídica era o demônio; e Margarida, nova Eva por ele seduzida, lhe oferecia o pomo fatal, e o levava ao caminho do exílio e da perdição eterna.

O argumento de autoridade é a instalação de um ator, que, no caso, é a manifestação de um actante da modalidade do saber, que é tomado como garantia da verdade de um enunciado. Na terceira parte do *Sermão do Espírito Santo*, Vieira vai mostrar que os indígenas brasileiros são crédulos e incrédulos ao mesmo tempo. Para comprovar isso, vale-se de um texto das Escrituras, o versículo 22 do capítulo 9 do Evangelho de Marcos. Para caucionar sua tese de que o homem do Evangelho cria e não cria, invoca a autoridade do Venerável Beda, reconhecido como Doutor da Igreja, autoridade tida como inconteste na interpretação das Escrituras:

> Outros gentios são incrédulos até crer; os brasis, ainda depois de crer, são incrédulos. Em outros gentios a incredulidade é incredulidade, e a fé é fé; nos brasis a mesma fé ou é, ou parece incredulidade. São os brasis como o pai daquele lunático do Evangelho, que padecia na fé os mesmos acidentes que o filho no juízo. Disse-lhe Cristo: *Omnia possibilia sunt credenti* (Mc. 9,22) (= Todas as coisas são possíveis para aquele que crê): Que tudo é possível a quem crê. – E ele respondeu: *Credo, Domine, adjuva incredulitatem meam* (= Creio, Senhor, ajude minha incredulidade): Creio, Senhor, ajudai minha incredulidade. – Reparam muito os santos nos termos desta proposição, e verdadeiramente é muito para reparar. Quem diz: creio, crê e tem fé; quem diz: ajudai minha incredulidade, não crê e não tem fé. Pois como era isto? Cria este homem, e não cria; tinha fé, e não tinha fé juntamente? Sim, diz o Venerável Beda: *Uno eodemque tempore his, qui nondum perfecte crediderat, simul et credebat, et incredulus erat* (= Ao mesmo tempo, simultaneamente, ele cria e era incrédulo, porque ainda não acreditava perfeitamente): No mesmo tempo cria e não cria este homem, porque era tão imperfeita a fé com que cria, que por uma parte parecia e era fé, e por outra parecia e era incredulidade: *Uno eodemque tempore, et credebat, et incredulus erat* (= Ao mesmo tempo, acreditava e era incrédulo). Tal é a fé dos brasis: é fé que parece incredulidade, e é incredulidade que parece fé; é fé, porque creem sem dúvida e confessam sem repugnância tudo o que lhes ensinam, e parece incredulidade, porque, com a mesma facilidade com que aprenderam, desaprendem, e com a mesma facilidade com que creram, descreem.

O *argumentum ad baculum* concerne a uma manipulação segundo a modalidade do poder. É uma intimidação, ou seja, a ameaça de levar o enunciatário a entrar em conjunção com um objeto de valor negativo: Você vai defender minha posição, pois você não é tolo de esquecer quem paga seu salário.

O *argumentum ad carotam* é o inverso do *argumentum ad baculum*. É uma tentação, ou seja, levar a aceitar uma tese, acenando com a conjunção com um objeto de valor positivo. No chamado episódio da tentação de Cristo no deserto, há, na verdade, apenas um argumento por tentação:

> E o diabo, levando-o a um alto monte, fez que ele visse, num instante, todos os reinos do mundo e disse-lhe: Dar-te-ei todo este poder e a glória desses reinos, porque a mim me foram entregues, e dou-os a quem quero. Portanto, se tu, prostrado aos meus pés, me adorares, tudo será teu. Mas Jesus, respondendo, disse-lhe: Vai-te embora, Satanás; porque está escrito: Adorarás o Senhor teu Deus e só a ele servirás. (Lucas, 4, 5-8)

Pode-se ainda manipular segundo as modalidades do saber. Quando se faz um juízo positivo de alguém, o movimento argumentativo é de sedução; quando o juízo é negativo, trata-se de uma provocação.

No exemplo que segue, ocorre uma sedução: *Uma pessoa inteligente como você não pode apoiar a proposta de corte nos gastos sociais.*

É uma provocação dizer: *Só um idiota completo poderia dizer que o Neymar não é um bom jogador.*

Na argumentação pelo exemplo e pela ilustração, temos, respectivamente, uma operação enunciativa em que se vai do particular ao geral e do geral ao particular. Isso implica um movimento da concretude para a abstração e vice-versa, o que ocorre com a passagem do discurso figurativo para o temático e do temático para o figurativo. A revista *Veja* de 29/5/2014 criou uma personagem fictícia, o americano John Doe, para mostrar que "a vida cotidiana no Brasil é insólita, massacrante e imprevisível". A concretude do caráter incomum de aspectos da vida brasileira é dada pela figura da jabuticaba: "Se só existe no Brasil e não é jabuticaba, é besteira" (p. 88). Trata-se de uma argumentação por ilustração, em que se pretende comprovar uma tese já enunciada:

> Arraigada na cultura brasileira, a mentalidade burocrática sabota qualquer simplificação. Em 2009, o governo baixou um decreto que dispensa o reconhecimento de firma. Desde então, basta que o documento seja assinado diante do servidor público. Também dispensou a cópia autenticada quando o original é apresentado. Mas essas facilidades não vingaram. Todos pedem firma reconhecida e cópia autenticada. Agora, andam espalhando que a carteira de identidade passou a ter validade de apenas dez anos. Fui investigar se era verdade. Descobri que, em 2011, o Congresso, de fato, aprovou a validade de dez anos, mas a presidente Dilma Rousseff vetou. O furo burocrático, porém, ouviu o galo cantar e já começou a difundir a nova validade, ainda que inexistente. (p. 90)

Observe-se também o movimento de particularização figurativa na fábula "O rio e a pele curtida", de Esopo, reproduzida na tradução de Maria Celeste Consolin Dezotti:

> O rio e a pele curtida
> [A fábula mostra] Que uma desventura da vida joga por terra o homem audacioso e arrogante.
> Um rio perguntou a uma pele de boi que estava sendo levada por suas águas: "Como você se chama?". "Eu me chamo Rija", respondeu ela. E, lançando sobre a pele seu fluxo aos borbotões, o rio disse: "Procure outro nome, pois vou fazer você ficar mole".

No texto que segue, aparece um argumento pelo exemplo. A partir de um caso singular, a coleta do lixo feita pelos japoneses depois de jogo da Copa do Mundo, o articulista vai concluir que os asiáticos levaram a discussão sobre os resíduos sólidos para outro patamar ético:

> Quando os torcedores japoneses coletaram o lixo deixado no estádio do Recife após a derrota diante da Costa do Marfim, a atitude causou comoção na imprensa nacional, para dar um exemplo. E, convenhamos, não era para menos. A ideia é tão exótica que nunca ninguém aqui tinha pensado nela. A Copa, afinal, é um evento privado, lucrativo. A responsabilidade pelo lixo deveria ser dos organizadores. Ou não, mostraram os asiáticos. Eles levaram a discussão sobre os resíduos sólidos para outro patamar ético. Disseram, em suma, que somos responsáveis pelo nosso próprio impacto sobre o ambiente, qualquer que seja, onde quer que seja. (Matthew Shirt, *VejaSP*, 2/6/2014: 98)

O *argumentum ad hominem* questiona as motivações (seu querer ou seu dever: por exemplo, está a serviço de interesses escusos, não é imparcial) ou a competência do enunciador (seu saber ou seu poder: não tem conhecimentos adequados, não pode dizer a verdade): *Ele diz que fumar não faz mal, pois está a serviço da indústria de cigarros.* Nesse caso, diz-se que o enunciador está modalizado pela impossibilidade (não poder dizer a verdade) e pela obrigação de dizer o que é favorável a seus empregadores. Portanto, sua argumentação é determinada pelo interesse e não pela isenção. Seu objeto de valor é o dinheiro da indústria do fumo e não a verdade da busca isenta.

É preciso, finalmente, dizer que todas as chamadas figuras de retórica são também procedimentos argumentativos, pois se destinam à persuasão (cf. Fiorin, 2013). A antítese é uma das formas de construir o argumento da distinção, aquele em que se diferenciam as situações. Na oitava parte do *Sermão XIV do Rosário*, Vieira opõe os mistérios dolorosos do rosário aos gozosos e, num belo jogo de antíteses, estabelece uma distinção entre a vida dos escravos e a dos senhores:

Os dolorosos – ouçam-me agora todos – os dolorosos são os que vos pertencem a vós, como os gozosos aos que, devendo-vos tratar como irmãos, se chamam vossos senhores. Eles mandam, e vós servis; eles dormem, e vós velais; eles descansam, e vós trabalhais; eles gozam o fruto de vossos trabalhos, e o que vós colheis deles é um trabalho sobre outro. Não há trabalhos mais doces que os das vossas oficinas; mas toda essa doçura para quem é? Sois como as abelhas, de quem disse o poeta: *Sic vos non vobis mellificatis, apes* (= Assim, abelhas, fazeis o mel, mas não para vós). O mesmo passa nas vossas colmeias. As abelhas fabricam o mel sim, mas não para si.

Na ironia, o que se faz é alterar o contrato enunciativo: o texto não deverá ser lido como verdade, mas como falsidade. Ele não diz o que diz, mas o seu contrário. Quando Carlos Heitor Cony escreve a crônica "Ato institucional II", não pretende que seu texto seja uma sugestão ao militar na presidência de mais um ato institucional, mas trata-se de uma crítica à "institucionalidade" da ditadura e ao papel dos Estados Unidos no golpe de 1964:

Art. 1º – A partir da publicação deste Ato, os Estados Unidos do Brasil passam a denominar-se Brasil dos Estados Unidos.
Art. 2º – O Congresso Nacional transforma-se automaticamente em Assembleia Nacional de Vereadores.
§ 1º) Em caráter excepcional, e sempre por indicação do Departamento de Estado, os parlamentares que tiverem prestado serviços excepcionais à causa da Anexação poderão ser equiparados aos deputados e senadores do Congresso Americano e terão assento nas Casas do Congresso como representantes do Estado Brasileiro.
Art. 3º – O presidente da República é promovido à função de Governador-Geral, com vencimentos em dólar.
Art. 4º – Fica extinto o Poder Judiciário e todo o sistema judiciário brasileiro, uma vez que a organização político-administrativa e legal do novo Estado passará a obedecer à Corte Suprema dos Estados Unidos e seus respectivos códigos.
Art. 5º – Ficam incorporadas às Forças Armadas Norte-Americanas as altas patentes militares brasileiras em posto equivalente, imediatamente inferior, e receberão o soldo em dólar.

Poderíamos continuar a exemplificar como se pode descrever, com uma metalinguagem precisa nos quadros de uma teoria do discurso, os diferentes procedimentos argumentativos. No entanto, os que foram descritos são suficientes para comprovar que, se não podemos não levar com conta os antigos nos estudos discursivos de argumentação, não estamos condenados a repeti-los servilmente, como faz a maioria dos estudiosos da matéria.

Bibliografia

ANSCOMBRE, Jean-Claude (ed.). *Théorie des topoi*. Paris: Kimé, 1995.
_____; DUCROT, Oswald. *L'argumentation dans la langue*. Liège/Bruxelas: Pierre Mardaga, 1988.
ARISTÓTELES. *Ethique de Nicomaque*. Paris: Flammarion, 1965.
_____. *Rhétorique*. Paris: Librairie Générale Française, 1991.
_____. Tópicos. In: *Órganon*. Bauru: Edipro, 2005a.
_____. Analíticos anteriores. In: *Órganon*. Bauru: Edipro, 2005b.
_____. Analíticos posteriores. In: *Órganon*. Bauru: Edipro, 2005c.
_____. Refutações sofísticas. In: *Órganon*. Bauru: Edipro, 2005d.
ARNAULD, Antoine; NICOLE, Pierre. *La logique ou l'art de penser*. Paris: Gallimard, 1992.
AUTHIER-REVUZ, J. "Hétérogénéité montrée et hétérogénéité constitutive: éléments pour une approche de l'autre dans le discours". *DRLAV*. Paris, 26, 1982, 91-151.
_____. "Heterogeneidade(s) enunciativa(s)". *Cadernos Linguísticos*. Campinas: Unicamp, 19, 1990, p. 25-42.
AUTOR ANÔNIMO. *Rhétorique à Herennius*. Paris: Les Belles Lettres, 1989.
BAKHTIN, Mikhail. *La poétique de Dostoïewski*. Paris: Seuil, 1970a.
_____. *L'oeuvre de François Rabelais et la culture populaire au Moyen Âge et sous la Renaissance*. Paris: Gallimard, 1970b.
_____. *Marxismo e filosofia da linguagem*. São Paulo: Hucitec, 1979.
_____. *Questões de literatura e estética (a teoria do romance)*. São Paulo: Hucitec/Editora da Unesp, 1988.
_____. *Estética da criação verbal*. São Paulo: Martins Fontes, 1992.
BARTHES, Roland. *Mithologies*. Paris: Seuil, 1957.
_____. A retórica antiga. In: COHEN, Jean et al. *Pesquisas de retórica*. Petrópolis: Vozes, 1975, p. 147-224.
_____. *Roland Barthes por Roland Barthes*. São Paulo: Cultrix, 1977.
BOPP, Franz. *Grammaire comparée des langues indo-européennes*. 3. ed. Paris: Imp. Nationale, 1885.
BOSI, Alfredo. *História concisa da literatura brasileira*. São Paulo: Cultrix, 1975.
CAMPOS, Norma Discini de. *O estilo nos textos*. São Paulo: Contexto, 2003.
CASTELO BRANCO, Humberto de Alencar. *Discursos: 1965*. Rio de Janeiro: Departamento de Imprensa Nacional, s.d.
CÉSAR. *Commentarii de Bello Gallico*. Paris: Les Belles Lettres, 1926.
CHARAUDEAU, Patrick. *Discurso político*. São Paulo: Contexto, 2006.
CÍCERO, M. T. *De oratore*. Paris: Les Belles Letres, 1972.
_____. *Acadêmicas*. Trad. e notas de José R. Seabra. Belo Horizonte: Nova Acrópole, 2012.
CURTIUS, Ernst Robert. *Literatura europeia e Idade Média latina*. Rio de Janeiro: Instituto Nacional do Livro, 1957.
DUCROT, Oswald. *O dizer e o dito*. Campinas: Pontes, 1987.

EEMEREN, Franz H. Van; GROOTENDORST, Rob. *La nouvelle dialectique*. Paris: Kimé, 1996.

_____; _____. *Argumentación, comunicación y falacias:* una perspectiva pragma-dialéctica. Santiago: Ediciones Universidad Católica de Chile, 2002.

FIORIN, José Luiz. *Figuras de retórica*. São Paulo: Ática, 2013.

FOLHA DE S.PAULO. *Manual de redação*. São Paulo: Publifolha, 2011.

FONTANILLE, Jacques; ZILBERBERG, Claude. *Tensão e significação*. São Paulo: Discurso Editorial/Humanitas, 2001.

GANDAVO, Pero de Magalhães. *Tratado da Terra do Brasil*: história da província de Santa Cruz. Belo Horizonte/São Paulo: Itatiaia/Edusp, 1980.

GENETTE, Gerard. A retórica restrita. In: COHEN, Jean et al. *Pesquisas de retórica*. Petrópolis: Vozes, 1975, p. 129-46.

GRICE, H. P. Logic and Conversation. In. COLE, P.; MORGAN, J. L. (eds.). *Syntax and Semantics 3*: Speech Acts. New York: Academic Press, 1975, p. 41-58.

JESPERSEN, Otto. *Progress in language*. Amsterdam: John Benjamins, 1993 (edição fac-similar).

KUENTZ, Pierre. "O 'retórico' ou o distanciamento". In: COHEN, Jean et al. *Pesquisas de retórica*. Petrópolis: Vozes, 1975, p. 109-28.

LANDOWSKI, Eric. Les discours du pouvoir. In: COQUET, J. C. *Sémiotique: l'école de Paris*. Paris: Hachette, 1982, p. 162-75.

_____. *La Société réfléchie. Essais de socio-sémiotique*. Paris: Éditions du Seuil, 1989.

LAUSBERG, Henrich. *Elementos de retórica literária*. Lisboa: F. Calouste Gulbenkian, 2004.

LÉRY, Jean de. *Viagem à terra do Brasil*. São Paulo: Livraria Martins Editora/Edusp, 1972.

LOCKE, John. *Ensaio acerca do entendimento humano*. São Paulo: Nova Cultural, 1988.

MAINGUENEAU, Dominique. *O contexto da obra literária*. São Paulo: Martins Fontes, 1995.

_____. *Sémantique de la polémique. Discours religieux et ruptures idéologiques au XVIIe siècle*. Lausanne: L'Age d'Homme, 1983.

_____. *Genèses du discours*. Bruxelas: Pierre Mardaga, 1984.

_____. *Nouvelles tendances en analyse du discours*. Paris: Hachette, 1987.

MAQUIAVEL, Nicolò. *O príncipe*. 4. ed. São Paulo: Nova Cultural, 1987.

MOLINIÉ, Georges. *Dictionnaire de rhétorique*. Paris: Le Livre de Poche, 1992.

O ESTADO DE S.PAULO. *Manual de redação e estilo*. Organizado e editado por Eduardo Martins. São Paulo, 1990.

PERELMAN, Chaïm. *Retóricas*. 2. ed. São Paulo: Martins Fortes, 1999.

_____; OLBRECHTS-TYTECA, Lucie. *Tratado de argumentação*: a nova retórica. 2. ed. São Paulo: Martins Fontes, 2005.

PESSOA, Fernando. *Odes de Ricardo Reis*. Lisboa: Edições Ática, 1959.

PIGAFETTA, Antonio. *A primeira viagem ao redor do mundo*: o diário da expedição de Fernão de Magalhães. Porto Alegre: L&PM, 1985.

PLANTIN, Christian. *Essais sur l'argumentation. Introduction à l'étude linguistique de la parole argumentative*. Paris: Editions Kimé, 1990.

_____. *L'Argumentation*. Paris: Seuil, 1996.

PLÍNIO, o Velho. *Histoire naturelle*. Paris: Les Belles Letres, 1949, v. XII.

POPPER, Karl. *A lógica da pesquisa científica*. São Paulo: Cultrix, 2007.

POSSENTI, Sírio. "A linguagem politicamente correta e a análise do discurso". *Revista de Estudos da Linguagem*. Belo Horizonte: UFMG, ano 4, v. 2, 1995, p. 123-40.

_____. "Observações sobre interdiscurso". *Revista Letras*. Curitiba: Editora da UFPR, v. 61, 2003, p. 253-69.

_____; BARONAS, Roberto Leiser. A linguagem politicamente correta no Brasil: uma língua de madeira? *Polifonia*. Cuiabá: UFMT, v. 12, n. 2, 2006, p. 47-72.

PSEUDO-AGOSTINHO. *Quaestiones Veteris et Novi Testamenti* (editado por Alexander Souter). Viena: Academia Cesárea de Letras, 1908.

RABELAIS, François. *Gargantua*. São Paulo: Hucitec, 1986.

REBOUL, Olivier. *Introdução à retórica*. São Paulo: Martins Fontes, 1998.

RENER, FREDERICK M. *Interpretatio. Language and Translation from Cicero to Tytler*. Amsterdam/Atlanta: Éditions Rodopi, 1989.

RICOEUR, Paul. *Du texte à l'action. Essais d'herméneutique II*. Paris: Seuil, 1986.

RIO, João do. *O momento literário*. Rio de Janeiro: Fundação Biblioteca Nacional, Departamento Nacional do Livro, 1994.

ROBRIEUX, Jean-Jacques. *Rhétorique et argumentation*. Paris: Armand Colin, 2005.

SALVADOR, Frei Vicente do. História do Brazil. In: OLIVEIRA, Maria Leda (org.), *A história do Brazil de Frei Vicente do Salvador*: história e política no império português do século xvii. Rio de Janeiro/São Paulo: Versal/Odebrecht, 2008, v. II.

SCHLEICHER, August. La théorie de Darwin et la science du langage. In: TORT, Patrick. *Évolutionisme et linguistique*. Paris: Vrin, 1980.

SCHOPENHAUER, Arthur. *Como vencer um debate sem precisar ter razão*: em 38 estratagemas (dialética heurística). Rio de Janeiro: Topbooks, 1997.

SHAW, George Bernard. *The Crime of Imprisonment*. Westport: Greenwood Press, 1969.

TAPAJÓS, Renato. *Em câmara lenta*. São Paulo: Alfa Omega, 1977.

ZILBERBERG, Claude. "Síntese da gramática tensiva. Significação". *Revista Brasileira de Semiótica*. São Paulo: ECA-USP/Annablume, v. 25, 2006, p. 163-204.

O autor

José Luiz Fiorin é mestre em Linguística pela Universidade de São Paulo e doutor em Linguística pela mesma universidade. Fez pós-doutorado na École des Hautes Études en Sciences Sociales (Paris) e na Universidade de Bucareste. Fez livre-docência em Teoria e Análise do Texto na Universidade de São Paulo. Atualmente é professor-associado do Departamento de Linguística da FFLCH da Universidade de São Paulo. Foi membro do Conselho Deliberativo do CNPq (2000-2004) e representante da Área de Letras e Linguística na Capes (1995-1999). Além de muitos artigos em revistas especializadas, publicou, pela Editora Contexto, capítulos nos livros *Comunicação e análise do discurso, Enunciação e discurso, Bakhtin: outros conceitos-chave, Ethos discursivo, Linguagem e política: volume 1* e *Texto ou discurso?*. Também é autor de *Em busca do sentido, Elementos de análise do discurso, Figuras de retórica, As astúcias da enunciação* e *Introdução ao pensamento de Bakhtin* e organizador de *Introdução à Linguística* (volumes I e II), *África no Brasil, Linguística? Que isso?, Novos caminhos da Linguística* e *Saussure: a invenção da Linguística*, todos igualmente pela Editora Contexto.

GRÁFICA PAYM
Tel. [11] 4392-3344
paym@graficapaym.com.br